UMA BREVE
HISTÓRIA
da
ARQUEOLOGIA

Leia na série
UMA BREVE HISTÓRIA

Uma breve história da arqueologia – Brian Fagan
Uma breve história da ciência – William Bynum
Uma breve história da economia – Niall Kishtainy
Uma breve história da filosofia – Nigel Warburton
Uma breve história da literatura – John Sutherland
Uma breve história da religião – Richard Holloway
Uma breve história dos Estados Unidos – James West Davidson

BRIAN FAGAN

UMA BREVE
HISTÓRIA
da
ARQUEOLOGIA

Tradução de Janaína Marcoantonio

Texto de acordo com a nova ortografia.
Título original: *A Little History of Archaeology*

Tradução: Janaína Marcoantonio
Ilustrações da capa e miolo: Joe McLaren
Preparação: Mariana Donner da Costa
Revisão: Patrícia Yurgel

                CIP-Brasil. Catalogação na publicação
                Sindicato Nacional dos Editores de Livros, RJ.

F138b

Fagan, Brian, 1936-
    Uma breve história da arqueologia / Brian Fagan ; tradução Janaína Marcoantonio. – 1. ed. – Porto Alegre [RS]: L&PM, 2019.
    320 p. ; 21 cm.

Tradução de: *A Little History of Archaeology*
ISBN 978-85-254-3900-0

1. Arqueologia - História. I. Marcoantonio, Janaína. II. Título.

19-59542   CDD: 930.1
                            CDU: 902

Meri Gleice Rodrigues de Souza - Bibliotecária CRB-7/6439

© Brian Fagan, 2018
Originally published by Yale University Press

Todos os direitos desta edição reservados a L&PM Editores
Rua Comendador Coruja, 314, loja 9 – Floresta – 90.220-180
Porto Alegre – RS – Brasil / Fone: 51.3225.5777

Pedidos & Depto. Comercial: vendas@lpm.com.br
Fale conosco: info@lpm.com.br
www.lpm.com.br

Impresso no Brasil
Primavera de 2019

Sumário

Capítulo 1 | A "curiosidade pelo que já foi" ...9
Capítulo 2 | Jumentos e faraós ...17
Capítulo 3 | Lendo o Egito Antigo ...24
Capítulo 4 | Escavando Nínive ...31
Capítulo 5 | Tabuletas e túneis ...39
Capítulo 6 | Os maias, revelados ...46
Capítulo 7 | Machados e elefantes ...53
Capítulo 8 | Uma grande reviravolta ...60
Capítulo 9 | As três idades ...68
Capítulo 10 | Caçadores da Idade da Pedra num mundo glacial ...75
Capítulo 11 | Através das eras ...83
Capítulo 12 | O mito dos construtores de montículos ...90
Capítulo 13 | "Entrando no desconhecido" ...98
Capítulo 14 | Toros! Toros! ...106
Capítulo 15 | Em busca dos heróis de Homero ...113
Capítulo 16 | "Senso comum organizado" ...120
Capítulo 17 | O pequeno e trivial ...128
Capítulo 18 | O palácio do Minotauro ...135

Capítulo 19 | Não é "trabalho de homem"..........................142

Capítulo 20 | Tijolos de terra crua e um dilúvio 149

Capítulo 21 | "Coisas maravilhosas"......................................157

Capítulo 22 | Um palácio adequado para um chefe.............165

Capítulo 23 | Oriente e Ocidente 173

Capítulo 24 | Concheiros, pueblos e anéis de crescimento...180

Capítulo 25 | Um gigante cuspidor de fogo..........................188

Capítulo 26 | Depois da curva do rio 195

Capítulo 27 | Datando as idades..203

Capítulo 28 | Ecologia e Pré-História mundial 211

Capítulo 29 | "Dear Boy!"..218

Capítulo 30 | Os primeiros agricultores................................226

Capítulo 31 | Em defesa do imperador 233

Capítulo 32 | Arqueologia subaquática.................................240

Capítulo 33 | Conhecendo os colonos 247

Capítulo 34 | O Homem do Gelo e outros 255

Capítulo 35 | Sacerdotes-guerreiros do Moche.....................262

Capítulo 36 | Túneis para o cosmos......................................270

Capítulo 37 | Çatalhöyük..277

Capítulo 38 | Observando a paisagem 284

Capítulo 39 | Uma luz sobre o invisível................................291

Capítulo 40 | Arqueologia hoje e amanhã 298

Índice remissivo 306

Para
Vernon Scarborough
Extraordinário especialista em água
que me contou sobre Bali
e me incentiva a todo momento

CAPÍTULO 1

A "curiosidade pelo que já foi"

Em agosto de 79, o monte Vesúvio, na Itália, entrou em erupção, irrompendo como um grande canhão. Uma fonte gigantesca de cinzas, lava quente, rochas e fumaça surgiu do vulcão. O dia se transformou em noite. Cinzas caíram como neve pesada, cobrindo as cidades de Herculano e Pompeia.

Por volta da meia-noite, uma avalanche de gases escaldantes, lama e rochas deslizou pelas encostas das montanhas e cascateou sobre as duas cidades romanas. Herculano desapareceu completamente. Apenas os telhados das construções maiores de Pompeia despontavam por entre os restos vulcânicos. Centenas de pessoas morreram. Assim escreveu uma testemunha, o autor Plínio, o Jovem: "Podiam-se ouvir os soluços das mulheres, o lamento das crianças e os gritos dos homens". Então houve silêncio.

Em pouco tempo, apenas um grande monte coberto de grama marcava o sítio de Pompeia. Mais de dezesseis séculos se passaram sem que ninguém perturbasse as duas cidades enterradas. Então, em 1709, um camponês que cavava um poço sobre Herculano encontrou mármore esculpido. Um príncipe da região enviou trabalhadores para o subterrâneo. Eles recuperaram três estátuas femininas intactas. Essa descoberta acidental levou a uma caça ao tesouro no coração da cidade enterrada. Dessa pilhagem fortuita de artefatos romanos soterrados sob uma densa camada de cinzas vulcânicas emergiu a ciência da arqueologia.

Faraós cobertos de ouro, civilizações perdidas, aventuras heroicas em terras remotas – muitas pessoas ainda acreditam que os arqueólogos são aventureiros românticos que passam a vida escavando pirâmides e cidades perdidas. A arqueologia, atualmente, é muito mais do que jornadas perigosas e descobertas espetaculares. Pode ter começado como caça ao tesouro – e, infelizmente, a pilhagem de sítios acompanha a arqueologia séria até hoje. Mas caça ao tesouro não é exatamente arqueologia: é escavação brutal e acelerada com o único objetivo de descobrir objetos valiosos para vender a colecionadores abastados. Compare isso com a arqueologia, o estudo científico do passado, do comportamento humano ao longo de 3 milhões de anos.

De que forma a arqueologia evoluiu das buscas descontroladas por achados surpreendentes e povos esquecidos à investigação séria do passado que é hoje? Este livro conta a história da arqueologia por meio da obra de alguns dos arqueólogos mais famosos, desde os observadores casuais de quatro séculos atrás às equipes de pesquisa coesas do século XXI. Muitos arqueólogos pioneiros foram indivíduos pitorescos que passavam meses trabalhando sozinhos em terras remotas. Em algum momento da vida, todos eles cultivaram um fascínio pelo passado. Um antigo estudioso chamou a arqueologia de "curiosidade pelo que já foi". Ele estava certo. Arqueologia é a curiosidade sobre o que veio antes de nós.

Eu tive minha primeira experiência com a arqueologia quando adolescente, num dia chuvoso no sul da Inglaterra, quando meus pais me levaram a Stonehenge (ver Capítulo 38). Os círculos de pedra gigantes assomavam sobre nós. Nuvens baixas e cinzentas faziam espirais na penumbra. Nós caminhamos por entre as pedras (naquela época, era permitido) e observamos os túmulos silenciosos nos cumes das montanhas da região.

Stonehenge lançou seu feitiço sobre mim, e desde então sou fascinado por arqueologia.

Fiquei curioso sobre o inglês John Aubrey (1626-1697), que visitou Stonehenge com frequência e descobriu outro círculo de pedra surpreendente em Avebury, próximo dali, quando galopou até lá enquanto caçava raposas, em 1649. Aubrey ficou perplexo com Avebury e Stonehenge, ambas, segundo dizem, construídas pelos "antigos bretões". Quem eram essas pessoas selvagens que usavam peles? Eram, supôs Aubrey, "dois ou três graus menos selvagens do que os [nativos] americanos".

Aubrey e seus sucessores sabiam pouco sobre o passado da Europa antes dos romanos. Claro, havia túmulos, círculos de pedra e outros monumentos para eles examinarem; também um amontoado de ferramentas de pedra, cerâmicas e objetos de metal oriundos dos campos lavrados e da ocasional abertura de trincheiras rudimentares em túmulos (ver Capítulo 9). Mas estes pertenceram a povos completamente desconhecidos – não a romanos de uma cidade como Pompeia, enterrados numa data exata registrada em documentos históricos.

A escavação séria começou em Herculano em 1748. O rei Carlos II, de Nápoles, contratou o engenheiro espanhol Roque Joaquín de Alcubierre para vasculhar as profundezas da cidade. Alcubierre usou pólvora e mineiros profissionais para abrir caminho por entre as cinzas a fim de descobrir construções intactas e estátuas magníficas. O rei expôs os achados em seu palácio, mas, ainda assim, as escavações eram um segredo bem guardado.

Um estudioso alemão, Johann Joachim Winckelmann (1717-1768), foi o primeiro pesquisador para valer. Em 1755, ele se tornou bibliotecário do cardeal Albani, em Roma (que exigiu que ele se convertesse ao catolicismo, para horror de seus amigos protestantes). Isso lhe deu acesso a livros, e também aos objetos descobertos por Alcubierre. Sete anos se passaram até que Winckelmann finalmente pôde visitar as escavações secretas. Àquela altura, seu conhecimento sobre arte romana era inigualável – mais próximo do conhecimento dos arqueólogos atuais do que de seus contemporâneos. Ele foi o primeiro a estudar artefatos das cidades em suas posições originais.

Winckelmann assinalou que esses objetos eram fontes vitais de informação sobre seus proprietários e sobre a vida cotidiana na época dos romanos – sobre as pessoas do passado. Numa era de pilhagem descontrolada, esta foi uma ideia revolucionária. Infelizmente, Winckelmann nunca pôde testar suas teorias com as próprias escavações: ele foi assassinado por ladrões, por causa de algumas moedas de ouro, enquanto esperava um navio em Trieste, em 1768. Esse estudioso notável foi o primeiro a estabelecer um princípio básico de arqueologia: todos os artefatos, por mais simples que sejam, têm uma história para contar.

Às vezes, as histórias são atípicas. Em certa ocasião, visitei uma aldeia abandonada na África Central que data dos anos 1850. O lugar era um amontoado de fragmentos de cerâmica, pedras de amolar e currais caindo aos pedaços. Não parecia haver nada de grande interesse. Então peguei um machado de pedra de 500 mil anos de idade que jazia em meio às peças de cerâmica. Imediatamente, percebi que o machado devia ter sido trazido de outro lugar até a aldeia, pois não havia nenhuma outra ferramenta de pedra ou sinal de ocupação humana muito antiga nas redondezas.

Essa foi, possivelmente, a primeira vez que pensei nas ferramentas do passado como contadoras de histórias. Imaginei um aldeão, talvez uma criança, pegando o machado, belamente esculpido, no cascalho de um rio a cerca de oito quilômetros dali e levando-o para casa. Em casa, as pessoas olharam para o machado, deram de ombros e o descartaram. Talvez um aldeão idoso se lembrasse de ter visto um machado como aquele na juventude, e por isso a pessoa que o havia encontrado o guardou durante anos. Havia uma história ali; mas, infelizmente, desaparecera muito tempo antes. Restava apenas o machado de pedra.

A história da arqueologia começa com a curiosidade de proprietários de terra e viajantes. Europeus abastados com um gosto por arte clássica muitas vezes faziam o chamado "Grand

Tour" para terras mediterrâneas. Voltavam abarrotados de obras de arte romanas e, às vezes, gregas. Os proprietários de terra começaram a escavar os túmulos encontrados em suas propriedades. Nos jantares, em casa, eles exibiam orgulhosamente "relíquias rudimentares de 2 mil anos". Os escavadores eram amadores, pessoas sem qualquer tipo de instrução em arqueologia; seus ancestrais foram antiquários (pessoas interessadas no passado antigo) como John Aubrey, que se intrigara com Stonehenge.

A arqueologia nasceu há cerca de 250 anos, numa época em que a maioria das pessoas acreditava na criação bíblica. A escavação arqueológica em larga escala começou quando o diplomata francês Paul-Émile Botta e o aventureiro inglês Austen Henry Layard procuraram, e encontraram, a cidade bíblica de Nínive, no norte do Iraque. Layard não era um perito em escavação. Ele cavou túneis nos montículos de Nínive e seguiu os muros esculpidos do palácio do rei assírio Senaqueribe até as profundezas do subterrâneo em busca de achados grandiosos para o Museu Britânico. Ele inclusive descobriu os sulcos deixados por rodas de bigas em tábuas de calcário nos portões do palácio.

Layard, John Lloyd Stephens, Heinrich Schliemann e muitos outros: estes foram os notáveis amadores que descobriram as primeiras civilizações do mundo, descritas nos capítulos a seguir. Houve também outros amadores — pessoas que se intrigaram com machados de pedra e com ossos de animais extintos, com o crânio de aspecto primitivo do homem de Neandertal. Eles mostraram que o passado humano era muito mais longo do que 6 mil anos (o número que fora calculado pela Igreja cristã com base na Bíblia – ver Capítulo 7). Os arqueólogos profissionais eram praticamente desconhecidos até o fim do século XIX. E, de fato, o número de arqueólogos profissionais em todo o mundo permaneceu na casa das centenas até os anos que antecederam a Segunda Guerra Mundial.

A arqueologia gira em torno de vidas humanas. Nenhuma descoberta demonstrou isso mais claramente do que a famosa abertura da tumba do faraó egípcio Tutancâmon pelo lorde

Carnarvon e por Howard Carter, em 1922. A minuciosa limpeza da tumba realizada por Carter pintou um retrato singular de um jovem de mais de 3 mil anos atrás. Carter levou oito anos para concluir o trabalho e morreu antes de publicá-lo. Desde então, especialistas estudam a vida desse faraó pouco conhecido.

Uma história um pouco mais humilde vem de uma clareira arenosa perto de Meer, na Bélgica, onde um pequeno grupo de caçadores acampou em 7000 a.c. Um indivíduo caminhou até um rochedo, sentou e fabricou algumas ferramentas de pedra usando um pedaço de sílex que ele (ou ela) havia trazido consigo. Pouco tempo depois, um segundo indivíduo se uniu ao primeiro e também fabricou algumas ferramentas. O arqueólogo belga Daniel Cahen reuniu cuidadosamente os resíduos da fabricação das ferramentas. A direção dos golpes do martelo revelou um detalhe incrivelmente íntimo: o segundo indivíduo era canhoto!

A arqueologia científica moderna não se limita a encontrar sítios e escavar. É desenvolvida tanto no laboratório como no campo. Nós nos tornamos detetives que se apoiam em todo tipo de pista ínfima, vindas de várias fontes, muitas vezes improváveis, para estudar as pessoas do passado – seja um indivíduo como um faraó egípcio ou uma comunidade inteira.

Como veremos, a arqueologia começou na Europa e no mundo mediterrâneo. Atualmente, tornou-se uma busca global. Há arqueólogos trabalhando na África e na Mongólia, na Patagônia e na Austrália. As escavações rudimentares de um século atrás se tornaram extremamente controladas e cuidadosamente planejadas. Hoje, focamos não apenas em sítios específicos, mas em paisagens antigas inteiras. Contamos com sensoriamento remoto, usando lasers, imagens de satélite e radar de penetração no solo para encontrar sítios e planejar escavações bastante limitadas. Removemos menos terra em um mês do que muitas das primeiras escavações removiam em um dia. Em colaboração com pesquisadores profissionais, arqueólogos amadores munidos de detectores de metais também fizeram descobertas notáveis na Inglaterra. Estas incluem um conjunto de 3,5 mil peças anglo-saxãs de ouro e prata encontradas em Staffordshire, no centro da Inglaterra, datando do ano 700, aproximadamente. Isso é arqueologia científica moderna, que investiga e escava em busca de informações, e não de riquezas.

Por que a arqueologia é importante? É a única maneira que temos de estudar mudanças ocorridas em sociedades humanas em períodos imensamente longos, de centenas e milhares de anos. Acrescentamos detalhes fascinantes à história escrita, como os achados no depósito de lixo de uma fábrica de molho do século XIX, descoberta durante uma escavação no centro de Londres. Mas a maior parte do nosso trabalho está interessada na história humana antes da escrita – isto é, na Pré-História. Os arqueólogos estão descobrindo o passado não escrito das sociedades africanas que floresceram muito antes de os europeus chegarem. Estamos rastreando os primeiros povoamentos das ilhas remotas do Pacífico e estudando os primeiros assentamentos das Américas. Em alguns países como o Quênia, estamos escrevendo, com a pá, histórias nacionais indocumentadas.

Acima de tudo, a arqueologia nos define como seres humanos. Revela nossa ancestralidade comum na África e mostra as maneiras pelas quais somos diferentes e similares. Estudamos gente em toda parte, em toda a sua fascinante diversidade. Arqueologia é gente.

O desenvolvimento da arqueologia é um dos grandes triunfos da pesquisa dos séculos XIX e XX. Quando nossa história começou, todos presumiam que os humanos estavam na Terra havia apenas 6 mil anos. Agora a escala de tempo é de 3 milhões de anos, e continua a aumentar. Mas, apesar de toda a pesquisa séria, ainda nos maravilhamos com descobertas arqueológicas surpreendentes, e muitas vezes inesperadas, que dão vida ao passado. O exército de terracota do imperador chinês Qin Shi Huang Di, encontrado durante a escavação de um poço (Capítulo 31); uma aldeia de 3 mil anos no leste da Inglaterra, destruída tão rapidamente pelo fogo que uma refeição não terminada sobrevive em uma tigela (Capítulo 40); ou a descoberta de que há

2 milhões de anos alguns humanos eram canhotos. Essas são as descobertas que fazem nosso coração disparar – e fazemos novas descobertas todos os dias.

E então, os atores estão no palco e as cortinas estão prestes a se abrir. O espetáculo histórico vai começar!

CAPÍTULO 2

Jumentos e faraós

As pessoas esquecem que há duzentos anos o Egito era uma terra remota da qual pouco se sabia. Hoje, os faraós e suas tumbas e pirâmides são conhecidos por todos. Em 1798, quando o general francês Napoleão Bonaparte chegou ao Nilo, era quase como visitar outro planeta. O Egito ficava muito longe das rotas mais comuns. Era uma província do Império Otomano (turco), cuja capital era Constantinopla (hoje Istambul); era um país islâmico e de difícil acesso.

Uns poucos visitantes europeus caminharam pelos mercados movimentados do Cairo ou visitaram as pirâmides de Gizé, perto dali. Um punhado de viajantes franceses subiu o Nilo até mais longe. (De fato, eu tenho um mapa incrivelmente preciso do Egito, desenhado por Robert de Vaugondy, o geógrafo real da França, em 1753.) Alguns visitantes compraram múmia egípcia antiga em pó – valorizada como um remédio eficaz, até mesmo pelo rei da França. Algumas esculturas egípcias chegaram à Europa, onde causaram um entusiasmo considerável.

Ninguém sabia nada sobre o Egito Antigo e seus monumentos espetaculares, embora fosse reconhecido, havia tempo, como um centro de civilização antiga. Alguns diplomatas perceberam que era possível ganhar dinheiro com suas obras de arte exóticas, mas a localização remota do país jogava contra eles – até que o Egito ocupou o centro do palco, nos anos 1790. O istmo de Suez (o canal de Suez só viria a ser construído em 1869) era uma passagem natural para os que estavam de olho nas possessões britânicas na Índia.

Em 1797, Napoleão Bonaparte, então com 29 anos de idade, derrotou a Itália, onde aprendera a apreciar arte clássica. Sua mente inquieta estava repleta de visões de conquista militar, e ele tinha uma profunda curiosidade pela terra dos faraós. Em 1º de julho de 1798, seu exército de 38 mil homens chegou ao Egito em 328 navios. Entre eles, havia 167 cientistas encarregados de mapear e estudar o Egito, tanto o antigo como o moderno.

Napoleão tinha paixão pela ciência, especialmente pela arqueologia. Seus cientistas eram jovens talentosos – especialistas em agricultura, artistas, botânicos e engenheiros. Mas nenhum deles era arqueólogo, pois a egiptologia, o estudo da antiga civilização egípcia, não existia. Os soldados de Napoleão chamavam os cientistas de "jumentos" – porque, segundo dizem, durante uma batalha tanto os jumentos como os cientistas eram colocados no meio de agrupamentos de infantaria. Seu líder era o barão Dominique-Vivant Denon, um diplomata e artista talentoso. Ele era o líder ideal, e seus desenhos sofisticados, sua escrita excelente e seu entusiasmo contagiante colocaram o Egito no mapa científico.

O próprio Napoleão estava preocupado em reorganizar o Egito, mas ele teve tempo para visitar as pirâmides e a Esfinge, a estátua de uma criatura mítica com cabeça de humano e corpo de leão. Seu interesse por ciência era genuíno, marcado pela fundação do Institut de l'Egypte, no Cairo. No instituto, Napoleão participou de palestras e seminários e acompanhou seus "jumentos". Ele ficou fascinado quando, em junho de 1799, soldados franceses que construíam defesas perto de Roseta, no delta do Nilo, no Egito, descobriram uma pedra misteriosa num monte de rochas. Estava coberta por três tipos diferentes de escrita. Uma era a escrita egípcia antiga formal; a segunda era uma versão à mão livre da mesma escrita; e a terceira era grego. Essa pedra viria a ser a chave para decifrar o estranho código que os franceses viram nos templos e nas tumbas às margens do Nilo. Os soldados enviaram a que ficou conhecida como Pedra de Roseta para cientistas no Cairo, que logo traduziram o texto grego. A pedra continha uma ordem emitida pelo faraó Ptolomeu V em 196 a.C. A ordem não tinha nada de excepcional, mas os especialistas perceberam de imediato que as linhas gregas poderiam ser a chave para decifrar os hieróglifos (uma palavra que vem do grego e significa "símbolo sagrado") ininteligíveis que eram usados pelos antigos egípcios. Passariam-se 23 anos até o código ser decifrado (ver Capítulo 3).

Enquanto isso, os cientistas viajaram por todo o país em pequenos grupos. Eles acompanharam o exército, às vezes lutando junto com a infantaria. Denon e seus colegas desenharam sob fogo cruzado. No templo da deusa-vaca Hator, em Dendera, no Alto Egito, Denon caminhou por entre as colunas, ignorando o pôr do sol e a noite que caía, até que o comandante o levou de volta ao exército. O entusiasmo de Denon era contagiante. Seus colegas engenheiros abandonavam o trabalho para desenhar templos e tumbas e saquear pequenos objetos. Quando faltava lápis, eles desenhavam com balas de chumbo derretidas.

A arquitetura era exótica e totalmente diferente da dos templos gregos e romanos. Até mesmo os soldados mais humildes ficaram fascinados. E quando o exército avistou os templos do deus-sol Amon em Karnak e Luxor, no Alto Egito, os soldados formaram fileiras e saudaram enquanto as bandas tocaram em tributo aos antigos egípcios.

Napoleão pode ter sido um gênio militar, mas sua campanha egípcia acabou em derrota quando o comandante naval britânico, o almirante Horatio Nelson, destruiu a frota francesa na baía de Abuquir, perto de Alexandria, em 1º de agosto de 1798. Napoleão fugiu para a França.

Quando o exército francês se rendeu, em 1801, os cientistas voltaram para casa em segurança. Os britânicos permitiram que eles ficassem com a maior parte de seus achados egípcios, mas garantiram que a Pedra de Roseta fosse para o Museu Britânico. Embora militarmente um fracasso, a expedição egípcia foi um triunfo científico. Os "jumentos" do general examinaram os corredores das pirâmides de Gizé e mediram a Esfinge. Além de desenhar o Nilo, eles também desenharam o interior dos grandes templos egípcios em Karnak, Luxor e Filas, bem mais ao sul. Os desenhos das grandes colunas com hieróglifos e das paredes dos templos com deuses e faraós eram incrivelmente precisos para a época. Seu *Description de l'Egypte*, uma série de publicações em vinte partes, retratou escaravelhos (um besouro sagrado) e joias, estátuas, jarros elegantes e ornamentos de ouro. As linhas delicadas e o uso habilidoso das cores deram vida à exótica arte e arquitetura egípcia. Os volumes foram uma sensação. Quando as pessoas viram as riquezas do Egito Antigo ao alcance de todos, ficaram loucas por elas.

O entusiasmo desencadeou uma correria frenética por antiguidades egípcias numa Europa sedenta de qualquer coisa exótica. Inevitavelmente, um fluxo constante de colecionadores, diplomatas e personagens suspeitos chegou ao Nilo em busca de descobertas valiosas. Ninguém estava procurando conhecimento – apenas achados espetaculares que pudessem ser vendidos a preços altos. As pesquisas sérias, como as realizadas pelos cientistas de Napoleão, deram lugar à caça ao tesouro.

O Egito continuava fazendo parte do Império Otomano e era governado por Muhammad Ali, um soldado albanês a serviço da Turquia. Ele se esforçou para abrir seus domínios para mercadores e diplomatas, e também para turistas e negociantes de antiguidades. Havia muito dinheiro a ser ganho com as múmias bem preservadas e os objetos de arte sofisticados, tanto que os próprios governos se dedicaram a colecioná-los. Tanto Henry Salt como Bernardino Drovetti, os principais diplomatas britânico e francês no Cairo, foram instados a reunir objetos grandiosos para os museus de seu país de origem. Eles o fizeram avidamente; e foi por isso que um "homem forte" de circo – agora um ladrão de tumbas – veio a ser um dos fundadores da egiptologia.

Giovanni Battista Belzoni (1778-1823) nasceu em Pádua, na Itália, filho de um barbeiro. Ele ganhava a vida como acrobata, apresentando-se por toda a Europa. Em 1803, chegou à Inglaterra, onde assinou um contrato como "homem forte" no teatro Sadler's Wells (então uma sala de concertos popular). Belzoni era um tipo bonito, imponente. Com quase dois metros de altura, era um homem de força notável. Tornou-se o "Sansão da Patagônia", um halterofilista que usava trajes de cores vivas e atravessava o palco carregando vinte artistas numa estrutura de ferro gigante.

Durante seus anos de artista, Belzoni adquiriu experiência prática em levantamento de peso, uso de alavancas e roldanas, e "hidráulica" – números no palco envolvendo água. Todas essas eram qualidades úteis para um ladrão de tumbas. Viajante incansável, Belzoni e sua esposa Sarah chegaram ao Egito em 1815. O diplomata britânico Henry Salt o recrutou para recuperar uma grande estátua de Ramsés II do templo do faraó na margem ocidental do Nilo, oposta a Luxor. Essa figura bem conhecida havia desafiado os melhores esforços dos soldados de Napoleão para trasladá-la até o rio. Belzoni reuniu oitenta trabalhadores e construiu um carro rudimentar que se movia sobre quatro rolos de madeira. Ele usou varas como alavancas e empregou o peso de dezenas de homens para erguer a estátua pesada e então mover o carro e os rolos para baixo dela. Cinco dias depois, o faraó estava na margem do rio. Ele fez a estátua flutuar pelo rio e regressou a Luxor. Hoje, a estátua de Ramses pode ser vista no Museu Britânico.

Sempre que as autoridades locais lhe causavam problemas, a altura e a força de Belzoni se mostraram armas poderosas (ele também estava treinado para usar armas de fogo, se necessário). Sua determinação e crueldade, combinadas com a expertise em barganhar, lhe foram muito úteis, e ele adquiriu um conjunto impressionante de antiguidades.

Belzoni almejava os cemitérios localizados na margem ocidental, onde ele fez amizade com os ladrões de tumbas de Qurna. Ele os conduziu pelas passagens estreitas nos penhascos, onde centenas de múmias enfaixadas foram encontradas. Pó de múmia, observou, era "um tanto desagradável de se engolir". As pessoas viviam nas tumbas, ignorando pilhas de mãos, pés e até mesmo crânios mumificados. Elas usavam sarcófagos, além de ossos e panos dos mortos enfaixados, como lenha para cozinhar as refeições.

O rival francês de Belzoni, Bernardino Drovetti, reagiu a seu sucesso reivindicando direitos de escavação em toda área nas imediações de Luxor. Ele causou tantos problemas que Belzoni preferiu navegar para longe e explorar o templo de Abu Simbel, bem mais ao sul. Apesar de ter que lidar com trabalhadores rebeldes e se esquivar da areia que caía pelos penhascos, com a ajuda de dois viajantes, oficiais da marinha britânica, Belzoni conseguiu abrir a passagem. Ele se viu num salão cheio de pilares com oito estátuas de Ramsés II, mas poucos artefatos pequenos para levar.

De volta a Luxor, encontrou os homens de Drovetti escavando em Qurna. Drovetti ameaçou cortar-lhe a garganta, então Belzoni seguiu para o Vale dos Reis, local de enterro dos maiores faraós do Egito. O vale era explorado desde os tempos romanos, mas Belzoni tinha instintos arqueológicos brilhantes. Ele localizou três tumbas quase imediatamente. Logo em seguida, fez sua descoberta mais impressionante: o sepulcro do faraó Seti I, pai de Ramsés II e um dos governantes mais importantes do Egito, que reinou de 1290 a 1279 a.C. Pinturas magníficas adornavam as paredes. Na câmara funerária encontra-se o translúcido, porém vazio, sarcófago de alabastro esculpido especialmente para o corpo do imperador. Infelizmente, a tumba havia sido saqueada logo após a morte do faraó.

Belzoni estava com sorte. Ele abrira quatro tumbas da realeza, e, sempre incansável, ao voltar para o Cairo conseguiu penetrar o interior da grande pirâmide de Quéfren, em Gizé – a primeira pessoa a fazê-lo desde os tempos medievais. Ele pintou seu nome com fuligem na parede da câmara funerária, onde permanece visível até hoje. Sempre um showman, decidiu fazer uma cópia exata da tumba de Seti para ser exibida em Londres. Ele e um artista viveram na tumba durante um verão. Eles copiaram as pinturas e os numerosos hieróglifos e fizeram centenas de impressões de figuras em cera. A essa altura, Drovetti estava com tanta inveja que seus homens ameaçaram Belzoni com armas de fogo. Temendo por sua vida, o showman deixou o Egito para sempre.

De volta a Londres, ele organizou uma mostra da tumba e de seus achados no apropriadamente denominado Egyptian Hall (próximo ao atual Piccadilly Circus), que foi um grande sucesso, e escreveu um best-seller sobre suas aventuras. Inevitavelmente, o número de visitantes caiu, e a mostra foi encerrada. Mas o ex-homem forte ainda ansiava por fama e fortuna. Em 1823, ele partiu numa expedição para encontrar a nascente do rio Níger na África Ocidental e acabou morrendo de febre em Benim.

Giovanni Belzoni foi um personagem extraordinário que, basicamente, era um showman e ladrão de tumbas. Poderia ser descrito como um incansável caçador de tesouros, mas ele era mais do que isso. Certamente, no começo, estava atrás de espólios, em busca de fama e fortuna; mas era um arqueólogo? Não há dúvida de que tinha um instinto esplêndido para descobertas. Hoje, ele poderia muito bem ter sido um arqueólogo de sucesso. Mas, naquele tempo, ninguém sabia ler hieróglifos, nem fazia ideia de como escavar e registrar o passado. Como outros da época, Belzoni media o sucesso pelo valor de suas descobertas. Ainda assim, o italiano extravagante assentou algumas das bases rudimentares da egiptologia.

CAPÍTULO 3

Lendo o Egito Antigo

"Consegui!", gritou um Jean-François Champollion ofegante antes de desmaiar aos pés do irmão. Champollion acabava de descobrir a complexa gramática dos antigos hieróglifos egípcios e solucionar um mistério secular.

Os cientistas de Napoleão, Giovanni Belzoni e muitos outros haviam estudado as inscrições na Pedra de Roseta, sem sucesso. Os antigos egípcios e seus faraós eram anônimos, pessoas sem história. Quem eram os reis retratados nas inscrições dos templos? Quem eram os deuses e deusas que recebiam suas oferendas? Quem eram as pessoas importantes enterradas em tumbas ricamente decoradas perto das pirâmides de Gizé? Belzoni e seus contemporâneos operaram numa névoa arqueológica.

No início, os especialistas presumiram erroneamente que os glifos fossem símbolos gráficos. Então, nos anos 1790, um estudioso dinamarquês chamado Jørgen Zoëga propôs a teoria de que os caracteres representavam não objetos, e sim sons: que eram uma maneira de transformar a fala humana em escrita – uma escrita fonética. A descoberta da Pedra de Roseta em 1799, com seus dois textos hieroglíficos, foi um passo importante. Um texto estava num sistema de escrita formal que ninguém era capaz de decifrar. Mas o outro era uma escrita simplificada usada por pessoas comuns. Esta era, claramente, uma versão alfabética dos hieróglifos, e hoje sabemos que foi amplamente usada por escribas. A Pedra de Roseta foi o primeiro grande avanço. O segundo foi o trabalho de Thomas Young, um médico inglês especialista em idiomas e matemática. Seu conhecimento de grego antigo lhe possibilitou ler uma inscrição. Isso lhe permitiu seguir em frente e identificar o nome do faraó Ptolomeu V em seis cartuchos (um conjunto de hieróglifos dentro de uma forma oval, representando o nome de um monarca) nas inscrições de Roseta. Então, ele associou os hieróglifos com as letras da grafia grega do nome do faraó. Mas, infelizmente, Young presumiu que muitos dos hieróglifos fossem não fonéticos, e por isso seus esforços para lê-los acabaram sendo frustrados.

O grande rival de Young foi Jean-François Champollion (1790-1832), um gênio da linguística com uma personalidade explosiva. Filho de um vendedor de livros empobrecido, Champollion só iniciou a educação formal aos oito anos de idade, mas logo demonstrou um talento notável para desenho e idiomas. Aos dezessete anos, ele dominava o árabe, o hebreu e o sânscrito, além de inglês, alemão e italiano. O jovem Champollion era obcecado por hieróglifos. Ele também aprendeu copta, acreditando que a língua do Egito cristão talvez tivesse retido alguns elementos do Egito Antigo.

Em 1807, Champollion e seu irmão Jacques-Joseph se mudaram para Paris, onde viveram na pobreza. O jovem linguista voltou sua atenção para a Pedra de Roseta. Ele a estudou durante meses e examinou numerosos papiros egípcios (documentos escritos em caules de junco de papiro). A pesquisa era frustrante e repleta de becos sem saída. Ao contrário de Young, Champollion se convenceu de que a escrita egípcia era fonética. Ele ampliou seus estudos e incluiu papiros egípcios e gregos, bem como um obelisco do Alto Egito com cartuchos da rainha Cleópatra.

Em 1822, ele recebeu cópias precisas dos hieróglifos em Abu Simbel, as quais lhe possibilitaram identificar os cartuchos representando Ramsés II, e outro faraó, Tutmés III. Ele percebeu que a escrita hieroglífica não incluía vogais: havia 24 símbolos que representavam consoantes individuais (de maneira muito similar às letras na língua inglesa) e funcionavam como um alfabeto. Geralmente, mas nem sempre, a escrita era da direita para a esquerda. Não havia espaços ou sinais de pontuação separando as palavras. Quando Champollion irrompeu no quarto do irmão, ele havia decifrado uma escrita que chamou de "às vezes figurativa, simbólica e fonética".

Em 27 de setembro de 1822, Champollion apresentou suas descobertas na Académie des Inscriptions et Belles-Lettres. A descoberta foi considerada tão importante que o rei da França foi informado. No entanto, anos se passariam antes que a obra de Champollion fosse universalmente aceita. Em 1824, ele publicou um sumário de hieróglifos que foi duramente atacado pelos críticos. Parece provável que sua personalidade polêmica e sua incapacidade de tolerar críticas tenham contribuído para suas dificuldades.

Champollion se tornou curador da seção egípcia do Louvre, onde seu conhecimento de hieróglifos lhe possibilitou dispor as coleções na ordem cronológica correta. Este foi um avanço importante.

Mas o homem que decifrou a escrita formal do Egito Antigo nunca havia visitado o Nilo. Em 1828, apoiadores influentes persuadiram o rei a financiar uma expedição conjunta francesa e toscana sob liderança de Champollion. Trinta anos depois de os especialistas de Napoleão terem navegado rumo a Alexandria, Jean-François Champollion, o egiptólogo Ippolito Rosellini e uma equipe de artistas, desenhistas e arquitetos – todos usando vestimentas turcas, que eram mais confortáveis no calor – embarcaram numa jornada pelo rio.

A expedição foi um triunfo. Pela primeira vez, o mestre e seus companheiros puderam ler as inscrições nas paredes dos templos e entender a importância de alguns dos monumentos mais antigos do mundo. No templo da deusa Hator em Dendera, os membros da expedição, entusiasmados, desembarcaram numa noite enluarada. Durante duas horas gloriosas, perambularam pelas ruínas e só regressaram aos navios às três da manhã. Depois de breves estadias em Luxor, Karnak e no Vale dos Reis, a expedição conseguiu atravessar o rio na cheia de verão e chegar ao Cairo. Champollion foi o primeiro estudioso a identificar a quem pertenciam as tumbas e a traduzir as inscrições nas paredes dos templos de faraós que faziam oferendas a deuses. Exausto, ele regressou a Paris em janeiro de 1830. Morreu de um AVC dois anos depois, com apenas 41 anos de idade. Mas a controvérsia em torno dos hieróglifos continuou durante muito tempo após sua morte. E quinze anos se passariam antes que todos concordassem que suas traduções estavam corretas.

Um bando de visitantes menos escrupulosos apareceu no Nilo. O sucesso de Belzoni e Drovetti encorajou outros caçadores de tesouros a procurar fama e fortuna na região. O Egito Antigo rapidamente se tornou um empreendimento lucrativo. Champollion ficou desgostoso com a destruição: as pessoas estavam, escancaradamente, roubando os tesouros das tumbas, removendo estátuas e arrancando obras de arte das paredes dos templos, tudo isso simplesmente visando o lucro.

Ele escreveu a Muhammad Ali para reclamar do comércio de antiguidades e do estrago que estava sendo feito. A carta de Champollion foi o empurrão para que Ali sancionasse uma lei proibindo a exportação de antiguidades, autorizasse a construção de um museu e tornasse ilegal a destruição de monumentos. Sem autoridades para fiscalizar, a lei não significou nada. Mas foi um movimento na direção correta, ainda que Ali e seus sucessores tenham dado ou vendido a maior parte dos acervos dos museus a estrangeiros proeminentes. Felizmente, alguns visitantes começaram a ir ao Nilo em busca de informações, e não de artefatos.

As afirmações surpreendentes de Champollion, de ter decifrado os hieróglifos, impulsionaram um movimento em direção a pesquisar, em vez de colecionar. Finalmente havia uma maneira de conhecer os segredos da antiga civilização egípcia. Estudiosos influentes como o viajante e arqueólogo clássico sir William Gell incentivaram jovens promissores. Um deles foi John Gardner Wilkinson (1797-1875), cujos pais morreram quando ele era jovem e lhe deixaram modestos fundos privados. Enquanto aguardava uma nomeação como oficial do exército, ele partiu em uma viagem para terras mediterrâneas. Em Roma, conheceu sir William Gell, que provavelmente sabia mais do que qualquer outra pessoa sobre o Egito Antigo na época. O jovem Wilkinson chegou a Alexandria no fim de 1821, munido de um pouco de árabe e um entusiasmo sem limites. Isso foi um pouco antes de Champollion decifrar a escrita egípcia. Mas Wilkinson conhecia o suficiente sobre a abordagem de Thomas Young aos hieróglifos e aos artefatos egípcios para estar mais bem preparado do que todos os que o precederam. Ele viajou rio acima e mergulhou na egiptologia.

Aqui estava um tipo diferente de arqueólogo. Enquanto Belzoni e os de seu tipo eram escavadores em busca de arte e artefatos, Wilkinson tinha uma visão muito mais ampla da egiptologia. Nisso, ele estava muito à frente de seu tempo. Ele percebeu que para compreender a civilização e as pessoas do Antigo Egito era preciso combinar achados arqueológicos e inscrições.

Wilkinson não tinha interesse algum em adquirir artefatos. Ele era um copista de inscrições, monumentos e tumbas – um autêntico estudante do passado. Embora feito à mão livre, seu trabalho era notavelmente preciso para os padrões modernos – sobretudo seus desenhos de hieróglifos, que eram melhores do que os dos especialistas de Napoleão.

Durante os doze anos seguintes, Wilkinson viajou por todo o vale do Nilo e pelo deserto. Às vezes estava sozinho ou apenas com seu amigo James Burton. Outras vezes, um pequeno número de arqueólogos e artistas de pensamento similar se uniam a ele. Para garantir a segurança naquela terra remota, eles adotavam maneiras turcas e se faziam passar por muçulmanos, até mesmo para seus criados.

Wilkinson trabalhou, no início, sem ter qualquer conhecimento dos glifos. Mas, em 1823, Gell lhe enviou um exemplar do sumário de Champollion. Isso o fez perceber quanto progresso o jovem francês havia feito. Mas, à medida que adquiria competência na comparação de palavras coptas e egípcias antigas, Wilkinson passou a perceber que Champollion era descuidado. Ele cometera "erros terríveis" com inscrições que decifrara.

Wilkinson nunca conheceu Champollion, mas não gostava do modo como o francês buscava a fama ao mesmo tempo em que não tolerava crítica alguma a seu trabalho. Ele era cheio de segredos, brigava violentamente com outros estudiosos e fazia afirmações falsas sobre suas pesquisas. Wilkinson, ao contrário, preferia ficar em segundo plano, desenhando em silêncio, registrando e trabalhando na datação de templos e tumbas.

Depois de ter adquirido um conhecimento básico dos hieróglifos, Wilkinson, sempre curioso, partiu para outra pesquisa. De 1827 em diante, passou a maior parte do tempo na margem ocidental do Nilo, em Luxor. Lá, ocupou a tumba de um alto oficial chamado Amechu (século XV a.C.), vivendo com um estilo considerável e desfrutando de vistas magníficas do vale do Nilo. Ele colocou carpetes, erigiu partições para criar cômodos e lá instalou sua biblioteca pessoal. Costumava receber amigos e queimava sarcófagos de madeira na lareira para aquecer o ambiente, como todos faziam – algo inaceitável nos dias de hoje!

Wilkinson não era uma pessoa matinal – tomava o café da manhã às 10h30. Mas realizou feitos impressionantes e criou inclusive os primeiros mapas dos cemitérios da margem ocidental. Ele numerou as tumbas no Vale dos Reis, e seu sistema é usado ainda hoje. Concentrou-se nas tumbas dos nobres ao perceber que elas proporcionariam informações valiosas sobre a vida dos egípcios. Os monumentos ofereciam uma chance de voltar no tempo e como que viver em meio às pessoas – como se você fosse um espectador observando os eventos se desenrolarem nas paredes.

Eu amo explorar as pinturas de tumbas egípcias, embora hoje muitas delas estejam bem desbotadas. Pode-se testemunhar a vida nas propriedades dos nobres – trabalhadores reunidos para a colheita sob o olhar vigilante de um escriba, gado sendo abatido, convidados em trajes de cores vivas reunidos para um banquete. Há inclusive uma encantadora pintura de um nobre pescando acompanhado de seus gatos.

Wilkinson fez parte de um pequeno grupo de estudiosos que contribuíram para consolidar a egiptologia durante os anos 1820 e 1830. Eram pesquisadores sérios com paixão por seu trabalho e pelo conhecimento que este produzia. Eles trabalhavam juntos e também de maneira independente. Wilkinson deixou o Egito em 1833 com uma ideia para um livro sobre a vida dos egípcios antigos. *Manners and Customs of the Ancient Egyptians* [Maneiras e costumes dos antigos egípcios] foi publicado em 1837 e vendeu bem; com preço razoável, estava ao alcance da classe média.

O livro conduzia os leitores em uma viagem no tempo pelo Egito Antigo, fornecendo uma riqueza de informações. Seu povo ganhava vida graças a detalhes apreendidos de pinturas, papiros e inscrições. Wilkinson tinha o raro talento de comunicar pesquisas importantes e originais a um público amplo. Ele se tornou um nome conhecido e foi nomeado cavaleiro pela rainha Vitória.

Champollion e Wilkinson eram uma nova estirpe de estudiosos. Eles pintaram um retrato vívido de uma civilização vigorosa e exuberante. E ambos perceberam que a arqueologia, sozinha, não poderia reconstruir civilizações antigas. Toda pesquisa séria dependia de um trabalho em equipe entre escavadores e as pessoas que se dedicavam a inscrições e registros escritos.

O brilhante relato popular que Wilkinson fez dos egípcios colocou o estudo sério das primeiras civilizações do mundo no centro do palco. Pouco a pouco, a destruição em grande escala ao longo do Nilo deu lugar a uma pesquisa mais disciplinada.

Seis décadas se passariam antes que novos copistas chegassem ao Nilo. Mas, graças a Champollion e Wilkinson, eles eram profissionais.

CAPÍTULO 4

Escavando Nínive

Babilônia e Nínive: estas grandes cidades bíblicas eram a essência do romance. O Velho Testamento falava de Nabucodonosor (que reinou de cerca de 604 a 562 a.C.), o maior rei da antiga Babilônia (no atual sul do Iraque). Ele foi um conquistador cruel, famoso por manter judeus cativos em sua capital. Os proventos de seu poderoso império criaram uma capital magnífica. De acordo com relatos gregos posteriores, milhares de escravos ergueram muros tão largos em torno da cidade que era possível conduzir bigas sobre eles.

Conta-se que Nabucodonosor criou, para seu palácio com terraços, jardins suspensos fabulosos que se tornaram uma das Sete Maravilhas do Mundo Antigo. Se eles algum dia existiram é uma pergunta que continua sem resposta. A capital desapareceu quando a civilização assíria entrou em colapso. Os poucos viajantes europeus que chegaram à Babilônia se viram num deserto árido, repleto de montículos poeirentos. Séculos se passaram antes que arqueólogos alemães conseguissem reconstruir parte dela (ver Capítulo 20).

Nínive ficava bem mais acima, no que é hoje o norte do Iraque. Em 612 a.C., era uma importante cidade assíria, mencionada no Livro do Gênesis, na Bíblia. De acordo com o profeta Isaías, Deus amaldiçoou os arrogantes ninivitas. Ele fez de Nínive "uma devastação, uma terra árida como o deserto". Não restou nenhum edifício ou templo para ser visto sobre o solo. Visitantes europeus posteriores observaram que a ira de Deus havia, de fato, destruído os assírios.

Babilônia e Nínive passaram para as sombras da história, conhecidas apenas pela Bíblia. Lá permaneceram, até que achados arqueológicos incríveis confirmaram a história bíblica. Em 1841, um grupo de estudiosos influentes na Sociedade Asiática Francesa se agarraram a Nínive como mais uma oportunidade de escavações surpreendentes que teriam boa repercussão na França. Em 1842, o governo nomeou Paul-Émile Botta (1802-1870) como cônsul representante em Mossul. Botta havia sido diplomata no Egito, e foi seu árabe fluente que levou a essa nova nomeação. Sua tarefa não oficial era escavar Nínive, embora ele não tivesse experiência relevante.

As escavações pouco sofisticadas de Botta foram, em grande parte, infrutíferas, já que ele estava penetrando apenas as camadas superiores estéreis (isto é, camadas sem ossos nem ferramentas) do montículo Kuyunjik, em Nínive. Montículos urbanos como os de Nínive se formaram gradualmente, camada por camada – as mais antigas, e quase sempre mais importantes, encontravam-se na base. Mas Botta não tinha conhecimento algum sobre tais sítios. Ele escavou perto da superfície e encontrou fragmentos de alabastro e tijolos com inscrições, mas nada espetacular.

Então, depois de meses de trabalho, sua sorte mudou. Um aldeão de Khorsabad, cerca de 22 quilômetros ao norte de Kuyunjik, mostrou a Botta alguns tijolos com inscrições. Ele contou histórias de numerosos achados nos arredores de sua casa, num montículo antigo. O cônsul enviou dois homens para investigar. Uma semana depois, um deles voltou entusiasmado. Uma pequena escavação havia revelado paredes entalhadas com imagens de animais exóticos.

Botta viajou para Khorsabad imediatamente. Ele ficou impressionado com os entalhes elaborados expostos nas paredes do pequeno fosso que havia sido cavado. Homens barbados usando túnicas longas caminhavam junto com animais alados e outras criaturas. Botta rapidamente trasladou seus trabalhadores para Khorsabad. Em poucos dias, os escavadores descobriram uma série de placas de calcário esculpidas do palácio de um rei antigo e desconhecido.

Triunfante, Botta escreveu para Paris afirmando ter revelado uma verdade bíblica. "Nínive foi redescoberta", informou orgulhosamente. O governo francês deu um subsídio de 3 mil francos para mais escavações. Botta empregou mais de trezentos homens, sabendo que eles tinham de escavar em larga escala para fazer descobertas importantes. Ele iniciou uma tradição de escavações gigantescas na Mesopotâmia (do grego, que significa "a terra entre os rios") que se manteve durante o século XX.

Sabiamente, os franceses também enviaram Eugène Napoléon Flandin, de Paris, um artista arqueológico experiente. Os dois homens trabalharam nos montículos até o fim de outubro de 1844. Eles desenterraram o esboço de um complexo palaciano murado que cobria mais de 2,5 quilômetros quadrados. Os trabalhadores meramente seguiram os muros do palácio sempre que possível. Eles revelaram cenas de um rei em guerra, sitiando cidades, caçando animais e participando de cerimônias religiosas elaboradas. Touros e leões com cabeça humana guardavam os portões do palácio. Nunca uma escavação havia produzido tamanhos tesouros.

Flandin chegou a Paris em novembro de 1844 com desenhos que encheram de alegria os estudiosos franceses. Era uma tradição artística totalmente nova, bem diferente daquela da Grécia, do Nilo ou de Roma. Botta também regressou a Paris. Ele concluiu um relatório sobre as escavações, acompanhado de quatro volumes dos desenhos de Flandin, e isso causou sensação. Botta afirmou, erroneamente, que havia redescoberto Nínive em Khorsabad. Não podemos culpá-lo. Como Belzoni no Egito, ele não sabia ler as inscrições no palácio. Hoje sabemos que ele havia escavado Dur-Sharrukin, o palácio do rei assírio Sargão II (722-705 a.C.), um conquistador agressivo e exitoso. Anos se passariam antes que as chamadas inscrições cuneiformes (do latim para "cunha", por causa de sua forma) identificassem sua capital (ver Capítulo 5). Naquela época, Botta se retirou de cena: foi designado para um cargo obscuro no Líbano e nunca regressou à arqueologia.

Mas, enquanto Botta estava começando a trabalhar em Nínive em 1842, um jovem inglês chamado Austen Henry Layard (1817-1894) se tornava fascinado pela arqueologia na Mesopotâmia. Ele havia passado duas semanas em Nínive em 1840, estudando o sítio. Abençoado com uma curiosidade insaciável e uma notável capacidade de observação, ele estava determinado a escavar montículos de cidades antigas. A arqueologia se tornou sua paixão.

Como muitos grandes arqueólogos, Layard era incansável. Ele passou um ano entre os nômades bakhtiaris nas montanhas da Pérsia (atual Irã) e se tornou um conselheiro de confiança para a tribo. Ele conhecia tão bem a política local que o enviado britânico em Bagdá o mandou a Constantinopla para aconselhar o embaixador na cidade. Nesse momento, em 1842, ele passou três dias em Mossul com Botta, que o incentivou a escavar. Layard, no entanto, não tinha um centavo.

Ele passou três anos como agente de inteligência não oficial em Constantinopla. Então, o embaixador britânico, sir Stratford Canning, não sem relutar, lhe concedeu dois meses para escavar em Nimrud, uma série de montículos a jusante de Mossul. Layard apostou que chegaria ao coração da cidade a partir da base, e por isso abriu túneis nos montículos. Quase imediatamente, os trabalhadores descobriram uma grande câmara coberta de placas com inscrições cuneiformes. Hoje sabemos que esse era o Palácio Norte do rei assírio Assurbanípal (883-859 a.C.). Naquele mesmo dia, Layard trasladou homens para o sul e desenterrou o Palácio Sul, construído pelo rei Assaradão (681-669 a.C.). Layard é, até hoje, o único arqueólogo a ter descoberto dois palácios em menos de 24 horas.

Suas escavações simplesmente seguiram as paredes decoradas dos aposentos do palácio. Layard descobriu entalhes de um palácio anterior, incluindo cenas de uma batalha e de um cerco. Esses achados logo obscureceram os de Khorsabad.

Layard trabalhava com um só objetivo em mente: descobrir obras de arte e artefatos de tirar o fôlego que pudessem ser remetidos para Londres. Ele sabia que, enviando achados exóticos para o Museu Britânico, conquistaria grande notoriedade. Seu trabalho nem de longe poderia ser descrito como um registro cuidadoso.

Layard e seu assistente assírio, Hormuzd Rassam, montaram acampamento no topo do montículo de Nimrud, o que lhes proporcionou uma vista esplêndida das planícies ao redor. Layard estava constantemente de guarda contra incursões repentinas de tribos vizinhas em busca de tesouros. Ele cobria os chefes locais de presentes para comprar sua lealdade, mas não hesitava em usar a violência se necessário. Por fim, ele próprio se tornou uma espécie de chefe, resolvendo disputas e arranjando casamentos.

Seguiram-se descobertas extraordinárias, incluindo três esculturas de touros alados que guardavam o palácio. Layard deu uma festa de três dias para seus trabalhadores a fim de celebrar esses achados. No Palácio Norte, seus homens desenterraram um magnífico pilar entalhado com a cena de um rei recebendo um tributo. Registrava os triunfos militares do rei Salmanaser III (859-824 a.C.), que lutou constantemente contra Estados vizinhos, incluindo os hititas (ver Capítulo 20). Layard construiu um grande carro e rebocou as pesadas descobertas até o Tigre. Os artefatos foram carregados pelo rio até Basra sobre balsas sustentadas por pele de cabra inflada, idênticas às mostradas nos relevos assírios. Em seguida, Layard escavou o montículo Kuyunjik, em Nínive, onde túneis logo expuseram nove câmaras adornadas com baixos-relevos (esculturas onde as figuras praticamente não sobressaem da superfície).

O primeiro carregamento de esculturas de Nimrud chegou ao Museu Britânico em 22 de junho de 1847, e, quando Layard voltou à Inglaterra, ele era o herói do momento. Em 1849, publicou *Nineveh and Its Remains* [Nínive e suas ruínas] – um "pequeno esboço" de sua obra que se tornou um best-seller. As escavações em Kuyunjik foram retomadas em 1849. Layard cavou um labirinto de túneis que seguiam as paredes decoradas do palácio e ignoravam o precioso conteúdo dos aposentos. Mais uma vez, ele passou dias no subterrâneo desenhando os entalhes quando estes apareciam, à luz de velas e dutos de ventilação. Túneis mal iluminados levavam a grandes figuras de leões que guardavam os portões do palácio. As placas de calcário das entradas ainda tinham os sulcos de rodas de bigas assírias. Os trabalhadores de Layard expuseram toda a fachada sudeste do palácio do rei Senaqueribe (705-681 a.C.), que fez campanhas militares na Mesopotâmia, na Síria, em Israel e na Judeia.

As inscrições do palácio ofereciam uma crônica de conquistas, cercos e feitos da realeza. Monarcas e deuses retratados em registro realista apareciam em relevo, como se estivessem dando um passo à frente para questionar os visitantes intrusos. Muitos relevos de Kuyunjik estão hoje expostos no Museu Britânico, e eu sempre faço questão de visitá-los. Os entalhes são impressionantes. Um conjunto de relevos mostra aproximadamente trezentos trabalhadores arrastando um grande touro com cabeça humana de uma balsa fluvial até o palácio. Um homem montado no touro dirige o trabalho. Enquanto isso, o rei supervisiona de sua biga, protegido por um guarda-sol.

A descoberta mais sensacional de Layard veio quando ele revelou o cerco e a captura de uma cidade desconhecida – desconhecida, isto é, até que as inscrições cuneiformes que a acompanhavam foram decifradas nos anos 1850 (ver Capítulo 5). Ele se concentrava primordialmente nos relevos: pequenos achados, a não ser que valiosos, eram de pouco interesse.

Ocasionalmente, as escavações rendiam tabuletas com inscrições cuneiformes, mas muitas destas viraram pó, pois, feitas com argila não cozida, eram frágeis. Então Layard encontrou a mina de ouro, embora tenha levado algum tempo para se dar conta disso. Perto do fim da escavação, ele coletou centenas de tabuletas de argila com inscrições e as acomodou em seis caixotes. Estas haviam sido parte da biblioteca real e vieram a se revelar uma de suas descobertas mais importantes. Depois das escavações de 1850, ele despachou mais de uma centena de caixotes pelo rio Tigre.

Após uma tentativa malsucedida de escavação na Babilônia e em outra cidade antiga ao sul (que fracassou porque seus métodos eram muito rudimentares para lidar com o tijolo não cozido), Layard voltou para casa.

O Museu Britânico tinha muitos esboços nas mãos de Layard – o único registro dos achados que ele não conseguia despachar. Ele tinha o instinto do grande arqueólogo para distinguir o importante do trivial; e, como Giovanni Belzoni, tinha um faro para descobertas que o levou a palácios reais e a achados espetaculares. Mas seus métodos eram pavorosamente grosseiros, e muita coisa foi perdida. Meio século se passaria antes que os estudiosos alemães transformassem a escavação arqueológica na Grécia e na Mesopotâmia numa disciplina científica (ver Capítulo 20).

Layard é difícil de definir. Sob qualquer prisma, ele era um escavador apressado e descuidado em busca de tesouros e descobertas empolgantes. Escavou cidades inteiras com apenas um ou dois assistentes europeus e centenas de trabalhadores locais. Basicamente, tudo que lhe importava era fama e achados assírios deslumbrantes para o Museu Britânico. Ele, no entanto, era excelente em lidar com os habitantes locais, muitos dos quais se tornaram grandes amigos – algo pouco usual entre os primeiros arqueólogos.

Apesar de toda a sua escrita eloquente e suas descrições fluentes, Austin Henry Layard era, no fundo, um aventureiro tanto quanto um arqueólogo. Mas ele colocou os assírios bíblicos sob os holofotes e mostrou que grande parte do Velho Testamento se baseava em acontecimentos históricos. A decifração da escrita cuneiforme logo tornou ainda mais importantes os seus achados (ver Capítulo 5). Exausto depois de suas escavações e cansado dos esforços constantes para obter fundos, Layard desistiu da arqueologia aos 36 anos de idade. Mudou de ramo e se tornou político, depois diplomata – um cargo que se valia de sua habilidade para lidar com outras culturas. Por fim, ele se tornaria o embaixador britânico em Constantinopla, na época um dos postos diplomáticos mais importantes da Europa. Nada mal para um arqueólogo aventureiro.

CAPÍTULO 5

Tabuletas e túneis

Mesmo durante os anos 1840, a arqueologia era mais do que simplesmente escavar à procura de civilizações perdidas. Layard fez descobertas brilhantes em Nimrud e Nínive, mas ele trabalhava com uma mão atada atrás das costas: ele não sabia ler as inscrições cuneiformes que acompanhavam os magníficos entalhes nas paredes dos palácios assírios. Quem eram esses monarcas poderosos que foram para a guerra, sitiaram cidades e erigiram leões com cabeça humana na frente dos portões de seus palácios? O jovem escavador estava ciente do problema, mas não era um conhecedor de línguas antigas. Ele precisava de alguém capaz de ler as inscrições nas paredes e a escrita minúscula nas tabuletas de argila que vinham de suas trincheiras. Em seu primeiro livro, *Nineveh und Its Remains*, ele supusera que Nimrud fosse a antiga Nínive. Mas aquilo fora pura obra de adivinhação, e logo seria mostrado que ele estava equivocado.

A investigação do montículo de Kuyunjik e de Nimrud ocupava sua mente – e também a de Henry Rawlinson, um diplomata britânico em Bagdá. Henry Creswicke Rawlinson (1810-1895) foi um cavaleiro brilhante, um atirador exímio e um linguista talentoso. Entrou para o Exército Indiano aos dezessete anos de idade, como oficial nos Granadeiros de Bombaim. Rawlinson trabalhou duro para aprender híndi, persa e outros idiomas. Em 1833, ele participou de uma missão militar com sede na cidade curda de Kermanshah. Ele encontrou tempo para ir até o Grande Rochedo de Behistun. O rei Dario, o Grande, da Pérsia (550-486 a.c.) havia encomendado um grande relevo entalhado que cobria 111 metros quadrados da face lisa e polida do rochedo de Behistun. Um Dario gigantesco, noventa metros acima do solo, se mostra vitorioso sobre Gaumata, um rival que disputara seu trono em 522 a.c. Três inscrições em persa antigo, elamita (um idioma só falado no sudeste do Irã moderno) e babilônio anunciam seu triunfo.

Como outros antes dele, Rawlinson percebeu que essa inscrição praticamente inacessível num penhasco de calcário era a Pedra de Roseta da Mesopotâmia. A escrita persa antiga, que era alfabética, fora decifrada em 1802. Ele escalou o penhasco e a copiou. Mas os textos em babilônio e elamita se encontravam do outro lado de um grande abismo. Rawlinson usou um andaime improvisado e arriscou a vida dependurado muito acima do solo para fazer cópias do texto elamita.

Os deveres militares de Rawlinson eram exigentes, e lhe sobrava pouco tempo para os textos, de modo que sua pesquisa desacelerou até que ele obtivesse um cargo diplomático em Bagdá, em 1843. Seu novo posto lhe permitiu dedicar tempo à escrita cuneiforme e fazer mais cópias precisas de Behistun. Ele entrou em contato com outros que também tentavam decifrar a escrita cuneiforme, notadamente Edward Hincks, um padre do interior da Irlanda, e Jules Oppert, um linguista franco-alemão. Os três acabaram sendo os arquitetos da decifração.

O grande avanço veio em 1847, quando Rawlinson fez uma terceira viagem a Behinstun para copiar o texto babilônio inacessível. Um jovem curdo, ágil como uma cabra montesa, amarrou cordas a estacas e escalou a face do rochedo. Finalmente, o garoto improvisou um assento simples para si próprio. Então, pressionou papel machê na escrita entalhada. O papel secou formando moldes que podiam ser usados para duplicar os símbolos. Com a inscrição completa, Rawlinson agora podia usar a tradução persa para decifrar o texto babilônio.

A pesquisa de Rawlinson agora se estendia às inscrições encontradas por Layard em Kuyunjik e Nínive. Enquanto examinava os relevos nas paredes do palácio do rei Senaqueribe em Kuyunjik, ele identificou o cerco e a captura de uma cidade. Um exército assírio gigantesco está acampado diante dos muros da cidade. Soldados avançam pelas fortificações. Apesar da resistência feroz, a cidade sucumbe. O rei Senaqueribe julga os cidadãos derrotados, que se tornam escravos. Rawlinson pôde ler a inscrição que os acompanha: "Senaqueribe, rei do mundo, rei da Assíria, sentou-se em um trono *nimedu* e revistou o despojo tomado em Laquis". Isso era sensacional: o cerco de Laquis em 700 a.C. é descrito na Bíblia, no Segundo Livro dos Reis.

Os londrinos acorreram para ver os entalhes quando estes chegaram ao Museu Britânico. Continuam expostos lá, e valem muito uma visita. Todas essas descobertas fizeram com que o interesse público por arqueologia se transformasse numa febre, numa época em que o ensinamento bíblico era proeminente nas escolas.

Rawlinson incentivou outros a escavarem no sul da Mesopotâmia, incluindo J.E. Taylor, um diplomata em Basra, no sul. Rawlinson o enviou para explorar possíveis cidades bíblicas, incluindo alguns montículos baixos perto da cidade de Nassíria, que com frequência eram inundados pelo Eufrates. Taylor descobriu um cilindro com inscrições que possibilitou a Rawlinson identificar o lugar – que era conhecido localmente como Muqayyar – como a cidade bíblica de Ur dos Caldeus, associada no Gênesis a Abraão (ver Capítulo 20). Comparadas com as cidades do norte, aquelas ao sul da Mesopotâmia renderam poucos achados grandiosos até que os métodos de escavação melhorassem consideravelmente. O tijolo de barro não cozido era frágil demais para ser manejado pelos escavadores.

Em 1852, o Museu Britânico nomeou Hormuzd Rassam (1826-1910) diretor de escavações sob supervisão de Rawlinson. Rassam era um assírio com conexões na região e havia trabalhado como assistente de Layard (ver Capítulo 4). Ele era ambicioso, cruel, furtivo e briguento. Queria desesperadamente ser reconhecido como um grande arqueólogo e presumia que achados grandiosos fossem o caminho para o sucesso. Quando retomou o trabalho em Kuyunjik, escavou uma área que havia sido designada aos franceses, e por isso trabalhou secretamente durante a noite. Os túneis que ele abriu revelaram um entalhe de um rei assírio caçando leões com sua biga. No fim, a escavação mostrava toda a história de uma caçada meticulosa, completa, com espectadores animados e uma leoa moribunda. Como o cerco de Laquis, a caçada pode ser vista em detalhes no Museu Britânico.

Infelizmente, as escavações do palácio foram tão apressadas e desleixadas que sobrevivem apenas alguns desenhos da construção. Estes foram feitos por um artista talentoso, William Boutcher. Rawlinson dividiu os entalhes entre a França e o rei Frederico Guilherme IV, da Prússia. Os franceses enviaram 235 contêineres para o Louvre, em Paris. Sua remessa e aquela destinada a Berlim flutuaram pelo rio em balsas sustentadas por pele de cabra. Ao sul de Bagdá, membros de uma tribo atacaram e afundaram as balsas, derrubando os contêineres no Tigre e matando vários membros da tripulação. Apenas dois contêineres com descobertas francesas feitas em Khorsabad, ao norte de Nínive, chegaram a Paris. Por sorte, a caça ao leão foi enviada separadamente e chegou a Londres em segurança.

Henry Rawlinson deixou Bagdá em 1855. Ele se tornou ativo em assuntos indianos e um visitante frequente do Museu Britânico. O museu já havia decidido não patrocinar mais escavações assírias. Tantas esculturas tinham sido encontradas que quase havia reis assírios demais em Londres. O interesse público diminuiu durante os anos da Guerra da Crimeia (1853-1856), entre o Reino Unido, a França e a Rússia. Apenas alguns estudiosos mantiveram o interesse pelas centenas de tabuletas enviadas da Mesopotâmia por Layard, Rassam e outros, ou pelas coleções compradas por negociantes de escavações ilegais.

Quando Rassam esvaziou o chão da câmara do leão em Kuyunjik, também encontrou um grande esconderijo de tabuletas de argila. Considerou-as sem importância e as empilhou às pressas em caixas de transporte. Quão equivocado ele poderia estar? Três anos antes, Layard havia recuperado parte da biblioteca real do rei Assurbanípal em duas salas pequenas (ver Capítulo 4). Agora Rassam havia encontrado o resto, que caíra no chão do grande salão quando o teto ruiu. O arquivo do rei continha registros de guerra e documentos religiosos e administrativos. Uma tabuleta registra como ele ordenou que seus oficiais coletassem tabuletas por todo o reino. Mais de um século e meio depois, as 180 mil tabuletas da biblioteca de Assurbanípal ainda estão sendo decifradas. Elas continham informação suficiente para a compilação de um dicionário inteiro de assírio antigo.

O foco da pesquisa assíria passou do campo ao museu e à biblioteca. Um pequeno grupo de estudiosos da escrita cuneiforme examinou as tabuletas da biblioteca do rei Assurbanípal. Eles trabalharam numa sala de estudos abarrotada, sem a ajuda de dicionários ou gramáticas. Um deles foi George Smith (1840-1876), um tímido e quieto aprendiz de entalhador que havia lido a obra de Rawlinson ainda muito jovem e tinha um interesse apaixonado pela escrita cuneiforme.

Em 1872, Smith já havia classificado muitas tabuletas em categorias, uma das quais era "mitos". Ele se deparou com meia tabuleta e encontrou uma referência a um barco em uma montanha, e menção a uma pomba sendo enviada para encontrar um lugar de repouso e sendo forçada a regressar. Smith percebeu imediatamente que tinha parte da história do dilúvio contida no Gênesis. O conto é conhecido por todos os que leram a Bíblia: Noé reuniu os animais numa arca, sobreviveu à inundação, e então enviou uma pomba e um corvo à procura de terra. Noé e sua arca salvaram a humanidade da destruição. Smith, normalmente calmo, levantou-se de um salto e correu pela sala tomado de grande entusiasmo.

Em 3 de dezembro de 1872, George Smith discursou na Sociedade de Arqueologia Bíblica, uma organização da época que promovia escavações para estudar as escrituras. O primeiro--ministro britânico, William Gladstone, participou do encontro. A palestra de Smith foi um triunfo. Ele traduziu partes essenciais da narrativa que tinham uma semelhança surpreendente com a história bíblica. Smith suspeitava que elas pudessem estar associadas com mitos muito anteriores. A história era parte de um clássico da literatura mesopotâmia antiga, *A epopeia de Gilgamesh*. Gilgamesh, um rei da cidade de Uruk por volta de 2600 a.c., muito antes da Bíblia, empreende jornadas épicas em busca da imortalidade, mas não consegue encontrá-la.

As tabuletas do dilúvio pareciam provar que a Bíblia era verdade. O jornal *Daily Telegraph* ofereceu ao Museu Britânico mil guinéus por uma nova escavação em Nínive para preencher as lacunas na história, contanto que Smith liderasse a investigação. Surpreendentemente, em apenas uma semana escavando em Kuyunjik no que restara das escavações de Layard, Smith encontrou as cruciais dezessete linhas faltantes sobre o início do dilúvio.

Depois de apenas um mês de escavações, Smith foi para casa. Quatro meses depois, o Museu Britânico o mandou de volta para tentar encontrar mais da biblioteca real. Smith recuperou mais de 3 mil tabuletas em três meses, basicamente escavando o interior de aposentos onde Layard abrira túneis contornando as paredes. Em alguns momentos, Smith chegou a ter seiscentos homens trabalhando nas escavações. Em 1875, quando voltava de uma terceira viagem, ele morreu de uma infecção estomacal – uma grande perda para o Museu Britânico.

As escavações em Kuyunjik foram retomadas por Hormuzd Rassam. Sua equipe esvaziou o chão dos aposentos do palácio e recuperou ainda mais tabuletas. Uma inscrição de 1,3 mil linhas num cilindro de argila descrevia as conquistas de Assurbanípal. Rassam prosseguiu para a Babilônia, mas, como Layard, seus métodos eram muito pouco sofisticados para encontrar paredes palacianas de tijolo não cozido.

Ele correu de sítio em sítio, acabando em Abu Habbah, antes uma antiga cidade chamada Sippar, onde escavou aproximadamente 170 aposentos e recuperou nada menos do que 70 mil tabuletas. Uma delas descrevia como um rei babilônio chamado Nabonido se interessou por arqueologia e escavou as cidades de seus predecessores. Quando Rassam partiu para a Inglaterra, chegaram os negociantes, causando uma correria alucinada por tabuletas com inscrições cuneiformes que jogou os museus de toda a Europa uns contra os outros. O dano foi incalculável.

Layard, Rassam e Rawlinson foram pioneiros, trabalhando em terras remotas em meio a conflitos tribais. Isso era arqueologia aos solavancos, sem qualquer planejamento prévio, mas que validou grande parte da história contida no Velho Testamento e colocou cidades antigas definitivamente no registro histórico. Naqueles tempos, quando a arqueologia estava em sua infância, muitos arqueólogos eram tão oportunistas quanto escavadores. Mas alguns deles foram gigantes na área. Foi em seus largos ombros que sucessivas gerações de arqueólogos profissionais se apoiaram.

CAPÍTULO 6

Os maias, revelados

Copán, Honduras, 1840. Macacos se movimentavam pelas copas das árvores. O estalido dos galhos secos que eles quebravam interrompia o silêncio da floresta e perturbava a paz da cidade deserta do outro lado do rio. Quarenta ou cinquenta dos macacos se moviam em procissão, como os espíritos daquele povo desconhecido que certa vez habitara as ruínas misteriosas. Pirâmides cobertas de vegetação sobressaíam-se em meio às árvores.

John Lloyd Stephens (1805-1852), um viajante e advogado norte-americano, e Frederick Catherwood (1799-1854), um talentoso artista inglês, ficaram fascinados quando viram a antiga arquitetura maia pela primeira vez. Eles abriram caminho pela vegetação rasteira e se depararam com pedras verticais com entalhes elaborados. Jamais tinham visto arquitetura ou arte similar.

Ambos os homens eram aventureiros experientes. Stephens nasceu em Nova Jersey. Ele ingressou na Universidade de Columbia aos treze anos e se graduou como primeiro colocado de sua turma em 1822. Sua formação era em direito, mas ele preferia política e viagens.

Stephens iniciou suas aventuras com uma viagem para o oeste que foi até Pittsburgh e além. Em 1834, ele partiu numa expedição de dois anos pela Europa que o levou até a Polônia e a Rússia. Então, explorou o vale do Nilo e Jerusalém. Ele também foi a Petra, na época um lugar remoto e perigoso. A grande cidade das caravanas de camelos, com seus templos esculpidos em rochas, o deixou eletrizado. Petra deu a Stephens uma paixão por civilizações antigas quase que da noite para o dia.

Um talentoso contador de histórias, ele começou a escrever à família sobre suas viagens. Algumas de suas cartas foram publicadas em jornais de Nova York e agradaram a muitos. Ele escreveu dois livros sobre suas aventuras, ambos chamados *Incidents of Travel* [Incidentes de viagem]. Um deles foi sobre o Egito e a Terra Santa, e o outro foi um relato sobre a Polônia, a Turquia e a Rússia. Stephens tinha um estilo de escrever direto e divertido, e era um observador arguto de pessoas e lugares. Ambos os livros se tornaram best-sellers e o consagraram como um excelente escritor de viagens.

Por meio de seus colegas escritores, ele conheceu o artista Frederick Catherwood. Nascido em Londres, Catherwood tinha um talento artístico excepcional, que veio à tona quando ele visitou a Itália em 1821. Como Stephens, ele era um viajante incansável. Entre 1822 e 1835, Catherwood viajou por todo o Oriente Médio. No Egito, trabalhou com o viajante Robert Hay, que visitou e estudou numerosos sítios. Ele também visitou Jerusalém, onde desenhou o teto decorado – e praticamente inacessível – da Cúpula da Rocha, um santuário islâmico do século XI. Para fazer isso, Catherwood usou uma câmera lúcida – basicamente, um espelho que refletia a imagem do teto em sua prancheta de desenho.

De volta a Londres, Catherwood criou uma enorme cena panorâmica de Jerusalém, que veio a ser imensamente popular. Stephens e Catherwood se encontraram pela primeira vez nessa exposição em 1836. Mais tarde naquele ano, Catherwood a levou a Nova York e se estabeleceu como arquiteto. Àquela altura, os dois homens haviam se tornado amigos, partilhando o entusiasmo por aventura e civilizações antigas. Homem de poucos sorrisos, Catherwood tinha uma personalidade totalmente diferente da de Stephens.

Constantemente em busca de novas oportunidades, o artista chamou a atenção do amigo para duas publicações pouco conhecidas que descreviam ruínas misteriosas nas florestas da América Central. Eles concordaram que um dia sairiam à sua procura. Felizmente, a arquitetura e a exposição de Catherwood deram dinheiro, bem como os livros de Stephens, de modo que os dois puderam viajar. Para facilitar a transição, Stephens conseguiu um emprego como diplomata norte-americano na América Central. Em 3 de outubro de 1839, os dois amigos saíram de Nova York para uma cidade costeira pequena e isolada chamada Belize, hoje no país de mesmo nome. De lá, viajariam por terra para as ruínas de um lugar chamado Copán.

A jornada terrestre pela península arborizada de Yucatán foi dura. A situação política era caótica. As mulas afundaram na lama da estreita trilha. Finalmente, eles chegaram ao povoado de Copán, com sua meia dúzia de cabanas deterioradas. No dia seguinte, um guia os conduziu pelos campos e pela densa floresta até a beira de um rio. Do lado oposto, eles avistaram um muro da cidade maia.

Stephens e Catherwood chegaram sem saber o que esperar. Atravessaram o rio a cavalo e se viram num complexo de terraços e pirâmides. Inesperadamente, depararam-se com uma coluna de pedra quadrada esculpida em alto-relevo com a figura de um homem e hieróglifos elaborados. Naquele instante, ficou claro para eles que a arquitetura e os estilos artísticos em Copán eram diferentes de qualquer coisa no mundo mediterrâneo. Os construtores haviam erguido pirâmides (hoje tomadas pela vegetação), separadas por esplanadas e praças. Hieróglifos elaborados entalhados em estuque (um tipo de argamassa) cobriam as construções, e havia uma série de colunas individuais ricamente decoradas (conhecidas tecnicamente como "estelas"). As estelas de Copán – que ostentavam retratos de governantes – margeavam caminhos processionais na praça central. Elas também seriam encontradas perto de um grande complexo de palácios, praças e pirâmides escalonadas que formavam o centro da cidade. A pirâmide mais alta, hoje conhecida como Templo 16, um dia teve mais de trinta metros de altura.

Stephens foi eloquente ao falar da floresta ameaçadora e das praças, perfeitas como um anfiteatro romano. "A cidade estava desolada", escreveu. "Tudo era mistério; escuro e impenetrável." Ele se perguntou quem teria construído aqueles monumentos incríveis. Os hieróglifos eram muito diferentes daqueles dos egípcios, e os índios locais não faziam ideia de quem havia construído Copán. Stephens a comparou a um naufrágio: "Jaz diante de nós como uma barca destruída". Com um compasso e uma trena, eles mapearam a cidade antiga traçando linhas retas pela floresta. Este foi o primeiro mapa de um sítio maia. Ao contrário de Layard na Mesopotâmia, eles não fizeram nenhuma escavação; em vez disso, se basearam em medições e observações cuidadosas para contar a história de Copán.

Catherwood tratou de desenhar os relevos e estelas com adornos elaborados – uma tarefa complexa que testava sua habilidade artística. Enquanto isso, Stephens refletia sobre quem teria construído Copán. Ele percebeu de imediato que não era obra dos antigos egípcios, nem de alguma outra civilização que tivesse atravessado o Atlântico muitos séculos antes. Esta era uma cidade única e exótica. Se eles pudessem transportar pelo menos uma pequena parte das ruínas a Nova York, daria uma exposição maravilhosa. Depois de muita negociação, Stephens comprou Copán do proprietário local por cinquenta dólares. Felizmente para os futuros arqueólogos, o rio não suportava barcaças e, no fim das contas, ele não conseguiu transportar coisa alguma.

Stephens passou apenas treze dias em Copán, mas Catherwood ficou muito mais tempo. Ele trabalhou na chuva pesada, com lama até os tornozelos, atormentado por mosquitos. Os relevos eram difíceis de se ver, exceto sob a luz forte. Sua tarefa era enorme, pois Copán se estendia por aproximadamente três quilômetros e tinha três esplanadas, pirâmides e templos principais.

Por fim, Stephens e Catherwood se encontraram na Cidade de Guatemala. Stephens, nesse momento, abandonou qualquer ideia de uma carreira diplomática. Os dois homens decidiram examinar relatos de outra cidade tomada pela vegetação, conhecida como Palenque, no sul do México, que, segundo diziam, era tão espetacular quanto Copán. A jornada os levou por terrenos muito irregulares. Àquela altura, eles haviam passado a usar chapéus de abas largas e roupas folgadas e confortáveis, como os habitantes da região. As últimas etapas da jornada foram pavorosas, apesar da assistência de quarenta carregadores nativos. Muitas vezes, eles tiveram de cortar caminho pela densa vegetação rasteira. Mas, finalmente, Palenque assomou da floresta. Esse centro era muito menor do que Copán. Havia sido governado por Pacal, o Grande, de 615 a 683, e seu monumento funerário era o magnífico Templo das Inscrições. Ele foi enterrado sob a pirâmide do templo, que somente foi escavada em 1952.

Stephens e Catherwood acamparam no complexo palaciano de Pacal. Era tão úmido que as velas eram inúteis, e Stephens passava o tempo lendo jornal à luz de vagalumes. Cercados por mosquitos e chuva pesada, os dois homens toparam com construções que eram praticamente invisíveis por estarem cobertas de trepadeiras. Enquanto Catherwood desenhava, Stephens construía escadas rudimentares e desobstruía as paredes do palácio para o artista. A estrutura, com muros espessos e decoração elaborada, continha vários pátios e media 91 metros de comprimento. Os homens fizeram um plano rudimentar em poucas semanas, mas a umidade e as nuvens de insetos os afugentaram.

Cientes do potencial científico e lucrativo de Palenque, Stephens tentou comprar as ruínas por 1,5 mil dólares – muito mais do que os cinquenta dólares oferecidos por Copán, bem mais remota. Mas quando descobriu que teria de se casar com uma mulher local para selar o acordo, ele logo desistiu. Os dois homens partiram em busca de outro centro maia, Uxmal. Infelizmente, Catherwood foi gravemente acometido por uma febre e passou apenas um dia no magnífico sítio.

Em julho de 1840, os dois homens regressaram a Nova York, onde Stephens começou a trabalhar em *Incidentes de viagem na América Central, Chiapas e Yucatán*, que se tornou um best-seller um ano depois. O livro, com uma narrativa acessível, mostrou Stephens em seu melhor estilo. Era, é claro, um livro de viagens, mas Stephens abordou os três grandes sítios da perspectiva de alguém que estava totalmente familiarizado com os índios locais. Ele reconheceu que as pessoas que haviam construído Copán, Palenque e Uxmal partilhavam uma mesma cultura. A arte deles era comparável às obras mais sofisticadas das civilizações mediterrâneas, e sua origem era local. Stephens encerrou o livro com uma clara afirmação baseada em observações e conversas com o povo da região: as ruínas que ele tinha visto foram construídas pelos ancestrais dos maias.

Stephens não estava sozinho ao escrever sobre os maias. Seu livro foi publicado dois anos antes de o historiador William H. Prescott, de Boston, publicar o clássico *Conquest of Mexico* [A conquista do México], em 1843. Prescott se apoiou no trabalho de Stephens, garantindo que fosse lido por muitos colegas estudiosos. Enquanto isso, apenas quinze meses depois de seu regresso a Nova York, Catherwood e Stephens voltaram para a América Central determinados a passar mais tempo em Uxmal.

De novembro de 1841 a janeiro de 1842, eles permaneceram nas ruínas, mapeando, explorando e desenhando possivelmente o mais magnífico de todos os centros maias. Uxmal é famosa por seus templos em forma de pirâmide e por seus amplos palácios. Foi sede de um Estado local de 850 a 925. Mais uma vez, os homens não escavaram, mas se concentraram em obter uma noção do sítio e de sua construção principal, o chamado Quadrilátero das Freiras. Catherwood tentou fazer o registro mais preciso possível para que pudesse criar uma réplica em Nova York.

Apesar dos ataques de febre, Stephens conseguiu visitar outros sítios nas redondezas, tais como Kabah. Ele recuperou vigas de portas feitas de madeira que continham inscrições de hieróglifos, que acabou levando para Nova York. Viajando com pouca bagagem, eles atravessaram Yucatán. Passaram dezoito dias em Chichén Itzá, já famosa por sua grande pirâmide com escadarias, o Castillo, e seu grande campo de jogo de bola. Eles também conheceram alguns estudiosos do local que lhes deram valiosas informações históricas.

Catherwood e Stephens visitaram Cozumel e Tulum, lugares indicados pelos primeiros exploradores espanhóis, onde havia pouco para ver além de nuvens de mosquitos. Com isso, os dois viajantes regressaram a Nova York em junho de 1842. Outro best--seller, *Incidentes de viagem em Yucatán*, de Stephens, foi publicado exatamente nove meses depois. Nos capítulos finais do livro, ele reafirmou que as ruínas maias eram obra do povo local, que prosperou até a conquista espanhola. Todas as pesquisas subsequentes sobre a civilização maia se baseiam em sua franca conclusão.

Este foi o fim das aventuras arqueológicas dos dois homens. Ambos regressaram à América Central para colaborar em projetos ferroviários. Quando a malária os alcançou, eles partiram. Stephens morreu em Nova York em 1852, debilitado por anos de febre tropical. Catherwood faleceu em uma colisão no mar, na costa da Terra Nova, dois anos depois.

Quarenta anos se passariam antes que se fizesse algum trabalho científico nos sítios que eles haviam registrado em palavras e desenhos. Como Austen Henry Layard, John Lloyd Stephens se contentou com descrever e registrar, deixando a escavação para seus sucessores. Além das dificuldades da viagem, ele não tinha recursos para escavar. E, de todo modo, estava escrevendo um livro de viagens.

A antiga civilização maia foi engolida pela floresta depois que os espanhóis chegaram, no século XV. No entanto, os descendentes modernos daqueles que construíram Palenque e os outros grandes centros ainda mantinham muitos elementos da antiga cultura maia, incluindo tradições rituais. Com seus desenhos e publicações, Catherwood e Stephens garantiram que a civilização maia nunca mais fosse relegada ao esquecimento.

CAPÍTULO 7

Machados e elefantes

De acordo com o Livro do Gênesis, "No princípio, Deus criou o céu e a terra". Ele completou essa tarefa em seis dias. Então criou um homem – "um ser vivo". Deus colocou o primeiro humano no Jardim do Éden. Quatro rios fluíam do Éden, e dois deles eram o Tigre e o Eufrates, na Mesopotâmia, "a terra entre os rios".

Então, quantos anos tem a humanidade? Há quanto tempo a Terra existe?

Há dois séculos, o ensinamento cristão considerava a história da criação no Velho Testamento um acontecimento histórico real, e calculava, com base nas escrituras, que havia ocorrido em 4004 a.C. Afirmar o contrário era desafiar a crença cristã, uma grave ofensa.

Mas há um grande problema com isso: toda a história humana poderia ter se desenvolvido em meros 6 mil anos?

A questão das origens humanas viera à tona na mente dos estudiosos já no século XVI. Antiquários em toda a Europa se intrigaram com as coleções de ferramentas de pedra descobertas em campos arados. Muitos as consideraram objetos naturais formados por raios. Então, John Frere apareceu, e tudo mudou.

John Frere (1740-1807) foi um proprietário de terras inglês formado pela Universidade de Cambridge, onde estudara matemática com certo sucesso. Ele se tornou o xerife principal de Suffolk e membro do parlamento de 1799 a 1802, mas, anos mais tarde, seus maiores interesses passaram a ser geologia e arqueologia. Suas conexões políticas e sociais eram excelentes, e ele se tornou membro da Sociedade Real e da Sociedade de Antiquários de Londres, ambas importantes sociedades eruditas da época. Segundo consta, ele era um homem charmoso, abençoado com uma profunda curiosidade pela área rural ao redor de sua casa em Roydon Hall, em Norfolk, no leste da Inglaterra.

Em 1797, alguns pedreiros desenterraram machados de pedra e ossos de animais grandes numa argileira em Hoxne, um povoado a cerca de oito quilômetros da casa de Frere. Ele foi até lá e escavou com cuidado as paredes da argileira, recuperando mais machados e ossos de elefantes extintos há muito tempo (hoje, é claro, animais tropicais) preservados entre camadas estéreis.

Frere percebeu que isso era algo extraordinário. Ele fez o que a maioria dos antiquários fazia na época: escreveu uma carta concisa à Sociedade de Antiquários de Londres, sabendo que as pessoas com maior interesse pelo passado eram membros dela. Como era costume, em 22 de junho de 1797 seu breve relatório foi lido em voz alta para os membros e publicado três anos depois. Um acontecimento trivial, alguém poderia pensar; mas o que Frere escreveu era verdadeiramente memorável. Ele descreveu seus achados como "armas de guerra, fabricadas e usadas por um povo que não fazia uso de metais". Até então, não havia nada de particularmente impressionante, já que muitos na plateia acreditavam que os antigos bretões não tinham metais. Mas o que ele escreveu em seguida era realmente memorável: "Considerando a situação em que essas armas foram encontradas, podemos ficar tentados a atribuí-las a um período muito remoto, além daquele do mundo atual".

As palavras de Frere estavam fundamentalmente em desacordo com os ensinamentos religiosos, e devem ter atingido a Sociedade de Antiquários como um trovão. Os membros eram pessoas cautelosas e respeitáveis, e entre eles havia muitos padres. E então eles publicaram silenciosamente a carta de Frere... e a puseram de lado. A descoberta de John Frere foi ignorada por sessenta anos.

Mesmo antes dos achados em Hoxne, foram encontrados alguns ossos de elefante junto com ferramentas de pedra fabricadas por humanos na Europa. Isso era surpreendente, pois não havia elefantes na região no século XIX. À medida que surgiam mais fragmentos de elefantes e ferramentas de pedra, pouco a pouco ficava claro que os humanos habitaram a Europa muito antes de qualquer pessoa ter usado metais e viveram junto com animais há muito extintos. Aparentemente, eles inclusive os caçaram. Teriam feito isso antes da criação bíblica de 6 mil anos atrás? Aqueles seis milênios de existência humana estavam ficando abarrotados. Por exemplo, como alguém poderia explicar os misteriosos círculos de pedra de Avebury e Stonehenge? Estes já eram antigos quando o general romano Júlio César invadiu a Bretanha há pouco mais de 2 mil anos. As pessoas começaram a se fazer uma pergunta até então impensável: o mundo já existia antes da criação divina? O ensinamento cristão considerava esse pensamento irresponsável e criminoso.

Tendemos a pensar na arqueologia como o mero estudo de sociedades humanas antigas, mas esse ponto de vista estrito é equivocado. Não podemos nos basear unicamente em escavações arqueológicas e artefatos para reconstruir o passado. A arqueologia se desenvolveu junto com outras disciplinas, como a biologia e a geologia. E todas elas se uniram quando os cientistas começaram a confrontar questões complexas, como os primórdios dos humanos. Não havia como entender nossas origens sem estudar animais fósseis e a geologia da Terra. Para mostrar que os humanos floresceram muito antes de 4004 a.C., era preciso ter provas de que eles viveram junto com os animais há tempos extintos encontrados nas rochas estratificadas da Terra.

A geologia e a religião entraram em conflito direto. Os ensinamentos cristãos da época proclamavam que Deus criara as camadas geológicas da Terra em uma série de atos divinos. Houve várias criações, separadas por catástrofes. Alguns desses acontecimentos levaram à extinção de animais – sendo o último deles o dilúvio de Noé. Segundo a Bíblia, os humanos e os animais extintos não tiveram nada que ver uns com os outros. Mas, com cada vez mais frequência, a arqueologia apresentava indícios de sua coexistência em níveis geológicos obviamente muito antigos.

John Frere desenterrou seus machados de pedra e ossos de elefante em Hoxne durante uma época de grandes mudanças em todo o Reino Unido. As cidades estavam crescendo. Os canais e outras atividades de construção em grande escala expuseram muitos metros de camadas geológicas em lugares de todo tipo. Embora a Sociedade de Antiquários tivesse se esquecido da obra de Frere, um humilde especialista em canais chamado William Smith (1769-1839) revolucionou a geologia com suas observações de campo enquanto desenhava os percursos dos canais pelo interior. Smith mapeou formações rochosas por longas distâncias. E identificou sequências extensas, o que mostrava claramente que elas se formaram no decorrer de um longo intervalo de tempo. Seu entusiasmo por formações geológicas era contagiante, e ele logo ficou conhecido como "Strata Smith" ("strata" é o termo geológico para camadas ou níveis).

Esse geólogo notável também foi um ávido colecionador de fósseis. Sua vasta experiência com camadas geológicas o ajudou a perceber que muitas camadas da terra continham fósseis característicos, e que mudanças nos fósseis representavam mudanças no tempo. Esta era uma forma totalmente diferente de olhar para o mundo. Não havia fotografias de catástrofes repentinas ou atos divinos dramáticos. Ficou cada vez mais difícil afirmar que Deus havia criado esses stratas complexos de súbito. Será que elas haviam se formado por processos naturais como chuvas fortes, inundações, tempestades de areia ou terremotos?

Uma nova doutrina científica surgiu, a do "uniformitarismo". Em outras palavras, os mesmos fatores geológicos de ação lenta que formaram a Terra no passado continuavam em operação. A Terra tal como a conhecemos havia se formado por um processo contínuo de mudança constante que teve origem num passado remoto.

Um célebre geólogo britânico, sir Charles Lyell (1797-1875), continuou o trabalho de Smith. Ele estudou sequências geológicas por toda a Europa e escreveu um dos clássicos da ciência do século XIX. *Princípios de geologia* foi uma tentativa de explicar mudanças na Terra que resultaram de processos naturais que ainda estavam acontecendo. Isso, é claro, tornou possível argumentar que a origem dos humanos remontava a muito mais do que 6 mil anos atrás. Mas a Igreja ainda era todo-poderosa, e Lyell teve o cuidado de não discutir o assunto espinhoso das origens humanas em seu livro.

Como tantos grandes avanços científicos, o brilhante estudo de Lyell influenciou pesquisadores de campo em outras disciplinas. Entre eles estava o jovem biólogo Charles Darwin, que leu *Princípios de geologia* durante uma viagem científica pelo mundo a bordo do HMS *Beagle* de 1831 a 1836. Darwin observou que as camadas geológicas na América do Sul claramente haviam se formado durante longos períodos. Ele também recuperou fósseis e observou espécies de animais modernos, sobretudo pássaros, que mudaram gradualmente ao longo do tempo. Essas observações o levariam a sua revolucionária teoria da evolução e da seleção natural.

O interesse por animais extintos se intensificou, especialmente quando ossos surgiam de camadas enterradas em cavernas. Escavações em cavernas se tornaram a maneira moderna de encontrar animais extintos. Na Bélgica e na França, ferramentas de pedra começaram a aparecer nas mesmas camadas que os ossos de animais extintos. No Reino Unido, um padre católico, John MacEnery (1797-1841), escavou a caverna de Kents, uma grande caverna perto de Torquay, no sudoeste da Inglaterra, em 1825 e 1826. Lá, ele encontrou artefatos de pedra e ossos de rinocerontes extintos preservados no mesmo nível, sob uma camada de estalagmite (um depósito de calcário formado no chão de uma caverna pela água que goteja do teto). Mesmo sendo padre, MacEnery estava cada vez mais convencido de que pessoas e animais (hoje extintos) viveram lado a lado havia mais de 6 mil anos. Clérigos proeminentes discordaram, e alguns inclusive afirmaram que pessoas de épocas posteriores cavaram buracos nas camadas mais antigas e deixaram suas ferramentas junto com os ossos de animais fósseis.

Entretanto, graças aos achados da caverna de Kent, os líderes da comunidade científica começaram a prestar atenção aos artefatos humanos e animais extintos que agora estavam rotineiramente sendo encontrados juntos. Eles estavam particularmente interessados nas descobertas de Jacques Boucher de Perthes (1788-1868), um funcionário da aduana em Abbeville, no vale do Somme, norte da França. Boucher de Perthes visitava as pedreiras nos arredores da cidade quase diariamente. Ele desenterrou belos machados de pedra nos mesmos níveis que ossos de elefantes e de outros animais extintos. Ficou obcecado com essas ferramentas e afirmou que eram obra de pessoas que viveram antes do dilúvio bíblico.

Infelizmente, Boucher de Perthes era dado a discursos longos e monótonos sobre seus achados. E, em 1841, escreveu *De la Création*, um livro sobre as origens humanas em cinco volumes que levou os cientistas a rotulá-lo de "mala". Em 1847, quando publicou o primeiro volume de mais um ensaio prolixo, Boucher de Perthes estava convencido de que seus machados encontrados no vale do Somme eram de fato muito antigos. Sua persistência valeu a pena. Alguns especialistas franceses visitaram as pedreiras e concluíram que ele estava certo, e suas influentes opiniões chegaram a Paris e Londres. Se Boucher de Perthes não fosse tão chato, suas descobertas poderiam ter sido reconhecidas por aquilo que eram muito antes.

Em 1846, a Sociedade de História Natural de Torquay instaurou um comitê para explorar novamente a caverna de Kents. Eles empregaram um professor e geólogo talentoso, William Pengelly, para liderar novas escavações. Suas descobertas confirmaram as conclusões do padre MacEnery. Outra caverna foi encontrada durante uma escavação acima da cidade de Brixham, do outro lado da baía de Torquay, em 1858. Um ilustre comitê da Sociedade Real observou as investigações de Pengelly na região. Sob uma densa camada de estalagmite no chão da caverna, ele desenterrou muitos ossos de animais extintos. Estes incluíam leões-das-cavernas, mamutes, espécies antigas de rinocerontes e renas, ao lado de ferramentas de pedra feitas pelo homem. A associação entre ferramentas humanas e animais extintos era agora incontestável.

Em 1859, pouco antes de Charles Darwin publicar *A origem das espécies*, dois membros importantes da comunidade científica fizeram uma breve visita aos sítios do Somme: o geólogo Joseph Prestwich e o antiquário John Evans, o maior especialista em ferramentas de pedra. O próprio Evans encontrou um machado de pedra na mesma camada que um osso de um elefante extinto. Os dois cientistas regressaram a Londres convencidos de que os humanos haviam habitado a Terra muito antes da criação bíblica. Eles publicaram suas descobertas em artigos que foram lidos para a Sociedade Real e a Sociedade de Antiquários de Londres, onde a breve carta de John Frere sobre Hoxne havia sido apresentada seis décadas antes. Os tempos finalmente haviam mudado, e as evidências científicas eram irrefutáveis. Já não havia dúvida de que os humanos tinham, de fato, uma longa história.

Os achados de Brixham e do Somme suscitaram perguntas sérias sobre a ancestralidade humana. Obviamente, os humanos apareceram pela primeira vez muito antes de 6 mil anos atrás. Mas quão antes? A famosa teoria da evolução de Charles Darwin e a descoberta de um crânio humano de aparência exótica na Alemanha preparariam a cena para o estudo de um passado humano ainda em aberto.

CAPÍTULO 8

Uma grande reviravolta

A bomba explodiu alguns meses depois de John Evans e Joseph Prestwich regressarem de sua visita às pedreiras do Somme com machados e ossos de elefante. *A origem das espécies*, de Charles Darwin, colocou a arqueologia no centro dos debates sobre as origens humanas. Os arqueólogos e geólogos haviam provado que os seres humanos viveram na Terra junto com animais extintos. Agora a teoria da evolução e da seleção natural de Darwin fornecia explicações para como os animais e outros seres vivos se desenvolveram ao longo do tempo.

A nova teoria de Darwin eliminou qualquer possibilidade de uma fronteira entre o mundo moderno e um mundo anterior habitado por animais extintos. Nenhuma grande extinção ou dilúvio terrível separava os cientistas de meados do século XIX das paisagens habitadas por animais ou humanos anteriores. Já não poderia haver qualquer dúvida de que as pessoas e os animais hoje extintos viveram na Terra ao mesmo tempo.

O ano 1859 marcou uma grande reviravolta na arqueologia – e na ciência de modo geral. Novas perguntas confrontavam os arqueólogos e os biólogos. Existiram formas anteriores de humanos na Terra antes de nós? Se existiram, isso foi há quanto tempo, e como elas surgiram? E como seria possível explicar as grandes diferenças entre as sociedades humanas existentes e seus ancestrais? A bomba de Darwin lançou os arqueólogos numa busca por respostas a essas perguntas – e pelos primeiros humanos e suas ferramentas.

Charles Darwin (1809-1882) se tornou um biólogo entusiástico quando ainda era estudante na Universidade de Cambridge. Sua longa viagem pelo mundo a bordo do HMS *Beagle* de 1831 a 1836 lhe forneceu dados sobre uma grande variedade de plantas e animais. Logo ele começou a manter registros das mudanças nos animais ao longo do tempo. Ele observou camadas geológicas na América do Sul e percebeu que os argumentos de Charles Lyell sobre a teoria do uniformitarismo estavam corretos. Mas o fator determinante na construção de seu pensamento foi a leitura de *Ensaio sobre o princípio de população*, de Thomas Malthus, publicado em 1798. Malthus argumentava que as populações de animais, incluindo as de humanos, se expandiam até o limite de sua oferta de alimentos. Darwin foi além, e escreveu que o progresso humano era produto da natureza, e que seu mecanismo era o processo gradativo de seleção natural.

A seleção natural provoca mudanças nas propriedades dos organismos de uma geração para outra. Os animais apresentam variação individual em sua aparência e comportamento, como tamanho do corpo, número de descendentes e assim por diante. Algumas características são herdadas – passam de pai para filho. Outras são fortemente influenciadas por condições ambientais e têm menos probabilidade de ser transmitidas. Os indivíduos que tinham características bem adaptadas à competição por recursos locais – o que Darwin chamava de "luta pela existência" – sobreviviam. A seleção natural preservava as pequenas mudanças benéficas que os membros de diferentes espécies passavam para seus descendentes. Os indivíduos beneficiados sobreviviam e se multiplicavam, ao passo que os inferiores se extinguiam. A seleção natural se aplicava a todos os animais, inclusive aos humanos.

Charles Darwin trouxe à mesa o mecanismo da seleção natural. Mas ele não abordou o assunto da evolução humana, pois sentiu que isso impediria o livro de ter uma recepção imparcial. Ele meramente observou que sua teoria ia "lançar luz" sobre o desenvolvimento dos humanos. Doze anos se passaram antes que ele publicasse *A origem do homem*, que explorou a relação entre seleção natural e evolução humana.

Darwin também teorizou que os humanos se originaram na África tropical, onde muitos macacos se desenvolveram. Hoje, sabemos que ele estava certo. Sua brilhante pesquisa forneceu uma razão convincente para a pesquisa arqueológica sobre os primeiros humanos. A evolução tornava uma certeza que os humanos descenderam dos macacos. As respeitáveis famílias vitorianas ficaram horrorizadas. As mães puxavam os filhos para a barra da saia e segredavam umas às outras que esperavam que os rumores fossem falsos. Revistas satíricas zombaram da ancestralidade humana com charges mostrando Darwin com corpo de chimpanzé e um gorila incomodado com a afirmação de que Darwin era um de seus descendentes. Clérigos pregaram contra a evolução em seus sermões.

Felizmente, Darwin tinha aliados poderosos, entre eles Thomas Henry Huxley (1825-1895), um dos maiores biólogos do século XIX. Huxley era um homem marcante, com traços leoninos, cabelo preto e costeletas. Orador brilhante, ele argumentou a favor da evolução e da seleção natural de maneira tão vigorosa que ficou conhecido como "o buldogue de Darwin". Pouco a pouco, a oposição às ideias de Darwin foi enfraquecendo, exceto entre os cristãos mais fervorosos.

Ninguém fazia ideia de qual teria sido a aparência de um ancestral humano. Três anos antes da publicação de *A origem das espécies*, operários que trabalhavam em uma pedreira no vale de Neander, perto de Düsseldorf, na Alemanha, haviam descoberto ossos e um crânio robusto numa caverna. O crânio de aparência primitiva tinha uma arcada superciliar saliente e era alongado para trás – bem diferente da cabeça arredondada e lisa das pessoas modernas. Os especialistas ficaram intrigados com o achado. Um biólogo reconhecido, Hermann Schaaffhausen, proclamou que os restos eram de um habitante antigo e selvagem da Europa. Seu colega Rudolf Virchow, também um ilustre cirurgião, deu pouca importância aos ossos, afirmando que eram de um idiota deformado. Mas o buldogue de Darwin tinha uma opinião diferente. Ele percebeu que o crânio de Neander era de um humano primitivo que vivera antes de nós, os humanos modernos. Ele fez um estudo detalhado dos restos e os comparou, osso por osso, com o esqueleto de um chimpanzé. As similaridades entre os dois eram impressionantes. Huxley escreveu um clássico da evolução humana sobre suas descobertas. Em *Man's Place in Nature* [O lugar do homem na natureza], publicado em 1863, ele declarou que o crânio achado em Neandertal era do humano mais primitivo já encontrado e era claramente relacionado com nossos ancestrais simiescos. Aí estava a prova de que os humanos descendiam dos macacos, como a teoria de Darwin insinuava. Todos os estudos modernos de fósseis humanos primitivos começaram com esse livro breve, porém escrito de maneira clara e elegante. Huxley fora fortemente influenciado pelas descobertas mais recentes da geologia e da arqueologia, bem como pela teoria da evolução.

Mais esqueletos de Neandertal vieram à luz em cavernas e abrigos rochosos no sudoeste da França durante os anos 1860 e 1870. Com maxilar protuberante, arcada superciliar saliente e o crânio alongado para trás, os neandertais, de compleição compacta, pareciam primitivos, quase como macacos. Eles se tornaram homens das cavernas caricaturescos, munidos, pelos cartunistas, de tacos pesados. Muitas outras descobertas fósseis foram necessárias para determinar até mesmo os detalhes mais básicos da evolução humana.

Falava-se cada vez mais de um "elo perdido" entre os macacos e os humanos, e que esse elo seria o ancestral direto dos humanos. Muitas pessoas acreditavam que Darwin estava correto ao afirmar que tal elo seria descoberto na África tropical. Uma vez que foi lá que a maioria das formas de macaco se desenvolveu, era lógico presumir que os humanos se originaram nesse continente. Mas as descobertas de fósseis humanos importantes depois dos neandertais ocorreram alhures.

Eugène Dubois (1858-1940) era um médico holandês que ficou obcecado pelas origens dos humanos. Ele acreditava que nossos ancestrais vieram do Sudeste da Ásia, onde também seriam encontrados muitos macacos. Dubois estava tão determinado a descobri-los que arranjou um emprego como médico do serviço militar em Java, em 1887. Durante os dois anos seguintes, ele procurou pacientemente nos cascalhos do rio Solo, perto da pequena cidade de Trinil. Lá, desenterrou uma calota craniana, um fêmur e os dentes molares de um humano com aparência de macaco. Ele o denominou *Pithecanthropus erectus*, que significa "homem--macaco que fica em pé", mas acabou popularmente conhecido como "homem de Java". Era, segundo afirmou, o elo perdido entre os macacos e os humanos. Hoje, é conhecido como *Homo erectus*.

A comunidade científica europeia desdenhou das afirmações de Dubois, em parte porque, até então, todos os fósseis humanos primitivos haviam sido encontrados na Europa. Os cientistas riram dele. Eles estavam fascinados pelos neandertais, que "pareciam" primitivos. Dubois ficou arrasado, regressou à Europa e, segundo dizem, escondeu os fósseis debaixo da cama.

Na virada do século, para a maioria das pessoas os neandertais haviam se tornado os homens das cavernas selvagens e desengonçados retratados nas charges dos jornais. Já os cientistas estavam obcecados com uma "descoberta" extraordinária feita por um advogado e caçador de fósseis, Charles Dawson, numa pedreira em Piltdown, no sul da Inglaterra, em 1912.

Dawson também afirmou ter encontrado o "elo perdido" – mas era uma fraude. O achado havia sido confeccionado com base num crânio medieval, o maxilar inferior de um humano de quinhentos anos e dentes cuidadosamente lixados de fóssil de chimpanzé, todos os ossos tingidos com uma solução ferrosa para parecerem antigos. É quase certo que tenha sido Dawson, ávido por reconhecimento científico, que criou essa farsa escandalosa. Dawson sabia que os cientistas da época acreditavam que o desenvolvimento de um cérebro grande ocorrera antes do consumo de uma dieta variada pelos humanos modernos. E então (acredita-se) criou um fóssil humano com um crânio grande a partir de um indivíduo anatomicamente moderno, e depois acrescentou dentes de chimpanzé devidamente modificados para criar o "Homem de Piltdown" primitivo.

Por incrível que pareça, ninguém questionou a descoberta. Mas devemos lembrar que, na época, não existiam as ferramentas analíticas necessárias para verificar a sua idade. A análise química dos ossos finalmente expôs a fraude em 1953. Naquela época, entretanto, outros achados fósseis na África e na China estavam colocando em dúvida o achado de Piltdown, que não se parecia nem um pouco com eles.

O *Pithecanthropus erectus* de Dubois ficou mais ou menos esquecido até os anos 1920, quando uma pesquisa geológica chinesa descobriu uma caverna profunda em Zhoukoudian, no sudoeste de Pequim. Lá, um geólogo sueco e o estudioso chinês Pei Wenzhong desenterraram ossos humanos. Os espécimes se mostraram praticamente idênticos ao achado de Dubois em Trinil. Logo, as duas formas de *Pithecanthropus* foram unidas sob o rótulo *Homo erectus*, "o homem ereto".

Apesar da descoberta dos neandertais e do *Homo erectus*, restavam enormes lacunas na história do passado. Muitos milhares de anos separavam os machados de pedra de Hoxne e do vale do Somme de fósseis humanos posteriores e sítios arqueológicos muito mais recentes, tais como Stonehenge. Ninguém era capaz de datar os fósseis de Dubois nem os achados no vale do Neander. Tudo que preenchia a lacuna entre os fósseis de Java e os neandertais eram gavetas de museus cheias de ferramentas de pedra não datadas. E elas só mostravam que a tecnologia havia se tornado mais complexa com o passar do tempo – nada mais.

Uma questão premente era quem foram os primeiros humanos. Outra era saber de que maneira as sociedades humanas extremamente variadas conviveram.

Surgiram teorias de evolução social humana, notadamente nas obras de um cientista social chamado Herbert Spencer (1820-1903). Ele trabalhou numa época de rápida industrialização e grandes transformações tecnológicas. Como seria de se esperar, Spencer argumentou que as sociedades humanas haviam se desenvolvido das simples às complexas e às extremamente diversas. Essa teoria possibilitou que os arqueólogos imaginassem um progresso ordenado de sociedades antigas simples para sociedades modernas complexas.

Mas como foram as sociedades antigas? Spencer escrevia numa época em que o conhecimento das sociedades não ocidentais na África, nas Américas, na Ásia e no Pacífico estava se tornando amplamente disponível. Usando descrições que os exploradores fizeram de tribos até então desconhecidas, bem como a obra de Catherwood, Stephens e outros, poderíamos facilmente imaginar uma árvore de progresso. Na base estavam os neandertais, bem como povos caçadores como os aborígenes da Austrália e da Tasmânia. Mais acima estavam as civilizações sofisticadas dos astecas, maias e cambojanos. No topo, é claro, estava a civilização vitoriana.

As pessoas estavam tentando encaixar os fósseis humanos e os achados arqueológicos num único quadro que fosse facilmente compreendido e fizesse sentido. As teorias do progresso humano ofereciam uma estrutura conveniente para o passado pouco conhecido revelado pelos arqueólogos. Mas algumas pessoas foram além.

Outro cientista social britânico, sir Edward Tylor (1832-1917), concebeu as sociedades humanas em três estágios: selvageria (sociedades caçadoras e coletoras), barbárie (sociedades agrícolas simples) e civilização. Uma perspectiva simples e gradual sobre o passado atraía os vitorianos, que acreditavam firmemente no progresso tecnológico como uma marca da civilização. E quem poderia culpá-los? Na época, não se sabia quase nada de arqueologia fora dos limites estreitos da Europa. Essas teorias simples refletiam o pressuposto comum de que a civilização do século XIX representava o pico da longa história da humanidade. Tal como aparentava nos anos 1860 e 1870, a evolução da humanidade de fato parecia gradativa e ordenada.

Mas tudo isso mudaria quando descobertas arqueológicas na África, nas Américas e na Ásia revelassem um mundo pré-histórico muito mais diverso e fascinante.

CAPÍTULO 9

As três idades

A arqueologia europeia do início do século XIX era um mistério confuso. Para a maioria dos estudantes do passado europeu, a história real começava com Júlio César e os romanos. Isso era absurdo, é claro, pois havia muitos sítios arqueológicos anteriores. Mas tudo antes de César – machados de pedra polida, espadas de bronze e mesmo ornamentos elaborados – era um amontoado de achados entulhados em gavetas e armários de museus e coleções particulares. O caos de artefatos e sítios arqueológicos não fazia sentido em termos históricos.

As escrituras, uma fonte histórica comumente usada, não tinham nada para oferecer. Como seria possível explicar o passado remoto? Povos diferentes haviam usado ferramentas de pedra ou desenvolvido espadas de metal? Como eles eram? Havia pessoas que viveram no Reino Unido e em outros países europeus que se assemelhavam aos povos ameríndios, como John Aubrey havia proposto (ver Capítulo 1)? Ninguém sabia que sociedades humanas viveram na Europa antes dos romanos.

Poucos europeus levavam a arqueologia tão a sério quanto os dinamarqueses. Os romanos nunca haviam conquistado a Dinamarca, o que significava que seu povo sentia um forte vínculo com os antigos habitantes do país. A arqueologia era a única maneira de estudá-los, e esta se desenvolveu lado a lado com um forte interesse patriótico por artefatos pré-cristãos. Mas os escavadores dinamarqueses, como os franceses e ingleses, enfrentavam uma confusão de achados arqueológicos. Não foi coincidência que as primeiras tentativas de criar ordem a partir do caos surgiram na Escandinávia.

Em 1806, o governo dinamarquês instaurou uma Comissão sobre Antiguidades para proteger sítios arqueológicos e fundar um museu nacional. Em 1817, seus membros nomearam Christian Jürgensen Thomsen (1788-1865) para colocar em ordem as coleções nacionais e expô-las (na época, estavam amontoadas no sótão de uma igreja). Thomsen era filho de um comerciante abastado e um entusiástico colecionador de moedas. Sua mente ordenada e precisa o tornava a pessoa ideal para colocar o museu em ordem. Todo indivíduo que coleciona moedas seriamente torna-se um classificador, acostumado a colocar objetos em sequência de acordo com seu estilo. Segundo consta, Thomsen também gostava de encontrar pessoas e conversar. Some-se a isso um talento para escrever cartas – o que lhe rendeu contatos em toda a Dinamarca e além – e temos um funcionário de museu ideal.

Industrioso, Thomsen começou registrando as coleções num diário ou livro-razão, assim como nos negócios. Cada objeto recebeu um número. Novas aquisições também foram catalogadas e numeradas. Isso lhe dava acesso imediato a qualquer objeto no museu. Em poucos meses, ele havia catalogado quinhentos artefatos. O processo tedioso de catalogação e registro o familiarizou com uma ampla gama de artefatos pré-históricos. As coleções de Copenhague incluíam milhares de ferramentas de pedra de sítios de caça primitivos e fileiras de machados de pedra e enxós (uma ferramenta cortante com uma lâmina perpendicular ao cabo) usados para marcenaria no passado remoto. Havia numerosos broches, espadas de bronze e adagas de pedra belamente confeccionados.

Catalogar era uma coisa, mas compreender o amontoado de machados de pedra e pequenas facas, enxós de bronze, escudos e ocasionais ornamentos de ouro era outra bem diferente. Thomsen observou que grande parte da coleção vinha de túmulos em que as pessoas foram enterradas junto com vasos de argila ou machados de pedra, e talvez com broches e alfinetes. Os grupos de oferendas funerárias diferiam uns dos outros, marcados por mudanças nos artefatos. Após examinar uma série de túmulos, Thomsen percebeu que alguns deles continham metal, mas outros apenas artefatos de osso ou pedra. Ele decidiu empregar as matérias-primas usadas para fabricar ferramentas como base para a classificação.

Em 1816, ele dividiu a história dinamarquesa em três fases. A mais antiga, que corresponde ao que hoje chamamos Pré-História, a época antes da história escrita, era o "Período Bárbaro". Ele o subdividiu em três idades: a Idade da Pedra, a Idade do Bronze e a Idade do Ferro. Assim nasceu o famoso Sistema das Três Idades, que transformou as percepções da era pré-histórica.

O Sistema das Três Idades se baseou totalmente nas coleções de museu de Thomsen. A Idade da Pedra era um período em que apenas pedra e chifre, osso e madeira foram usados para fabricar ferramentas e armas. Seguiu-se a Idade do Bronze, com artefatos de bronze e de cobre. Então veio a Idade do Ferro, quando ferramentas de ferro entraram em uso. Thomsen concebeu as três idades como um marco temporal para o passado pré-histórico. Ele o desenvolveu cuidadosamente, usando diferentes agrupamentos de achados em sítios habitados e em túmulos intactos.

Seria de se esperar que Thomsen fosse um curador de museu obcecado por objetos, mas não. Suas galerias de fato mostravam artefatos das três idades; contudo ofereciam muito mais do que isso, pois ele fez questão de que os visitantes soubessem que a arqueologia não era um estudo sobre objetos, e sim sobre pessoas.

Thomsen contou aos visitantes do museu sobre os túmulos que pontilhavam o interior do país, onde jazem homens e mulheres que um dia viveram; sobre ornamentos de ouro e de bronze que brilharam no pescoço de uma mulher ou reluziram sob o sol num campo de batalha há muito esquecido. O museu ficava aberto dois dias na semana, e depois por períodos mais longos. Toda quinta-feira às duas da tarde, Thomsen guiava os visitantes, cheio de entusiasmo, e inclusive colocava antigos colares de ouro no pescoço das jovens. Ele fazia o passado ganhar vida.

Thomsen escreveu um único livro, um breve *Guidebook to Northern Antiquity* [Guia da antiguidade nórdica], publicado em 1836 e lido em toda a Europa. Nesse livro, ele descreveu o Sistema das Três Idades, que era simples e baseado em coleções de museu bem documentadas. As três idades de Thomsen resolveram a confusão. Em pouquíssimo tempo, o Sistema das Três Idades se tornou o padrão usado para subdividir o passado pré-histórico.

A arqueologia se baseia em escavações e em trabalhos de campo, mas a pesquisa em laboratório é igualmente importante. Ninguém diria que Thomsen foi um pesquisador de campo: ele foi, acima de tudo, um homem de museu. Sua carreira foi construída em galerias de museus. Ele escavou uma única vez, em 1845, quando investigou com um colega um túmulo da Idade do Bronze. O morto havia sido cremado, e sua espada e um broche delicado foram dispostos sobre uma pele de boi. A escavação de Thomsen foi notável por seu registro minucioso, um reflexo de sua mente precisa e sua paixão por detalhes.

Thomsen dedicou grande parte de seu tempo a pequenos achados e artefatos diminutos. Mas ele também revolucionou o grande cenário do passado. Com o desenvolvimento do Sistema das Três Idades, nascia a ciência moderna da arqueologia e da classificação arqueológica.

Ainda seria preciso provar que as três idades foram sucessivas no tempo, e elas ainda precisavam ser datadas. Em 1838, um jovem estudante universitário, Jens Jacob Worsaae (1821-1885), foi conhecer Thomsen. Seu interesse por arqueologia vinha de longa data, e ele adquirira uma grande coleção de antiguidades. Dotado de uma inteligência brilhante, Worsaae tornou-se voluntário no museu, mas logo desagradou Thomsen porque não tinha medo de expressar suas opiniões e era um escritor fluente.

Felizmente, o rei Christian VIII aprovou totalmente o trabalho de Worsaae e patrocinou a pesquisa do jovem. Seu primeiro livro, *The Primeval Antiquities of Denmark* [As antiguidades primevas da Dinamarca], foi publicado em 1843 e traduzido para o inglês em 1849. Era um ensaio brilhante sobre o Sistema das Três Idades. Worsaae insistia que escavar sítios arqueológicos era a única maneira de escrever a história primitiva da Dinamarca, usando artefatos da mesma forma que um historiador usa documentos. O rei ficou tão impressionado com o jovem Worsaae que o enviou numa viagem pelas Ilhas Britânicas para estudar os vestígios dos vikings, marinheiros e comerciantes escandinavos entre os séculos VIII e XI. A viagem produziu mais um livro, e, graças a isso, o rei nomeou Worsaae inspetor para a preservação de antiguidades.

Worsaae viajava constantemente registrando sítios e salvando muitos da destruição. Acima de tudo, ele escavou numerosos túmulos lacrados da Idade da Pedra e do Bronze, recuperando os mortos e suas posses, que incluíam espadas e escudos, vasos de argila e os restos de vestimentas de couro. Tais achados forneceram retratos de diferentes povos e suas tecnologias – vislumbres do Sistema das Três Idades se desenvolvendo no passado. As escavações de Worsaae foram extremamente importantes. Suas observações cuidadosas confirmaram que as três idades de Thomsen estavam na ordem cronológica correta. Até as escavações de Worsaae, o esquema dependia totalmente de coleções de museu. Agora se baseava também em escavações.

Enquanto trabalhava, Worsaae mostrou que a pesquisa arqueológica podia produzir fatos sobre o passado. Quando o cadáver bem preservado de uma mulher foi descoberto num pântano no sul da Dinamarca, os tradicionalistas que acreditavam em lendas afirmaram que era o corpo da lendária rainha Gunhilda, dos tempos medievais. Worsaae discordou publicamente e mostrou que se tratava de um indivíduo da Idade do Ferro.

Grande parte da pesquisa de Worsaae dizia respeito a túmulos. De fato, grande parte do passado da Dinamarca estava preservada em tais monumentos, mas certamente não todo ele. Ao longo da linha costeira do país há centenas de grandes concheiros de épocas anteriores – pilhas enormes de ostras e outras conchas de moluscos. Alguns eram simplesmente montes de lixo. Mas, em outros, pessoas haviam vivido e construído casas. A primeira pessoa a investigá-los foi Japetus Steenstrup (1813-1897), professor de zoologia da Universidade de Copenhague. Ele chamou todos esses sítios de *kjökkenmöddinger*, ou "restos de cozinha".

A única maneira de entender os concheiros era estudando sociedades não ocidentais ainda existentes cuja dieta era à base de crustáceos. Steenstrup e seus colegas, notadamente o arqueólogo inglês John Lubbock, estavam particularmente interessados nos índios fueguinos que viveram no extremo sul da América do Sul. Charles Darwin os descrevera durante sua viagem do *Beagle*. Ele – e também Lubbock e Steenstrup – tinham uma visão negativa de suas habilidades e comentaram sobre o estilo de vida primitivo dos coletores de crustáceos.

O governo dinamarquês então nomeou uma comissão de três cientistas – incluindo Steenstrup e Worsaae – para examinar os concheiros. Outros cientistas também foram convocados, entre os quais um zoólogo para identificar as conchas. Worsaae examinou muitos concheiros. Sua maior pesquisa foi em um concheiro encontrado durante obras rodoviárias em Meilgaard. Uma grande seção transversal do montículo revelou camadas espessas de conchas de ostras e moluscos. Ele também recuperou pontas de lança feitas de chifre, ferramentas de pedra, lareiras e indícios de ocupação duradoura. Ele descreveu Meilgaard como "uma espécie de lugar para as refeições".

Steenstrup e Worsaae estavam anos à frente de seu tempo. Eles não só estudaram artefatos, como também registraram as espécies de moluscos encontradas nos concheiros – essa foi a primeira pesquisa de que se tem registro sobre o modo como as pessoas viviam.

Enquanto isso, os colegas de Worsaae estudaram mudanças climáticas primitivas, usando camadas de turfeiras e os restos de plantas encontrados nessas camadas. Quando terminou a Era do Gelo, o descampado em torno dos mantos de gelo dera lugar a florestas de bétulas resistentes ao frio. Então, quando o clima aqueceu mais, florestas de carvalho substituíram as de bétulas. Steenstrup identificou inclusive os ossos de aves migratórias para determinar as estações em que os concheiros estiveram em uso. Isso era arqueologia verdadeiramente revolucionária, que enfatizava ambientes primitivos. Steenstrup publicou sua obra um século antes dessas abordagens se tornarem lugar-comum.

Worsaae foi uma força importante na arqueologia escandinava durante décadas. Ele lecionou Pré-História na Universidade de Copenhague, o primeiro professor do assunto na Escandinávia. Deixou o cargo para se tornar diretor do Museu Nacional em 1866, um posto que ocupou até sua morte, em 1885.

Na época de sua morte, a arqueologia escandinava estava anos à frente da concorrência. A aplicação rigorosa do Sistema das Três Idades conduzida por Worsaae e sua observação cuidadosa das camadas de ocupação forneceram uma sistematização geral para a arqueologia no norte da Europa. Seu esboço foi bastante refinado em décadas posteriores, quando o Sistema das Três Idades e as classificações detalhadas de todos os tipos de artefatos pré-históricos se tornaram rotina em toda a Europa.

Thomsen e Worsaae assentaram as bases para a arqueologia pré-histórica europeia – na verdade, para a arqueologia em geral. O Sistema das Três Idades trouxe uma ordem abrangente para o passado pré-histórico. A Idade da Pedra incluía os machados do Somme e os achados de Frere, o *Homo erectus* e os neandertais, bem como as primeiras sociedades agricultoras. As idades do Bronze e do Ferro cobriam os períodos mais recentes do passado, até a aparição de civilização no Oriente Médio e em outras regiões.

Esse sistema geral proporcionou uma espécie de ponte metódica que ligava os primeiros sítios conhecidos a épocas muito mais recentes. Mas ainda restavam grandes lacunas. Descobertas importantes nos vales de rios do sudoeste da França e à beira de lagos suíços logo preencheriam os espaços vazios com sociedades caçadoras notáveis e com sofisticadas comunidades agrícolas.

CAPÍTULO 10

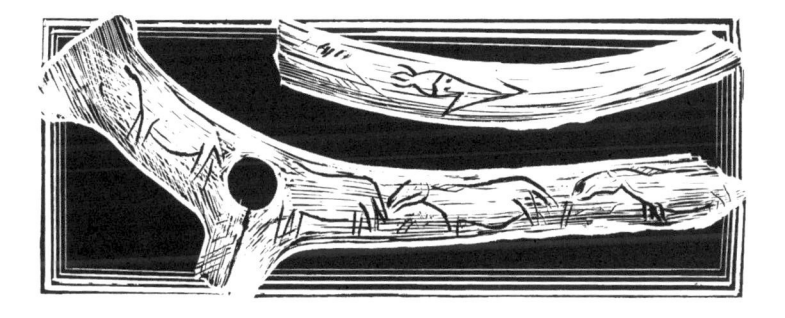

Caçadores da Idade da Pedra num mundo glacial

Em 1852, um trabalhador rodoviário acidentalmente se deparou com uma caverna ao pé dos Pirineus, perto da cidadezinha de Aurignac, no sul da França. O operário cavou a terra macia da caverna, à procura de algum tesouro enterrado. Em vez de ouro, encontrou os restos mortais de dezessete pessoas enterradas com colares de conchas e dentes de mamute. O padre da localidade prontamente os reenterrou no cemitério do povoado.

A notícia finalmente chegou a Édouard Lartet (1801-1871), um advogado do interior com paixão por geologia, fósseis e ferramentas de pedra primitivas. Cerca de oito anos depois da descoberta original, ele foi até Aurignac e vasculhou o que restava do interior da caverna. Sua escavação apressada expôs uma lareira coberta de cinzas e carvão, além de ferramentas de pedra muito bem feitas que claramente eram bastante antigas. Lartet ficou intrigado com os achados. Quem eram os indivíduos primitivos que fabricaram essas ferramentas? As ferramentas de Aurignac eram completamente diferentes dos machados de pedra encontrados por Boucher e Perthes à beira do rio Somme (ver Capítulo 7).

Com conhecimentos de geologia, Lartet logo percebeu que a melhor chance de encontrar as respostas estava em cavernas e abrigos rochosos (rochas salientes em penhascos) ocupados por humanos. Se muitas gerações de pessoas haviam visitado o mesmo local, as chances eram de que haveria camadas de ocupação humana se estendendo por longos períodos de tempo. Ele se afastou dos fósseis geológicos e se tornou arqueólogo. No processo, foi pioneiro em um novo método de escavação que envolvia não túmulos, como os da Escandinávia, e sim cavernas e abrigos rochosos.

Lartet escavou várias outras cavernas e encontrou ossos de animais e ferramentas de pedra. Seus contatos entre os geólogos o levaram à pequena – e então remota – comuna de Les Eyzies, na região de Dordonha, no sudoeste da França. É uma parte maravilhosa da França a se explorar. O Vezère e outros rios correm por vales profundos esculpidos por antigas inundações. Eu adoro visitar essa região interiorana bem irrigada, com seus campos verdes, bosques densos e prados nas margens dos rios. Grandes falésias de calcário se elevam sobre nós. Elas são perfuradas por cavernas profundas e saliências rochosas em desfiladeiros que teriam fornecido uma bem-vinda proteção em invernos rigorosos.

Lartet não tinha recursos, mas uniu forças com Henry Christy (1810-1865), um abastado banqueiro inglês, que estava envolvido em vários negócios (incluindo um que utilizava fios de seda na confecção de cartolas em vez da tradicional pele de castor). Christy também era um entusiástico colecionador de antiguidades e passou a se interessar por sociedades nativas americanas. Em 1853, ele visitou a Escandinávia, onde as coleções de museus em Copenhague e Estocolmo o fascinaram. Enquanto esteve nos Estados Unidos em 1856, conheceu Edward Tylor, um antropólogo, e viajou com ele para o México.

Ao ouvir histórias de Les Eyzies, Christy visitou as cavernas de Dordonha com Édouard Lartet. Os dois homens se tornaram amigos e colaboradores. Christy arcou com os custos e adquiriu a maior parte dos achados; Lartet realizou as escavações.

Pelos padrões das escavações em cavernas de hoje, aquela foi uma escavação primitiva. Lartet era um geólogo acostumado a examinar camadas com variações nos fósseis de animais encontrados. Ele sabia que a ocupação mais antiga estaria na base. As escavações renderam numerosos artefatos de chifre, osso e sílex. Baseando-se nas ferramentas de pedra características e nos diferentes animais encontrados em cada camada, tais como rena e cavalos selvagens, Lartet identificou vários níveis de ocupação humana. Suas escavações exploraram cavernas e abrigos rochosos que são nomes familiares para os arqueólogos de hoje – Le Moustier e La Ferrassie, bem como La Madeleine.

O abrigo rochoso de La Madeleine se encontra nas margens do rio Vezère. Neste, Lartet desenterrou artefatos de chifre e ossos da melhor qualidade – pontas de chifre delicadas, arpões com rebarbas em um ou ambos os lados, e agulhas. Para seu assombro, ele também encontrou fragmentos de ossos decorados com belas gravuras. Alguns tinham padrões simples, ao passo que outros eram mais elaborados. Outros ainda haviam sido esculpidos em belas formas de animais. O entalhe de um bisão lambendo o flanco era tão detalhado que se podia ver o duto lacrimal no olho.

Mas quem foram os artistas de La Madeleine? Depois de vários anos de escavações, Lartet e Christy haviam descoberto uma sequência de sociedades dinâmicas da Idade da Pedra. A mais antiga era a ocupação neandertal na caverna de Le Moustier. Os neandertais, com suas sobrancelhas densas, eram bem diferentes dos indivíduos modernos. Eles não eram nada parecidos conosco. Então, quem eram nossos ancestrais?

A resposta veio em 1868, quando os operários que construíam as fundações para a nova estação ferroviária de Les Eyzies descobriram um abrigo rochoso enterrado numa caverna chamada Cro-Magnon. Lartet escavou a parte de trás do abrigo. Ele desenterrou cinco esqueletos humanos, incluindo os restos mortais de um feto e vários adultos. Um era de uma mulher que pode ter sido morta por um golpe na cabeça. Os esqueletos jaziam em meio a colares de conchas e pingentes de marfim. Estes não eram neandertais com arcada supraciliar protuberante: tinham a cabeça arredondada e a fronte ereta. Sua aparência era idêntica à dos indivíduos modernos. Lartet acreditou, corretamente, que havia encontrado os ancestrais remotos dos europeus modernos. Os esqueletos provinham das mesmas camadas que os ossos de rena e de outros animais do frio. Isso era prova de que os humanos modernos viveram na Europa numa época de frio intenso, durante a última Era do Gelo (que, hoje sabemos, ocorreu por volta de 18 mil anos atrás). Lartet e Christy falaram de uma "Idade da Rena", mas isso era uma realidade? O geólogo suíço Louis Agassiz havia passado muitos anos estudando o movimento das geleiras nos Alpes. Em períodos de frio intenso, o gelo descia até os vales das montanhas. Durante os períodos mais amenos, as geleiras encolhiam, exatamente como estão fazendo durante o aquecimento global de hoje. Agassiz escreveu sobre uma Grande Era do Gelo que terminou com um rápido aquecimento antes de começarem os registros escritos. O último período frio da Era do Gelo coincidia com a Idade da Rena de Lartet e Christy.

Como eram essas pessoas da Era do Gelo? Antes de *A origem das espécies* de Darwin, as pessoas recorreram aos clássicos e à Bíblia em busca de explicações para o passado. Agora havia uma nova fonte de informação: a antropologia. Os equivalentes vivos óbvios e imediatos aos cro-magnons eram os esquimós, que haviam se adaptado brilhantemente ao frio extremo e encontrado soluções para viver em condições abaixo de zero. Havia, com efeito, muitos paralelos. Por exemplo, os caçadores esquimós caçavam hordas de caribus migratórios na primavera e no outono; os cro-magnons apanhavam renas durante as mesmas estações. Além disso, as agulhas de marfim e de osso que foram encontradas mostravam que os habitantes dos abrigos rochosos de Dordonha provavelmente usavam roupas feitas sob medida, como calças e anoraques, exatamente como os atuais povos do Ártico.

Os cro-magnons se tornaram esquimós na imaginação popular e na arqueológica. Eram frequentemente retratados usando vestimentas similares às dos esquimós, inclusive parcas com capuz. Apesar da enorme lacuna temporal entre os cro-magnons e os esquimós de hoje, a comparação pelo menos dava uma ideia de como teria sido a vida deles. Assim como Darwin havia comparado os fueguinos a caçadores antigos muito primitivos, também sir John Lubbock e os primeiros antropólogos fizeram comparações com sociedades não ocidentais de sua época. Eles deram origem a um novo método arqueológico. Tais similaridades, conhecidas pelos arqueólogos como "analogias", são parte fundamental da arqueologia nos dias de hoje.

Lartet e seus contemporâneos escavaram de modo rudimentar, com pás e picaretas (ocasionalmente, com algo menor). Seu trabalho era um pouco como ir atrás de fósseis, mas em vez de fósseis eles estavam à procura de pessoas, o que requeria um cuidado muito maior. Todos estavam procurando ferramentas belamente decoradas e armas feitas de chifre de rena e ferramentas de pedra. Camada após camada, eles escavaram rapidamente os restos deixados por sucessivas visitas breves, as lareiras e outros vestígios de abrigos temporários.

Compare esse método com o de hoje, em que os escavadores de cavernas adotam a mentalidade dos visitantes originais. Eles sempre cavam com espátulas, instrumentos odontológicos e escovas delicadas, para que possam distinguir cada camada fina que representa apenas uma breve visita. Tudo é passado por peneiras finas, e até mesmo as menores sementes, ossos de peixe e contas são recuperados. Uma malha quadriculada disposta sobre o solo e dispositivos de levantamento eletrônico garantem que cada objeto importante seja registrado *in loco*.

A variação nas formas das ferramentas forneceu a Lartet um registro do desenvolvimento das sociedades neandertal e cro-magnon. Implementos de pedra e de chifre registraram mudanças tecnológicas ao longo do tempo. Havia grandes similaridades na forma como as ferramentas mudaram com o passar do tempo em muitos dos sítios. Lartet, como geólogo, tinha uma maneira um tanto impessoal de abordar os povos antigos. Mas pelo menos ele estava ciente de que pessoas haviam fabricado as ferramentas e caçado os animais.

Havia outros estudiosos refletindo sobre as descobertas na caverna francesa. Em 1865, o arqueólogo britânico sir John Lubbock publicou *Prehistoric Times* [Tempos pré-históricos], o primeiro relato geral sobre o assunto. Em seu livro, Lubbock dividiu a Idade da Pedra no período Paleolítico (do grego: *palaeos*, antigo, e *lithos*, pedra), ou Idade da Pedra Lascada, e o período mais recente, o Neolítico (do grego: *neos*, novo, e *lithos*, pedra), ou Idade da Pedra Polida, quando os europeus se tornaram agricultores. Esses termos são usados ainda hoje.

Lubbok produziu um sistema muito geral, assim como Christian Jürgensen Thomsen fizera com as três idades na Escandinávia. Lubbok, com seu interesse pelas sociedades não ocidentais do presente, gostava muito de pessoas. Outros, não – eram obcecados pela enorme quantidade de ferramentas de pedra nas cavernas francesas e não pelas pessoas que as fabricaram. As variações nos artefatos se tornaram sinais de progresso humano notadamente nas mãos de Gabriel de Mortillet, um geólogo francês que se tornou arqueólogo.

Gabriel de Mortillet (1821-1898) entrou para o Museu de Arqueologia Nacional como supervisor das coleções da Idade da Pedra em 1863. Ele era fascinado por artefatos e levou suas ideias geológicas até eles. Tinha uma crença fanática no inevitável progresso humano, que podia ser medido pelas mudanças nas formas das ferramentas. E adotou essa abordagem depois de organizar mostras sobre a história do trabalho para a Exposição Universal de 1867 em Paris, uma celebração do progresso humano no passado e no presente.

Mortillet escreveu sobre variações nos "tipos fósseis", pegando emprestado um termo geológico para se referir a ferramentas como arpões e pontas de lança feitas de chifre. "Tipos fósseis" característicos marcavam diferentes períodos da tecnologia da Idade da Pedra. Os humanos e suas sociedades haviam evoluído quase da mesma maneira em toda parte. Mortillet acreditava que havia uma "lei universal" do progresso humano.

Essas ideias de arqueólogos de mente rígida, com formação em geologia, dominaram a arqueologia da Idade da Pedra por gerações. A abordagem persistiu, porque criava uma impressão de progresso ordenado através dos tempos antigos e era simples de entender.

Ainda é possível ver a abordagem de Mortillet no novo museu em Les Eyzies. A galeria no andar superior mostra fileiras de ferramentas de pedra, osso e chifre, dispostas em ordem cronológica. Eu considero as belas vitrines deprimentes: tudo parece tão friamente desconectado quanto era na época de Mortillet. Felizmente, outras vitrines falam dos neandertais e dos cro--magnons como pessoas, mas as vitrines de ferramentas destacam um problema da arqueologia. Achados como facas, raspadeiras e pontas de lança são escavados, classificados e armazenados em caixas. Tornam-se símbolos impessoais do comportamento humano. Tendemos a esquecer que foram feitos e usados por pessoas que um dia viveram. Perdemos a conexão humana.

Apesar de tudo isso, Mortillet deixou um legado. Ele subdividiu os diferentes níveis arqueológicos e seus artefatos usando rótulos culturais para cada um. Nomeou as camadas com base nos sítios arqueológicos onde foram descobertas. Uma cultura caracterizada por pontas feitas de chifre com entalhes na base, ele denominou aurignaciana (por causa da caverna de Aurignac); outra, magdaleniana (por causa do abrigo rochoso de La Madeleine), marcada por arpões feitos de chifre. Isso era tudo muito geológico: ele esqueceu que ferramentas de pedra foram fabricadas por humanos, cujo comportamento variava constantemente. Apesar dessa limitação, o método rígido de Mortillet persistiu, sobretudo nos círculos franceses, durante grande parte do século XX.

As escavações nas cavernas francesas podem ter sido rudimentares, mas iniciaram uma nova era na arqueologia da Idade da Pedra. Revelaram os neandertais com tecnologia simples, seguidos dos cro-magnons, caçadores de rena com armas muito mais elaboradas. As descobertas do Paleolítico por Lartet e Christy revelaram sociedades europeias desaparecidas que se ajustaram brilhantemente ao frio extremo. Mas suscitaram perguntas sobre os povos que viveram na Europa imediatamente após a Era do Gelo: eles também foram caçadores num mundo de clima muito mais ameno ou se tornaram agricultores? Como veremos no próximo capítulo, seus assentamentos foram descobertos no pitoresco cenário dos Alpes.

CAPÍTULO 11

Através das eras

Os pescadores na beira de lagos suíços reclamaram durante anos. A linha pegava no fundo, então arrebentava, e eles perdiam o anzol. A rede misteriosamente se prendia ao fundo. Ocasionalmente, subiam à superfície fragmentos de rede rasgada emaranhados em galhos. Falava-se de florestas submersas.

Ninguém deu atenção a essas reclamações até 1853-1854, quando uma grande seca reduziu drasticamente o nível dos lagos. As "florestas" se revelaram postes de madeira, ou estacas, afundadas em camadas de sedimento escuro. Estas um dia sustentaram cabanas construídas acima do nível da água. Então chegaram os antiquários da região e, em 1869, eles haviam localizado mais de duzentos desses sítios à beira de lagos.

Os achados ganharam a atenção de Ferdinand Keller (1800-1881), um professor de inglês da Universidade de Zurique e presidente da Sociedade de Antiquários de Zurique. Ele conduziu escavações importantes num labirinto de estacas visíveis no leito exposto do lago de Zurique, perto do povoado de Obermeilen, em 1854.

Este era um tipo de arqueologia totalmente novo para a Suíça, pois envolvia materiais orgânicos que normalmente não sobreviviam. A não ser que mantidos úmidos, tais achados logo ressecam, racham ou até mesmo se desintegram e viram pó. A lama havia preservado uma gama impressionante de objetos que normalmente teria perecido: machados e enxós com cabos de madeira, rodas de madeira, redes de pesca, cestos e cordas. Havia muitos ossos de vaca, ovelha e cabra, e restos de veado-vermelho, castor e javali. Havia uma grande quantidade de sementes de trigo e de cevada, frutos silvestres, avelã, ervilha e feijão.

Os métodos de Keller eram rudimentares. Ele escavou ao redor dos postes e recuperou o máximo de objetos que conseguiu. No entanto, não tinha uma maneira de datar o sítio e seu conteúdo.

As descobertas das habitações lacustres surgiram exatamente quando Gabriel de Mortillet e outros estudiosos propuseram uma ordem gradativa do progresso humano para o período Paleolítico. Mas muitas pessoas interessadas no passado remoto se perguntavam sobre as sociedades pré-históricas posteriores. O que havia acontecido na Europa quando as temperaturas subiram depois da Era do Gelo? Quando a agricultura começou na Europa? Que plantas as pessoas cultivavam? As descobertas de Keller em Obermeilen revelaram alguns dos primeiros agricultores europeus.

Keller sabia, com base em seus achados, que as habitações lacustres foram ocupadas ao longo de vários milhares de anos. Mas por que os habitantes construíram casas sobre a água? Como Lartet e Christy com os cro-magnons, Keller recorreu à antropologia. Ele pensou imediatamente nas descrições que os exploradores franceses fizeram dos povoados de Nova Guiné, com suas palafitas construídas em águas rasas. Assim, Keller imaginou que as estacas de madeira fossem de palafitas pré-históricas similares, cujos habitantes haviam derrubado as ferramentas e os restos de comida na água abaixo de suas moradias. Ele se referia às palafitas como "casas sobre estacas".

Muito mais tarde, escavações mais cuidadosas provaram que Keller estava errado. Algumas das habitações lacustres suíças ficam em terra pantanosa que fora inundada pelo nível crescente dos lagos. Outras foram construídas sobre a água e tiveram estacas enfiadas no solo para estabilizar as estruturas. Quando a água subiu, um lodo fino cobriu a lareira e o chão das casas entre as estacas, preservando numerosos vestígios perecíveis de vida agrícola primitiva.

As descobertas de Ferdinand Keller ganharam as manchetes. Artistas pintaram reconstruções dos povoados. Eles os situavam (erroneamente) sobre plataformas unidas à terra seca por pranchas, como se os assentamentos fossem em ilhas de madeira feitas pelo homem. Ao contrário dos cro-magnons, que se mudavam constantemente, os habitantes desses povoados viveram no mesmo lugar por longos períodos. Tinha de ser assim, porque eram agricultores ligados a seus campos. Os vestígios de suas plantações sobreviveram nos sítios.

Hoje, sabemos que a maioria dos assentamentos lacustres como esses data do período entre 4000 a.C. e um pouco depois de 1000 a.C. Povoados similares surgiram à beira de lagos alpinos na França, na Alemanha, na Itália e na Eslovênia. No fim do século XIX, Obermeilen e sítios do tipo tornaram-se uma referência para o estudo dos primeiros agricultores europeus. Eles forneceram um arquivo tão rico de ferramentas e vestígios de alimentos que se tornaram uma espécie de dicionário para entender esses povos, mesmo aqueles que moraram longe dos lagos suíços.

Os agricultores anseiam por sal – para complementar sua dieta à base de cereais, mas também para preservar peixe e carne para consumo posterior. Sal-gema era como ouro em pó para aqueles que tinham a sorte de viver perto de uma fonte e poder comercializá-lo. As montanhas de Salzkammergut contêm grandes quantidades de sal-gema. Já era extraído perto de Salzbergtal, um povoado acima da cidade lacustre de Hallstatt, próximo a Salzburgo, na Áustria, pelo menos em 1000 a.C., e provavelmente antes. Gerações de mineiros trabalharam nas montanhas de Salzkammergut, entre os quais Johann Georg Ramsauer (1795-1874). Ele se tornou aprendiz de mineiro aos treze anos de idade. Logo um especialista, ascendeu à posição de *Bergmeister*, gerente de toda atividade mineradora. Ramsauer era um personagem e tanto. Ele vivia num forte medieval chamado Rudolfsturm, perto da mina. Um homem dado à família, criou 22 filhos que sobreviveram até a idade adulta. Sua outra paixão era a escavação arqueológica. Ele dedicou seu tempo livre a escavar aproximadamente mil sepulturas num vasto cemitério da Idade do Ferro, descoberto durante uma construção entre Rudolfsturm e a mina. Os mortos eram indivíduos de Hallstatt – sua cultura foi assim nomeada por Ramsauer em homenagem à cidade próxima. Eles eram mineiros que haviam escavado as colinas à luz de tochas de pinho. O sal preservara seus chapéus, luvas e mochilas de couro.

Ramsauer escavou o cemitério entre 1846 e 1863 – um período que coincidia com a primeira descoberta dos neandertais e as escavações dos povoados lacustres da Suíça. Para auxiliá-lo, Ramsauer empregou um pintor, que passou anos esboçando e registrando os achados e as sepulturas. Suas aquarelas mostram a posição de vasos, objetos de metal e outras peças funerárias em relação com os restos mortais cremados ou ossos humanos.

À medida que foram sendo esvaziadas, as sepulturas foram desenhadas e descritas em notas exaustivas. Cerca de metade eram cremações e metade eram enterros. Os mortos não eram chefes ou pessoas importantes. Eram mineiros e ferreiros, enterrados com ornamentos e com suas armas e ferramentas. Eram exímios comerciantes, cujos produtos de metal e sal se espalharam por vastas regiões da Europa. Claramente, eles estavam em contato com redes comerciais que abrangiam longas distâncias: alguns deles tinham ornamentos de marfim provenientes da África distante, ao passo que outros usavam contas de âmbar (resina de árvore fossilizada) da região do mar Báltico.

Infelizmente, em 1874, Ramsauer morreu antes de publicar sua obra. Ele tampouco registrou os ossos ou detalhes dos objetos encontrados nas sepulturas. Suas notas manuscritas desapareceram e só seriam encontradas em 1932, num sebo em

Viena. Não se sabe ao certo quão confiáveis são como registro de seu trabalho. Mas elas enfim foram publicadas em 1959. É um milagre quanta informação valiosa sobreviveu da gigantesca escavação. Lamentavelmente, no entanto, representa apenas uma fração do que hoje se poderia conhecer do cemitério.

Mas quão antigos eram os povoados lacustres e o cemitério de Hallstatt? Hoje sabemos que a cultura de Hallstatt floresceu dos séculos VIII a VI a.C. Porém, de meados a fins do século XIX, não havia maneira de saber isso. A nova geologia, a teoria da evolução e a descoberta dos neandertais tinham aberto uma paisagem vasta e desconhecida do passado. As escavações de Worsaae e o Sistema das Três Idades forneceram um quadro geral, mas nenhuma data concreta para as sociedades europeias pré-romanas. Felizmente, um arqueólogo sueco, Oscar Montelius (1843-1921), assumiu no ponto em que Jens Jacob Worsaae e outros haviam parado. Ele dedicou sua carreira a construir quadros cronológicos (registros dos acontecimentos conforme estes ocorreram no tempo) por toda a Europa.

É preciso um tipo especial de personalidade para ser um especialista em artefatos, sobretudo quando pouco se sabe sobre eles. O trabalho requer paciência infindável, uma paixão por detalhes obscuros e quase sempre diminutos, e um amor pelo passado. Montelius tinha essas qualidades de sobra. Um linguista brilhante, ele era calmo e pessoalmente cativante. Sempre procurado como palestrante, fez muito para manter a arqueologia sob os holofotes.

Montelius nasceu em Estocolmo e passou toda a vida profissional no Museu de Antiguidades Nacionais da cidade, onde ascendeu ao posto de diretor. Foi um dos primeiros arqueólogos de museu. Tais estudiosos passam a carreira totalmente imersos em coleções e artefatos.

Cronologias precisas baseadas em artefatos e nas posições em que foram encontrados eram a paixão de Montelius. Ele percebeu desde o início que a única maneira de obter essas linhas de tempo era viajar pela Europa, pelo Mediterrâneo e pelo Oriente

Médio. Lá, seria possível encontrar objetos datados pela idade conhecida dos sítios onde foram encontrados ou por registros históricos. Esses artefatos seriam as âncoras cronológicas para objetos similares encontrados a centenas de quilômetros de distância na Europa pré-histórica.

E ele viajou. Montelius visitou centenas de museus, muitos deles em cidadezinhas distantes dos grandes centros urbanos. Não havia carros, apenas ferrovias e jornadas intermináveis de charrete ou montado a cavalo. A energia elétrica ainda era desconhecida, e obviamente não havia máquinas de escrever nem computadores. Tudo tinha de ser registrado à mão. Montelius adquiriu informações não só por meio de suas próprias viagens, como também através de uma ampla rede de colegas que encontrou durante suas jornadas ou se correspondeu por cartas.

Ao longo de muitos anos de pesquisa, Montelius desenvolveu a técnica de "datação relativa". Usando objetos de idade conhecida dos antigos egípcios e outras civilizações mediterrâneas, ele relacionou artefato após artefato por toda a Europa comparando seus mínimos detalhes e traços estilísticos. Também os comparou a objetos datados. Braceletes, adagas, vasos de argila e alfinetes – tudo fazia parte das cronologias de Montelius. O resultado foram redes interconectadas de todo tipo de artefatos datados, que se estendiam de um extremo a outro da Europa.

Em 1885, Montelius publicou sua obra-prima, *On Dating in the Bronze Age* [Datação na Idade do Bronze]. Essa obra brilhante, baseada em seu estudo de milhares de objetos e dos sítios de onde vinham, produziu a primeira linha do tempo para a Europa antiga. Usando machados, broches, espadas e outros artefatos, ele subdividiu a Idade do Bronze europeia em seis períodos. As evidências que ele apresentou para essa divisão, baseadas num grande número de achados, foram tão convincentes que logo se tornaram quase universalmente aceitas. Algum tempo depois, Montelius datou o início da Idade do Bronze como 1800 a.C. Muitos de seus colegas consideraram cedo demais. Porém, mais de três quartos de século depois, no início dos anos 1970, a datação por radiocarbono, desconhecida na época de Montelius, provou que ele estava correto (ver Capítulo 27). Montelius também acreditava que os arqueólogos deveriam partilhar suas descobertas com o público. Com esse fim, ele deu palestras e conduziu visitas guiadas ao museu, falando para uma audiência muitíssimo variada. Falou eloquentemente em inglês, francês, alemão e italiano – tudo sem notas. Escreveu numerosos livros e artigos populares. Influenciado pela esposa, também lutou pelos direitos das mulheres. Em muitos aspectos, o arqueólogo europeu mais importante da época estava muito à frente de seus contemporâneos.

Quando Montelius se tornou diretor do Museu de Antiguidades Nacionais da Suécia, a arqueologia havia percorrido um longo caminho. Graças à sua pesquisa minuciosa e à de seus predecessores escandinavos, muitos europeus estavam agora cientes da importância do passado pré-histórico. No entanto, os métodos de escavação (com poucas exceções notáveis) continuavam sendo rudimentares, especialmente em terras mediterrâneas. O desejo por achados espetaculares e espécimes de museu continuou inabalado. Mas, pela primeira vez, havia um quadro cronológico para a Europa antes dos romanos, baseado em artefatos e seus contextos, e não apenas em algumas poucas grandes descobertas.

No fim do século XIX, os arqueólogos profissionais eram raros. Grande parte da arqueologia ainda era pouco mais do que a coleta casual de artefatos. E quase tudo ainda era feito na Grécia e na Itália, no Oriente Médio e na Europa. Mas a arqueologia estava avançando em outros lugares, especialmente nas Américas, onde as descobertas sensacionais de John Lloyd Stephens e Frederick Catherwood ajudaram a direcionar a mente de outros arqueólogos para três questões fundamentais. Quem eram os ancestrais dos povos ameríndios? De onde eles vieram? E como chegaram às Américas?

CAPÍTULO 12

O mito dos construtores de montículos

Em 12 de outubro de 1492, o explorador italiano Cristóvão Colombo, almirante do Mar Oceano, desembarcou numa ilha nas Bahamas. Lá, encontrou pessoas que, segundo acreditou, dariam servos ideais. Em poucas gerações, no entanto, doenças desconhecidas e maus-tratos haviam reduzido drasticamente a população das ilhas do Caribe. Poucos pararam para se perguntar de onde vieram esses nativos ou como haviam chegado à sua terra natal.

O debate sobre os povos ameríndios começou quando Colombo exibiu alguns de seus cativos ao rei da Espanha. Quem eram esses estranhos? Eram seres humanos? Presumiu-se que fossem almas simples e descomplicadas, até que, em 1519, o conquistador espanhol Hernan Cortez e os soldados sob seu comando revelaram o mundo deslumbrante e sofisticado dos astecas. A capital asteca, Tenochtitlán ("o lugar dos cactos sagrados"), que ficava onde é hoje a Cidade do México, era o lar de mais de 200 mil pessoas, com um grande mercado equiparável ao de Constantinopla e ao de Sevilha.

A incrível diversidade das sociedades ameríndias, que ia de simples bandos de caçadores a civilizações opulentas, apresentava questões desafiadoras numa Europa que crescera com base na história da criação bíblica situada no Oriente Médio. Como os índios chegaram às Américas? Eles vieram por terra ou da Ásia? Ou algum pioneiro desconhecido havia atravessado o Atlântico muito antes de Colombo? Arqueólogos americanos ainda estão pesquisando essas questões.

Em 1589, um missionário católico espanhol, José de Acosta, anunciou que os primeiros ocupantes haviam atravessado para a América do Norte a partir da Ásia, com "trechos curtos de navegação". Hoje sabemos que Acosta estava correto e que, de fato, os ameríndios são de origem asiática.

Aproximadamente três séculos depois, em 1856, essa teoria ganhou impulso quando um estudioso chamado Samuel Haven afirmou que os índios haviam atravessado o estreito de Bering em tempos remotos. Haven era uma voz solitária numa época em que milhares de colonos estavam atravessando os montes Allegheny rumo a um território desconhecido no Oeste. A maior parte deles era de agricultores ávidos por terra fértil. Ficaram fascinados ao encontrar centenas de montículos, bancos e áreas cercadas de terra no vale do Ohio, e dos Grandes Lagos e de Nebraska até a Flórida. Ávidos por ouro e riquezas enterradas, muitos agricultores foram à caça de tesouros. Eles encontraram numerosos esqueletos humanos, ornamentos de conchas e armas, mas não ouro.

Os misteriosos monumentos de terra (bancos de solo artificiais) surgiram de bosques geralmente densos, quando os primeiros agricultores limparam suas terras. Alguns dos montículos se encontravam sozinhos; outros, em grupos dispostos de maneira ordenada. Grandes muros cercavam alguns deles. Os monumentos de terra eram claramente antigos, pois nenhum povo indígena moderno construiu nada do tipo. Alguns, sem dúvida, tiveram a função de túmulos, com camadas de esqueletos bem definidas ou com elaboradas câmaras funerárias cercadas de troncos. Quando os agricultores escavaram os montículos, recuperaram cachimbos de pedra, ornamentos e machados de cobre trabalhados, cerâmicas bem feitas e outras ferramentas que claramente eram obra de artesãos talentosos. Os poucos especialistas que examinaram os achados não encontraram semelhança alguma com as obras de arte egípcias ou de outros povos. Os construtores de montículos se tornaram algo desconhecido e misterioso.

Então, quem eram os construtores de montículos? Quase todos presumiam que os índios fossem demasiado primitivos. E assim as histórias de ouro, guerreiros valentes e civilizações exóticas se propagaram rapidamente. Alimentaram os sonhos de aventureiros numa terra desconhecida. As fábulas entretinham os agricultores nas noites de inverno. No início dos anos 1830, o escritor popular Josiah Priest teceu histórias de grandes exércitos de guerreiros brancos, de elefantes de guerra avançando pelas planícies e de heróis sobre-humanos. Ele deu aos norte-americanos um passado heroico, totalmente fictício, que hoje normalmente é conhecido como o mito dos construtores de montículos.

A caça ao tesouro era lugar-comum, mas houve relativamente poucos achados grandiosos. A escavação foi rápida e destrutiva. Os montículos foram achatados por arados, e poucos dos colonos examinaram os monumentos de terra e os montículos sistematicamente. Mas houve uma ou duas exceções.

Caleb Atwater, agente dos correios de Circleville, Ohio, mapeou e escavou muitos montículos no início do século XIX. Ele encontrou centenas de túmulos e numerosos ornamentos sofisticados feitos de mica (um mineral transparente), alguns na forma de garras de aves ou de humanos. Profundamente religioso, Atwater insistia que quem construíra os montículos foram agricultores e pastores vindos da Ásia que atravessaram o estreito de Bering logo após o dilúvio bíblico. Quanto aos índios, presumiu que eles houvessem chegado muito tempo depois de os monumentos de terra terem sido abandonados.

Ao desenvolver sua teoria da migração primitiva, Samuel Haven se apoiara na obra de outro pesquisador, Ephraim Squier (1821-1888). Squier era um norte-americano inteligente e bem-educado, com um sério interesse pelo passado. Ele iniciou sua carreira como jornalista no estado de Nova York, e então trabalhou para o jornal de uma cidadezinha em Chillicothe, Ohio. Posteriormente, viria a ser um viajante e diplomata bem-sucedido; e em uma missão no Peru, em 1868, se tornaria um dos primeiros estrangeiros a descrever os deslumbrantes sítios arqueológicos incas, nos Andes. Mas muito antes de ir para a América do Sul, Squier trabalhou em conjunto com um médico de Chillicothe, Edwin Davis. Entre 1845 e 1847, os dois escavaram, investigaram e se intrigaram com a gama impressionante de túmulos e monumentos de terra no vale do Ohio.

Squier, a força motora na parceria, foi responsável pelos planos exatos de muitos montículos de terra importantes. Seus levantamentos eram tão precisos que são usados ainda hoje, e aparecem em vários manuais. Apoiados pela Sociedade Etnológica Americana, os dois homens abriram túneis em mais de duzentos montículos, investigaram muitas obras de terra e muralhas e reuniram uma imensa coleção de artefatos. Um sítio importante que eles investigaram foi o Montículo da Grande Serpente, um montículo longo e curvilíneo sobre um cume, com a forma de uma cobra retorcida segurando um pequeno montículo oval em suas mandíbulas abertas.

Toda essa pesquisa foi reunida no livro de Squier e Davis publicado em 1848, *Ancient Monuments of the Mississippi Valley* [Monumentos antigos do vale do Mississippi]. Squier queria apresentar fatos para substituir teorias malucas, e o volume de trezentas páginas era uma bela publicação, repleta de ilustrações. Manteve-se como o único relato sobre os construtores de montículos por gerações. Os autores tentaram classificar os monumentos de terra e os montículos em categorias criativas como "montículos de sacrifício" e "montículos de templo", mas seus inventários de sítios e seus planos detalhados são uma delícia de se examinar e podem ser relacionados com mapas modernos. Em muitos casos, os autores registraram características que vieram a desaparecer.

Squier descreveu cuidadosamente os pequenos achados oriundos de suas apressadas escavações. Ele inclusive identificou corretamente o minério de cobre das imediações do Lago Superior, mais ao norte, usado na fabricação de enxós e machados simples. Havia figuras de animais e cachimbos esculpidos em pedra-sabão. As primeiras impressionaram Squier, pois eram muito mais sofisticadas do que qualquer coisa feita pelos índios locais.

Squier e Davis escreveram sobre os construtores de montículos em termos gerais, assinalando que os povos dos montículos eram especialistas em construir obras de defesa com terra. Suas ideias foram influenciadas por contos populares de exércitos grandiosos e batalhas gigantescas em tempos remotos. Eles pintaram um retrato dos antigos construtores de montículos como indivíduos pacíficos: quando atacados por "hordas de selvagens hostis", eles construíram defesas freneticamente para se defender. Mas tudo havia sido em vão: os invasores os conquistaram, e os construtores de montículos desapareceram. Squier e Davis presumiram que os índios encontrados pelos europeus fossem esses recém-chegados hostis e belicosos e que, portanto, não tivessem mais direito a Ohio do que os europeus.

Squier e Davis podem ter sido preconceituosos, mas seus catálogos e levantamentos levaram a um novo patamar as controvérsias em torno dos construtores de montículos. Entretanto, as especulações malucas continuaram. William Pidgeon, que afirmava ser um comerciante no Oeste com vasto conhecimento dos índios, anunciou em 1858 que o Adão bíblico havia construído o primeiro montículo na América. Teriam se seguido muitos outros, entre os quais Alexandre, o Grande, e vários egípcios e fenícios. Pidgeon ganhou uma fortuna com seu livro, que, segundo ele, foi baseado em conversas com um índio chamado De-coo-dah. Convenientemente, seu informante morreu depois de transmitir seus segredos.

Apesar de todos os mitos criados, a mudança estava a caminho. As pesquisas arqueológicas receberam um impulso importante com a publicação de *A origem das espécies*, de Darwin, e com a descoberta dos neandertais (ver Capítulo 8). Teve início uma nova geração de pesquisas, centradas em instituições como a Universidade de Harvard e o Instituto Smithsoniano. Mas, apesar das numerosas afirmações, ninguém encontrou machados do Somme nem fósseis de neandertais em parte alguma na América do Norte. As grandes controvérsias ainda circundavam os construtores de montículos do Centro-Oeste e do Sul.

Tão intensa era a especulação sobre os construtores de montículos que, em 1881, um grupo de arqueólogos persuadiu o Congresso dos Estados Unidos a destinar fundos para pesquisas sobre o assunto. Uma Divisão para a Exploração de Montículos, vinculada à Agência de Etnologia do Instituto Smithsoniano, começou a funcionar sob liderança do professor Cyrus Thomas (1825-1910). Pouco se sabe sobre Thomas, que era geólogo de formação. No entanto, o que sabemos é que originalmente ele acreditava que uma raça de construtores de montículos – separada da dos índios – os havia construído.

Thomas e oito assistentes se dispersaram pela área dos montículos, especialmente o vale do Mississippi. Lá, agricultores estavam escavando montículos em busca de tesouros, e havia um ativo mercado para artefatos. Um comerciante de papéis chamado Clarence Moore passou os verões navegando pelos rios Mississippi e Ohio em casas-barco. Ele parava, seus trabalhadores escavavam e milhares de artefatos desapareciam sob o deque – para serem vendidos ou acrescentados à sua coleção.

A maior parte do trabalho de Thomas se concentrou na região entre Ohio e Wisconsin. Ele espalhou sua equipe escassamente sobre a terra, e eles trabalharam o ano inteiro prospectando e escavando com o mínimo de destruição. Ele trabalhou durante mais de sete anos. Isso era pesquisa arqueológica planejada, dedicada a coletar dados precisos em grande escala. Ele e seus homens obtiveram amostras de mais de 2 mil montículos e monumentos de terra de todos os tamanhos e níveis de complexidade. Cerca de 38 mil artefatos foram parar nas mãos de Thomas via escavação ou doação.

Em 1894, Thomas publicou um relatório de setecentas páginas, no qual descreveu centenas de monumentos de terra e montículos nos mínimos detalhes. Embora a obra de Thomas não seja de fácil leitura, baseia-se em dados coletados cuidadosamente.

À medida que descrevia os monumentos de terra e os achados, suas crenças sobre os construtores de montículos mudaram radicalmente. Como pesquisador cuidadoso que era, ele comparou os artefatos e as obras de arte de suas escavações e de coleções particulares com os objetos feitos por sociedades ameríndias viventes. Encontrou grandes similaridades entre as armas e ferramentas antigas e as modernas. Ele também estudou relatos de viajantes europeus, que descreveram montículos que continuavam em uso no fim do século XVIII.

Thomas já não acreditava numa civilização desaparecida de construtores de montículos no vale do Mississippi. Em vez disso, ele afirmou que todos os sítios que examinou foram construídos pelas "tribos indígenas que habitavam a área correspondente quando visitada pelos europeus pela primeira vez".

O livro de Thomas, baseado em dados, mudou o jogo arqueológico, e a ciência passou a substituir a especulação. Mas o preconceito contra os nativos americanos perdurou, e suas terras foram tomadas, muitas vezes com justificativas legais inconsistentes. Pouco a pouco, a escavação caótica de não especialistas deu lugar ao trabalho de campo sistemático de pesquisadores profissionais.

Muitos anos se passariam antes que arqueólogos bem preparados surgissem. Mas uma etapa havia sido superada. Tragicamente, com a exceção de alguns raros sítios em parques públicos, quase todos os lugares na monografia de Thomas sofreram algum dano.

O relatório de Thomas continua sendo uma fonte essencial para alguns arqueólogos em nossos dias. Mas o legado desse pesquisador enérgico vai ainda mais longe: ele comentou sobre a grande diversidade de povos que viveram no território dos construtores de montículos em tempos antigos. O desafio para os futuros arqueólogos foi identificar essas sociedades diversas e suas relações com culturas anteriores e posteriores.

Mais de um século depois que Cyrus Thomas finalmente derrubou o mito dos construtores de montículos, pesquisas revelaram parte dessa diversidade notável. Hoje, sabemos muito sobre as chamadas sociedades adena, hopewell e mississipiana que construíram os montículos e sobre suas elaboradas crenças rituais. Também sabemos que muitos desses rituais e crenças religiosas daqueles que construíram os grandes monumentos de terra da América do Norte sobreviveram até o período da história escrita.

A obra de Thomas foi incapaz de impedir a maré de destruição, mas pelo menos conseguiu persuadir um grupo de senhoras em Boston a arrecadar 6 mil dólares para comprar o Montículo da Grande Serpente, que ele restaurou e transformou num parque aberto à visitação em 1887. Atualmente, é um Memorial do Estado de Ohio e um Marco Histórico Nacional.

CAPÍTULO 13

"Entrando no desconhecido"

Em abril de 1883, os soldados em Forte Apache, Arizona, ficaram surpresos quando um viajante solitário montado em uma mula se dirigiu até o portão. Os apaches estavam em pé de guerra, e isso tornava a viagem muito difícil.

O viajante era o suíço Adolph Francis Alphonse Bandelier (1840-1914), que estava percorrendo os territórios indígenas remotos do deserto para estudar "as cidades em ruínas" dos povos que viveram na região muito antes de Colombo.

Bandelier estava viajando pelo Sudoeste norte-americano, então praticamente desconhecido. Algumas expedições lideradas por espanhóis a partir do México haviam visitado os povoados dos índios hopis e zuñis à procura de ouro, mas saíram de mãos vazias. Havia histórias de assentamentos indígenas populosos de vários andares, comumente chamados "pueblos", mas sem muitos detalhes.

A primeira descrição detalhada dos antigos pueblos veio em 1849, quando James Henry Simpson, tenente do exército dos Estados Unidos, e o artista Richard Kern visitaram dez pueblos antigos, incluindo as grandes ruínas de Pueblo Bonito, em Chaco

Canyon, Novo México, e os pueblos navajos em Canyon de Chelly, no nordeste do Arizona.

O número de visitantes forasteiros à região aumentou consideravelmente depois que a ferrovia transcontinental foi concluída, em 1869, já que cada vez mais colonos se mudavam para o oeste. O governo dos Estados Unidos organizou expedições oficiais para mapear e explorar o que era, essencialmente, um imenso laboratório ambiental. A tarefa incluía estudar a geologia da área e reunir informações sobre os índios pueblos e seus assentamentos.

A maioria das expedições do governo estava mais interessadas em geologia e em oportunidades de mineração do que nos índios pueblos. Adolph Bandelier, em sua humilde mula, tinha interesses bem diferentes. Banqueiro em uma cidadezinha do estado de Nova York, e depois gerente de uma mina de carvão, o pacato e estudioso Bandelier usou seu tempo livre para estudar registros espanhóis do México e do Sudoeste numa época em que havia um fascínio geral pelo Oeste norte-americano.

Linguista talentoso, ele vasculhou arquivos pouco conhecidos, mas não encontrou praticamente nada sobre a história dos índios pueblos. Seu hobby se tornou uma obsessão, e ele logo percebeu que precisaria ampliar sua pesquisa, baseada em bibliotecas, indo a campo no Sudoeste. Bandelier largou tudo para viajar para Santa Fé, Novo México, apenas com uma pequena subvenção em seu nome. Embora quase sem dinheiro e com poucas posses além de sua mula, pelo menos agora ele podia estudar a arqueologia e a história dos índios pueblos *in situ*.

Bandelier sabia que toda investigação do passado começaria com comunidades de índios pueblos existentes. Ele parou primeiro no Pueblo Pecos, recém-abandonado, no Novo México. Até o século XVII, 2 mil pessoas viveram em Pecos. As últimas haviam partido nos anos 1830, cinquenta anos antes de Bandelier chegar.

Após ter dominado o idioma local em apenas dez dias, ele conversou com os residentes idosos, de quem obteve informações históricas vitais. Também descreveu e mapeou as ruínas do grande pueblo, mas não escavou: ele não tinha o conhecimento nem o dinheiro necessário para fazê-lo. Sua pesquisa sobre Pecos o convenceu de que a única maneira de estudar a história de pueblos anteriores era trabalhando no sentido contrário, partindo das sociedades viventes até o passado distante, por meio da arqueologia. Bandelier escreveu um relatório detalhado de sua pesquisa sobre os pecos, mas este atraiu pouca atenção.

Ele agora estava à procura de outros sítios promissores. No fim dos anos 1880, passou três meses vivendo com os habitantes do Pueblo Cochiti. Os padres católicos do Novo México o ajudaram muitíssimo a contatar informantes indígenas, sobretudo depois que ele se converteu ao catolicismo.

Os pueblos que Bandelier visitou consistiam de cômodos de adobe (barro) compactado, conectados uns aos outros por um labirinto de entradas e passagens estreitas. Alguns dos pueblos maiores tinham dois andares – ou mesmo mais, como o grande Pueblo Bonito no Chaco Canyon, que era semicircular e tinha vários andares. Grandes câmaras subterrâneas circulares seriam encontradas no centro aberto da estrutura semicircular. Essas *kivas* eram lugares onde se realizavam cerimônias secretas. Embora parecessem degradados e um pouco desorganizados, os pueblos eram, na verdade, comunidades extremamente organizadas, nas quais famílias extensas viveram por gerações.

De 1881 a 1892, Bandelier perambulou pelo Arizona e pelo Novo México. Apesar de ter feito muitas anotações durante suas viagens, ele não viveu para vê-las impressas (finalmente foram publicadas nos anos 1960 e 1970). Elas contêm informações de grande importância histórica e arqueológica.

Estritamente falando, Bandelier não foi um arqueólogo; mas só lhe faltava o título. Ele nunca enfiou uma pá num sítio arqueológico. Mas, com seus mapas e descrições de sítios, assentou as bases para as escavações de pesquisadores posteriores.

Bandelier abordou a história dos índios pueblos usando fontes escritas e tradições orais, bem como suas próprias observações. Ele foi o primeiro arqueólogo norte-americano a usar suas observações de tribos indígenas do presente para interpretar o passado. Considerava a arqueologia não um estudo de objetos, e sim da história e das informações que os achados forneciam. Ele seguiu do presente para os tempos antigos, usando de tudo – de designs de cerâmicas indígenas a histórias locais passadas de geração em geração. Como ele mesmo disse, trabalhou "do conhecido para o desconhecido, um passo de cada vez". O admirável trabalho de campo de Bandelier formou as bases para o trabalho arqueológico pioneiro que viria uma geração depois. Todos aqueles que seguiram seus passos trabalharam do presente para o passado, como faz a arqueologia do Sudoeste até hoje.

Bandelier financiou suas viagens escrevendo uma história católica, artigos de revistas e até um romance, *The Delight Makers* [Os fazedores de delícias], situado em tempos pré-históricos. Seu objetivo, ao fazer isso, era mais do que simplesmente ganhar dinheiro (embora este tivesse sido bem-vindo). Ele queria partilhar a história indígena do Sudoeste com um público mais amplo. O romance não foi um sucesso comercial, mas foi surpreendente por suas informações sobre a sociedade indígena. Bandelier deixou o Sudoeste em 1892 e passou o resto da vida trabalhando no México, na América do Sul e na Espanha.

Ao contrário da arqueologia em muitas outras partes do mundo, que começou com escavações em grande escala, o passado do Sudoeste começou com os estudos cuidadosos de Bandelier sobre as sociedades vivas e os pueblos históricos. Ele percebeu que, para ter sucesso, os arqueólogos teriam de voltar nos séculos escavando montes de lixo dos pueblos, com seus milhares de fragmentos de cerâmica quebrados. Ele não podia fazer isso pessoalmente, e por isso se contentou com mapas, levantamentos e conversas com índios pueblos contemporâneos. Havia também outro problema. Muitos dos pueblos mais promissores para a arqueologia ainda estavam ocupados, o que tornava impossível a escavação.

Ao mesmo tempo que Bandelier, houve outro visitante que ajudou a assentar as bases para escavações posteriores – um antropólogo notável que viveu entre os índios zuñis e conheceu sua sociedade por dentro. Frank Hamilton Cushing (1857-1900) era filho de um médico. Um estudioso de fala mansa, ele apreciava o drama e tinha gosto por uma publicidade cuidadosamente administrada. Em 1875, Cushing foi nomeado assistente de etnologia no Instituto Smithsoniano, onde aprendeu sobre os índios pueblos do Novo México.

No fim de 1879, Cushing acompanhou o coronel do Exército dos Estados Unidos, James Stevenson, numa expedição smithsoniana para o Sudoeste. Cushing chegou ao Pueblo Zuñi quando o Sol de setembro estava se pondo atrás do povoado. Ele descreveu o pueblo densamente habitado como "uma ilha de mesas [colinas de topo plano], uma sobre a outra". A ideia era que ele ficasse apenas três meses. Ficou quatro anos e meio. Então foi embora para atender seus deveres negligenciados em Washington.

Cushing ficou para trás enquanto Stevenson e seus companheiros prosseguiram. Mesmo após alguns dias, ele estava ciente de que seu trabalho mal havia começado. Bandelier viajara livremente pelo Sudoeste, coletando informações e identificando pueblos abandonados. Mas Cushing adotou uma abordagem totalmente diferente. Ele percebeu que só seria possível compreender verdadeiramente os zuñis vivendo entre eles, dominando seu idioma e registrando suas vidas em detalhes. Hoje, os antropólogos chamam isso de "observação participante", mas na época de Cushing era uma ideia nova. Cushing não era arqueólogo, mas ele estava ciente de que a cultura zuñi tinha origens no passado remoto. E sabia que sua pesquisa fornecia uma base para estudar períodos muito anteriores da história.

No início, os índios ameaçaram matá-lo quando ele tentou registrar suas danças. Mas sua reação calma os impressionou de tal forma que ele nunca mais foi perturbado. Os zuñis permitiram que ele estudasse a estrutura de sua sociedade, e ele inclusive foi iniciado no ritual secreto do Sacerdócio do Arco. Cushing furou as orelhas e usou vestimentas indígenas. Finalmente, os zuñis passaram a confiar nele o suficiente para designá-lo como chefe de guerra. Ao lado das numerosas transcrições de mitos e contos populares zuñis, ele registrou seu próprio título: "Primeiro chefe de guerra dos zuñis: etnólogo assistente dos Estados Unidos".

Cushing se tornou um defensor apaixonado dos zuñis e fez muito para proteger suas terras dos colonizadores europeus. Mas ele incomodou algumas pessoas poderosas em Washington, que estavam de olho nas terras da região, e foi chamado de volta. Apesar de doente, deu várias palestras sobre suas experiências e escreveu sobre elas obras de divulgação. O intenso magnetismo pessoal de Frank Cushing e suas habilidades para falar em público contribuíram muito para o aumento do interesse público pelo Sudoeste. Seus livros e palestras apresentavam uma visão romântica da vida dos pueblos, que quase sempre estava distante da realidade. Entretanto, seus relatos das cerimônias e tradições orais dos zuñis são de grande valor ainda hoje.

Cushing seria o primeiro a admitir que não era arqueólogo; mas ele considerava a arqueologia uma maneira de fazer sua pesquisa sobre povos contemporâneos remontar a séculos anteriores. Ele sabia que a escavação era o caminho para trabalhar do presente para o passado. Numa breve expedição posterior para o Sudoeste, ele escavou um cemitério no vale do Salt River, no Arizona. Um grande terremoto destruíra um pueblo na região, que ele também investigou. Mas suas pesquisas no Sudoeste haviam terminado em 1890.

Bandelier e Cushing mostraram o potencial da escavação séria. As condições áridas nas cavernas e nos pueblos preservaram cestos antigos, cerâmicas pintadas, esteiras e até mesmo humanos enterrados ressecados. Muitos desses achados chegaram à Costa Leste dos Estados Unidos e alcançaram preços elevados.

Inevitavelmente, caçadores de cerâmicas e negociantes de antiguidades se mudaram para os pueblos. Richard Wetherill, um fazendeiro do Colorado que se tornou negociante e colecionador de artefatos, foi um daqueles que se dedicaram à caça de tesouros, adquirindo cerâmicas pintadas e outros artefatos vindos de dezenas de sítios arqueológicos.

Em 1888, Wetherill e outro fazendeiro, Charlie Mason, estavam procurando gado perdido nos cânions de Mesa Verde, no sul do Colorado, quando se depararam com um grande pueblo em uma caverna – a maior habitação rupestre na América do Norte. Hoje conhecido como o Cliff Palace, o pueblo foi construído em arenito, com argamassa feita de terra, água e cinzas para unir os blocos de pedra. Cerca de cem pessoas habitaram o Cliff Palace entre 1190 e 1260, antes de ser abandonado, possivelmente em consequência de um longo período de seca. Este foi um importante centro cerimonial e administrativo, com 23 *kivas* afundadas.

Mesa Verde e outros sítios na região se tornaram uma mina de ouro para a família de Richard Wetherill. Ele passou seus últimos anos em Pueblo Bonito e Chaco Canyon. Em 1897, abriu uma loja perto do sítio que vendia artefatos e provisões. Em 1900, havia esvaziado mais de 190 cômodos – mais da metade do sítio – e vendido seu conteúdo. Suas "escavações" custaram pelo menos 25 mil dólares e foram financiadas por indivíduos particulares, que doaram os achados para o Museu Americano de História Natural em Nova York. Depois que rumores de lucros vultosos chegaram a Washington, as escavações de Wetherill foram suspensas por ordem oficial. Em 1907, ele transferiu a propriedade da terra para o governo.

Enquanto isso, os poucos arqueólogos profissionais no Sudoeste, liderados por Edgar Hewett (1865-1946), um discípulo de Adolph Bandelier, fizeram um lobby em favor de algumas leis para proteger sítios arqueológicos em terras públicas – e funcionou. A Lei para a Preservação das Antiguidades dos Estados Unidos, de 1906, oferecia proteção limitada a áreas estratégicas como Chaco Canyon e Mesa Verde. Hewitt fundou uma escola de campo para capacitar jovens arqueólogos em métodos de escavação apropriados – não aqueles usados pelos caçadores de cerâmica. Grande parte do trabalho envolvia esvaziar sítios danificados por saqueadores.

Bandelier, Cushing e outros estabeleceram um princípio básico sobre o Sudoeste: é preciso trabalhar no sentido contrário, do presente para o passado. Os arqueólogos têm seguido esse princípio desde então.

CAPÍTULO 14

Toros! Toros!

Em 1868, durante uma caçada de raposas, um caçador espanhol, Modesto Cubillas, perdeu o rastro de seu cachorro por entre as rochas. Debaixo do solo veio o som de latidos. Cubilla encontrou o buraco pelo qual o cachorro havia desaparecido, aumentou-o e se deparou com uma caverna escondida. Ele não explorou a caverna, mas relatou sua existência para o proprietário do terreno, o marquês de Sautuola (1831-1888), um advogado que tinha várias propriedades no norte da Espanha. Sautuola tinha muitos interesses, entre eles livros, jardinagem e arqueologia.

Mas investigar o passado não era uma prioridade para esse homem ocupado. Onze anos se passaram sem que ele visitasse a caverna de Cubilla (hoje conhecida como Altamira, que significa "ponto de observação elevado"). Caminhando pela caverna, ele observou algumas marcas pretas na parede, mas não pensou nada a respeito delas. Logo depois, no entanto, ele visitou Paris, onde viu uma mostra de fragmentos de osso e chifres belamente entalhados – antigos artefatos cro-magnons do sudoeste da França. Sua mente se voltou para Altamira, e ele se perguntou se as camadas da caverna poderiam conter achados similares.

De volta à casa, ele decidiu escavar. Sua filha Maria, então com nove anos, implorou para acompanhá-lo. Enquanto pai e filha observavam, trabalhadores cavaram o chão terroso com pás e picaretas numa busca rápida por ferramentas entalhadas. Mas Maria logo se cansou do trabalho barrento e foi brincar mais fundo na caverna. De repente, de uma pequena câmara lateral, o marquês ouviu um grito: "Toros! Toros!".

Sautuola correu até lá e Maria apontou para um bisão policromático (multicolorido), uma das numerosas pinturas de animais na rocha. Bisão, javali e veado apareciam amontoados no teto. As cores vívidas da pintura faziam os animais parecerem ter sido pintados no dia anterior. Maria havia feito uma das maiores descobertas arqueológicas do século XIX.

A câmara pintada de Altamira, com seu teto baixo, é como um zoológico de grandes animais da Era do Gelo. Lá está o bisão há muito extinto, pintado de preto e vermelho, o pelo eriçado, às vezes com a cabeça baixa. Outros se agacham. Um javali avança pela rocha. Há veados com grandes chifres. Os animais preenchem o teto, e muitos parecem mais vivos por causa das saliências na rocha que enfatizam seu corpo. Entre os animais há marcas de mãos vermelhas. Algumas delas foram feitas soprando-se pó vermelho no teto, ao passo que outras foram cuidadosamente pintadas na posição.

Sautuola reconheceu imediatamente que as pinturas rupestres de Altamira eram similares às figuras entalhadas que ele tinha visto em Paris. Ele publicou um panfleto sobre a caverna em que propôs a ideia de que a arte da parede poderia ser do mesmo período que os artefatos que ele tinha visto na França. Para seu espanto, os arqueólogos franceses imediatamente rejeitaram a ideia: as pinturas de aparência fresca eram, segundo eles, modernas e demasiado sofisticadas para serem obra de selvagens pré-históricos. Alguns chegaram a dizer que as pinturas eram fraudes, criadas por um artista moderno, possivelmente em colaboração com o marquês. Amargurado e decepcionado, Sautuola se retirou para suas propriedades e morreu em 1888, ainda acusado de fraude. Levaria muitos anos até que seu nome fosse limpo.

Algumas pinturas e gravuras também haviam sido encontradas em cavernas no sudoeste da França. Os especialistas também as consideraram modernas. Isso dificilmente é de surpreender, já que, na época, a maioria das pessoas acreditava que os antigos caçadores "primitivos" jamais poderiam ser artistas. Logo, mais pinturas pré-históricas vieram à luz. Em 1895, o proprietário da caverna de La Mouthe, perto de Les Eyzies, em Dordonha – território de caça de Lartet e Christy –, removeu parte da terra que preenchia seu interior. Ele se viu numa galeria até então lacrada, com a gravura de um bisão e outras figuras cobrindo as paredes. Elas eram obviamente antigas. Mais cavernas pintadas foram descobertas, em locais que hoje são atrações turísticas populares – Les Combarelles (que é famosa por suas gravuras) e a caverna de Font de Gaume, perto de Les Eyzies (com suas pinturas de mamute lanudo). Os indícios de arte na Era do Gelo se tornavam cada vez mais sólidos.

Em 1898, um pequeno grupo de arqueólogos visitou Les Combarelles. Entre eles estavam um eminente arqueólogo francês chamado Émile Cartailhac (1845-1921) e um jovem padre católico, Henri Breuil (1877-1961).

As gravuras no subterrâneo causaram uma forte impressão em Cartailhac. Quatro anos depois, ele e Breuil visitaram Altamira. O jovem padre acreditava firmemente que as pinturas na caverna datavam da Era do Gelo, mas Cartailhac defendera por muito tempo que elas deviam ser modernas. Agora, no entanto, tinha mudado de ideia: as pinturas eram antigas. De fato, ele considerou os indícios tão fortes que publicou um famoso artigo pedindo desculpas por sua crença anterior. Declarou que Altamira era uma galeria de arte pré-histórica. Finalmente se demonstrou que o marquês de Sautuola e sua filha estavam certos.

Grande parte do crédito pela mudança de opinião de Émile Cartailhac deve ir para Henri Breuil, que se tornaria um gigante das pesquisas sobre arte rupestre. Natural da Normandia, no norte da França, Breuil era filho de um advogado. Ele foi ordenado padre católico em 1900. Homem de profunda fé,

Breuil também foi um cientista excepcional. A fé do jovem padre era tão intensa que a Igreja ignorou suas pesquisas sobre a Era do Gelo (que ia contra seus ensinamentos) e lhe deu permissão para prosseguir com seus estudos – não como padre, mas como estudioso independente.

Logo depois de se tornar padre, Breuil conheceu dois historiadores franceses, Louis Capitan e Édouard Piette, que lhe deram uma introdução completa sobre as ferramentas de chifre, osso e pedra das cavernas francesas. Breuil era determinado e não tolerava gente ignorante – você discordava dele por sua conta e risco. Mas ele era um artista esplêndido numa época em que a iluminação controlada no subterrâneo e a fotografia de alta qualidade eram praticamente impossíveis. Copiar pinturas rupestres delicadas requeria que o artista fizesse esboços rudimentares e então medisse as figuras. Isso o obrigava a se deitar em sacos cheios de palha e samambaias, usando unicamente velas ou lâmpadas bruxuleantes para iluminação. Breuil passou dias enfiado em passagens estreitas na escuridão quase absoluta, decalcando gravuras e imagens pouco nítidas sobre o papel. Ele certa vez calculou que havia passado mais de setecentos dias no subterrâneo, copiando pinturas e gravuras.

Breuil terminou seus esboços rudimentares em aquarela, comparando-os com fotografias em branco e preto sempre que possível. Inevitavelmente, algumas de suas cópias foram um pouco imaginativas; mas mesmo hoje, com imagens em cores disponíveis, elas representam um arquivo valiosíssimo da arte rupestre. Infelizmente, muitas das pinturas que ele registrou desapareceram por causa das mudanças de ar geradas por visitantes frequentes.

Uma descoberta impressionante ocorreu em 1940, quando estudantes que caçavam coelhos perto da cidade de Montignac perderam seu cachorro em uma toca. Ao ouvir o cachorro latir debaixo da terra, eles abriram a toca de coelhos e desceram correndo. Os meninos se viram num grande salão coberto de pinturas magníficas de touros selvagens, bisões e outros animais. Breuil correu para a que é hoje conhecida como caverna de Lascaux. Os touros enormes e os bisões ferozes, de cores vibrantes como no dia em que foram pintados, o deixaram atônito. Graças à datação por radiocarbono (ver Capítulo 27), hoje sabemos que as pinturas e gravuras estiveram fechadas no subterrâneo por pelo menos 15 mil anos.

Depois de copiar as pinturas de Altamira, Breuil concebeu uma teoria de que houve dois estilos artísticos diferentes no Paleolítico Superior, que evoluíram do mais simples para o mais complexo. Ele estava convencido de que as obras de arte eram uma forma daquilo que chamou de "mágica da caçada". As imagens eram uma conexão com os espíritos dos animais pintados nas paredes, criadas para garantir o sucesso dos caçadores. Ele também acreditava que algumas das pinturas e gravuras, especialmente aquelas em objetos portáteis, eram de tamanho mérito artístico que eram feitas por prazer – evidência da criatividade dos artistas cro-magnons.

A fotografia em cores e a infravermelha, bem como descobertas posteriores, muitas vezes espetaculares, como a de Lascaux, mostraram que essa teoria era muito simplista. Outra caverna pintada, a caverna de Chauvet, descoberta em 1994, contém pinturas magníficas de rinocerontes e outros animais extintos da Era do Gelo, que foram pintados há cerca de 30 mil anos. As pinturas de Chauvet são ainda mais elaboradas que as de Lascaux, embora sejam anteriores.

Ninguém concebeu, até o momento, uma sequência amplamente aceita para esta que é, sem dúvida, uma tradição artística complexa e muito antiga. Tampouco os especialistas concordam sobre o que a arte significa. Logo depois da descoberta de Lascaux, Breuil foi para a África do Sul, onde ficou até 1952 estudando a arte rupestre dos sãs (um povo indígena outrora conhecido como boxímanes).

Ele vira a arte rupestre dos sãs pela primeira vez durante uma visita ao país para uma conferência, em 1929. Os primeiros viajantes e antropólogos haviam encontrado as pinturas dos sãs muito antes de Altamira ser descoberta. Já em 1874, o antropólogo sul-africano George Stow contou que havia encontrado alguns caçadores das tribos sãs que não eram pintores, mas que conheciam pessoas que eram.

A arte rupestre dos sãs é bem diferente das obras nas cavernas francesas. No sul da África, há cenas de perseguição durante uma caçada, de pessoas coletando mel, de danças e cerimônias, e da vida em acampamentos, além de signos e símbolos. Breuil, novamente, considerou essa arte produto da mágica da caçada, mas hoje sabemos que tinha significados muito mais complexos.

Não que Breuil fosse o primeiro estudioso a se intrigar com a arte rupestre dos sãs. Ironicamente, não muito antes de Altamira ser descoberta, um linguista alemão, Wilhelm Bleek (1827-1875), aprendeu vários dialetos sãs enquanto morou na Cidade do Cabo. Ele fez isso depois de persuadir as autoridades a libertarem 28 condenados sãs que trabalhavam nos diques do porto da Cidade do Cabo para serem seus professores. Eles viveram na casa de Bleek enquanto ele e sua cunhada Lucy Lloyd compilaram não só vocabulários e gramáticas, como também um valioso corpo de mitologia e folclore. Bleek e Lloyd conheciam a arte dos sãs, mas tinham apenas algumas cópias para mostrar às pessoas.

Em 1873, outro pesquisador, o magistrado J.M. Orpen, viajou pelas montanhas Maluti de Lesoto, a uma curta distância da cordilheira de Drakensberg. Ele registrou tradições orais recitadas por seu guia sã que eram notadamente similares às mitologias de Bleek e Lloyd. Ambas davam ênfase considerável a um grande antílope, o elande, presa preferida dos caçadores sãs.

Bleek se convenceu de que as pinturas ilustravam mitos dos sãs. Mas os pesquisadores que vieram depois dele ou ignoraram os relatos cuidadosamente reunidos, ou consideraram que as informações eram de valor duvidoso. Em vez disso, focaram em registrar a arte sistematicamente.

O próprio Breuil passou de 1947 a 1950 copiando a arte na região onde atualmente se encontram a Namíbia e o Zimbábue. Em vez de fotografia, ele usava lápis e papel grosso, o que levou a uma série de imprecisões. Na Namíbia, ele copiou a famosa

"Dama Branca do Brandberg". A pintura de 2 mil anos mostra uma figura humana com as pernas e o rosto parcialmente pintados de branco, carregando um arco e flecha e caminhando com uma flor na mão. Breuil afirmou que a pintura era de uma mulher. Era uma pintura exótica, e ele alegou que não tinha sido feita por um sã, e sim pelo visitante de uma terra mediterrânea, talvez Creta, onde figuras femininas antigas eram comuns. Breuil, que, ao que parece, tinha pouco respeito pelos sãs, estava completamente equivocado. Depois que ele morreu em 1961, pesquisas usando fotografia em cores mostraram que a pintura é de um homem, talvez um xamã, com traços pintados em branco.

A pesquisa de Bleek e Lloyd no século XIX ajudou a desvendar alguns dos segredos da arte rupestre europeia e africana. Mas perguntas fundamentais continuavam sem resposta. Por que os artistas cro-magnons pintaram e gravaram animais e símbolos complexos em cavernas escuras? Os artistas tinham visões extraordinárias sozinhos na escuridão total, e então se lembravam delas com suas pinturas? Por que eles trabalhavam longe da luz do dia, apenas com a iluminação vinda de tochas feitas com gordura animal?

A arte dos sãs encontra-se principalmente em abrigos rochosos abertos, e grande parte dela envolve figuras humanas alongadas, às vezes dançando em torno de um elande moribundo. Sem dúvida, sua arte também tinha um significado sobrenatural. Alguns especialistas acreditam que as pinturas eram uma maneira de se comunicar com o sobrenatural, cujos poderes passariam para os humanos por meio de suas marcas de mão nas paredes das cavernas. Jamais saberemos exatamente o que a arte significava, mas as pesquisas continuam.

CAPÍTULO 15

Em busca dos heróis de Homero

Heinrich Schliemann (1822-1890) está entre os mais famosos – e mais controversos – dos primeiros arqueólogos. Ele era o quinto filho de um clérigo protestante do norte da Alemanha. Estudante pobre, abandonou a escola aos catorze anos de idade. Mas, na adolescência, se apaixonou pelos poemas de Homero.

Durante o século VIII a.C., Homero escreveu dois grandes épicos recheados de heróis gregos. A *Ilíada* e a *Odisseia* provavelmente se basearam em contos recitados e cantados por poetas gregos ao longo de muitos séculos. A *Ilíada* conta a história do cerco grego a uma cidade chamada Troia. A *Odisseia* reconta as aventuras de um dos guerreiros envolvidos, Odisseu, quando ele volta para casa. São algumas das melhores histórias de aventura já escritas.

Se acreditarmos em Schliemann, seu pai recitava histórias dos épicos de Homero à noite. Desde tenra idade, o jovem Heinrich era desesperado por descobrir Troia, acreditando que os dois grandes poemas fossem relatos históricos precisos.

Troia existiu? E onde ficava? O cerco realmente aconteceu? Schliemann passou grande parte da vida tentando descobrir. Sua obsessão por Troia vinha de seu amor por Homero, e não de alguma base científica. Os estudiosos sequer acreditavam que a cidade tivesse existido: os especialistas nos épicos afirmavam que eram produto da imaginação de Homero. Na melhor das hipóteses, o fascínio de Schliemann por Troia parecia excêntrico. E, de todo modo, havia poucas chances de ele provar que os especialistas estavam errados – ele era paupérrimo, carecia de educação formal e trabalhava como aprendiz numa mercearia.

Em 1841, Schliemann deixou a mercearia e acabou indo parar em Amsterdã. Ele tinha um talento para negócios e idiomas, e fez fortuna com o comércio de corantes em São Petersburgo, na Rússia, com a atividade bancária na Califórnia e com suprimentos de guerra durante a Guerra da Crimeia. Agora multimilionário, em 1864 ele se aposentou dos negócios para dedicar o resto de sua vida à arqueologia e a Homero.

Em 1869, ele fez um tour pela Itália e pela Grécia. Aprendeu grego moderno e clássico, este último em dois anos. Suas viagens incluíram a terra natal de Odisseu, Ítaca, as Ilhas Gregas e finalmente o estreito de Dardanelos, na Turquia. Lá, ele conheceu Frank Calvert, um diplomata inglês que era dono de metade de um grande montículo chamado Hissarlik, perto da entrada do estreito. Como Schliemann, Calvert estava interessado em arqueologia, Homero e Troia. Ele escavara algumas trincheiras rasas em Hissarlik, mas não encontrara quase nada. Entretanto, acreditava firmemente que esta fosse Troia.

Seu visitante andou pelo montículo poeirento e seus arredores, com a *Ilíada* em uma mão. Ele tentou reconstruir a paisagem que foi palco das batalhas de Homero. Schliemann passou a partilhar da convicção de Calvert de que Hissarlik era realmente a Troia de Homero. Com os bolsos cheios e a ambição incansável, Heinrich Schliemann decidiu escavar em busca do cerco de Troia.

Schliemann não tinha experiência alguma com escavação. Tudo que ele levou para escavar foi a convicção de que Homero havia registrado fatos históricos. Ele começou modestamente em abril de 1870, com uma pequena trincheira experimental, e encontrou uma grande parede de pedra. Mas a cidade de Homero estaria no topo do montículo ou na base? A parede só atiçou seu apetite por uma escavação muito maior. Ele solicitou uma autorização do sultão da Turquia, que só chegou em 1871. Enquanto isso, procurou uma esposa grega: entrevistou várias candidatas e finalmente se casou com a jovem e bela Sophia Engastromenos, filha de um lojista. Ela tinha dezessete anos; ele, 47. O casamento foi um sucesso, e ela se tornou parceira em seu trabalho.

Em outubro de 1871, Heinrich Schliemann começou a escavar em Hissarlik. Recrutou oitenta operários e os colocou para trabalhar do lado norte do sítio, à procura da cidade descrita por Homero. Ele agora estava convencido de que a cidade se encontrava na base do montículo. Munidos de picaretas e pás de madeira, em seis semanas os homens abriram uma grande trincheira de dez metros de profundidade. Isso não era escavação arqueológica; Schliemann escavou impiedosamente as fundações e as paredes de pedra. Um amontoado de blocos de pedra, talvez os restos dos muros de uma grande cidade, surgiu da base da escavação.

Schliemann havia começado a trabalhar em Hissarlik sem um plano determinado. Ele tinha seu exemplar da *Ilíada* e fragmentos de cerâmica e muros de pedra parcialmente expostos que insinuavam que pudesse haver ricos achados abaixo da superfície. Seus métodos eram diretos e simples – mover muita terra usando muitos homens. Ele observou que o tamanho de suas escavações requeria pelo menos 120 homens. Schliemann admitiu prontamente, em seu relato das escavações, que havia sido forçado a demolir restos de templos, fortificações e até mesmo túmulos em sua busca obstinada pela cidade homérica.

Em 1872, os Schliemann regressaram com um grande volume de pás, picaretas e carrinhos de mão. Eles construíram uma casa para si próprios no topo do montículo. As condições de vida eram duras: ventos fortes sopravam por entre as tábuas finas de sua habitação, e em certa ocasião um incêndio ameaçou a casa.

Schliemann atacou Troia em grande escala. Três capatazes e um supervisor administraram até 150 homens. Grandes equipes removeram os estratos do montículo como um bolo em camadas, e as escavações finalmente chegaram à base, a uma profundidade de cerca de catorze metros.

Schliemann reiniciou seu ataque impiedoso, abrindo uma grande trincheira pelo montículo de norte a sul. No fim da temporada, ele havia escavado quase 250 metros quadrados de terra e camadas arqueológicas. Mesmo com equipamentos modernos de remoção de terra, isso já teria sido uma grande proeza; mas ele fez tudo manualmente. Não era coincidência que alguns de seus supervisores tivessem trabalhado no canal de Suez, que atravessa o Egito, do Mediterrâneo ao Mar Vermelho.

Os resultados foram impressionantes. Revelou-se que sucessivas cidades haviam florescido em Hissarlik. Cada uma delas erigira suas edificações sobre as fundações de assentamentos anteriores. No fim da temporada de 1873, Schliemann havia identificado nada menos do que sete Troias (até 1890, havia acrescentado outras duas). A cidade mais antiga era muito pequena, e por isso Schliemann anunciou que a terceira cidade a partir da base era a Troia de Homero. "Muitos tesouros" de cobre, ouro e prata estavam contidos em uma densa camada de cinzas e alvenaria queimada. Isso mostrava que a cidade havia sido incendiada. Obviamente, afirmou Schliemann, era a cidade destruída pelos gregos. As cidades posteriores, encontradas em camadas superiores, eram mais recentes.

A partir de maio de 1875, os escavadores concentraram seus esforços nesta terceira cidade. Certa manhã de calor, Schliemann avistou ouro reluzindo 8,5 metros abaixo da superfície. Dispensou os trabalhadores e ele próprio abriu a terra fofa e removeu os achados de valor inestimável. Ou pelo menos foi isso que escreveu, pois ninguém testemunhou essa descoberta sensacional.

De volta à base, Schliemann espalhou seu "tesouro" de broches e correntes, brincos e pendentes de ouro e outros ornamentos únicos. Ele agarrou a oportunidade e o nomeou "Tesouro de Príamo", em homenagem ao lendário e homérico rei de Troia, afirmando que era propriedade do monarca.

A descoberta causou sensação, mas há dúvidas reais quanto a se o tesouro foi, de fato, encontrado todo de uma vez. Muitos especialistas acreditam que os Schliemann o montaram reunindo objetos de ouro encontrados isoladamente durante as escavações. Qualquer que seja a verdade, Schliemann contrabandeou todo o ouro da Turquia e escondeu os artefatos num galpão de jardim em Atenas. Mais tarde, ele enfeitou Sophia com parte do tesouro, como uma princesa troiana. Quando os turcos souberam do achado por meio de um jornal alemão, ficaram furiosos. A controvérsia em torno do contrabando de Heinrich só foi resolvida com o pagamento de uma grande soma ao governo otomano.

Troia e o "Tesouro de Príamo" fizeram de Schliemann uma celebridade internacional. Mas muitos estudiosos desconfiavam profundamente dele, e alguns inclusive os acusaram de ter comprado os ornamentos do tesouro em bazares de Constantinopla.

Depois de ter conquistado tanto, muitos arqueólogos teriam se acomodado, mas não Heinrich Schliemann. Por um tempo, ele esteve de olho na fortaleza murada de Micenas, no extremo norte da planície fértil de Argos, no sul da Grécia. Segundo se dizia, Micenas foi o palácio e o lugar de enterro do lendário rei Agamemnon, líder dos gregos em Troia. Schliemann estava absolutamente convencido disso, e em 1876 o governo grego, não sem relutar, lhe deu autorização para escavar o local.

Mais uma vez, Schliemann operou em uma escala gigantesca: 63 homens limparam o famoso portão da cidadela adornado com a escultura de um leão; outros trabalharam dentro de um círculo de placas de pedra (que Schliemann chamou de "lápides"). Mesmo antes de escavar abaixo delas, Schliemann anunciou que havia encontrado o lugar de enterro de Agamemnon. Depois de quatro meses, os Schliemann haviam desenterrado cinco sepulturas contendo quinze corpos, cada uma delas abarrotada de ouro. Até a descoberta da tumba do faraó egípcio Tutancâmon em 1922, os túmulos de Micenas foram o maior tesouro arqueológico já encontrado. Várias máscaras mortuárias de ouro ostentando barba e bigode bem aparados foram descobertas. Gravuras de ouro em relevo, vasos e coroas delicadas, e dezenas de pequenos ornamentos surgiram das sepulturas.

Schliemann gozava de fama internacional, e o mundo inteiro acompanhou as escavações. Dois monarcas e um primeiro-ministro visitaram o lugar. Schliemann anunciou que havia encontrado os corpos dos heróis de Homero. Estudiosos alemães refutaram prontamente essas afirmações. Em 1900, arqueólogos como Arthur Evans (ver Capítulo 18) haviam mostrado que Schliemann, de fato, descobrira a civilização micênica, uma magnífica sociedade da Idade do Bronze que floresceu por volta de 1300 a.C. – portanto, depois dos tempos homéricos.

Heinrich Schliemann continua sendo uma espécie de mistério. Ele próprio parece ter acreditado que era um mensageiro de Deus, enviado para trazer a verdade sobre Homero a um mundo expectante. Seus admiradores o chamavam de gênio. Seus inimigos o rotulavam de lunático egocêntrico. Ele pode ter sido obstinado em sua busca por riqueza e por Homero, mas, por trás de tudo isso, ele e Sophia eram pessoas amáveis e gentis.

As descobertas micênicas transformaram Schliemann numa figura ilustre e respeitável na arqueologia. Ele regressou a Hissarlik em 1878, desta vez com um estudioso alemão muito estimado, Rudolf Virchow, que estudou a geologia da planície e do montículo troiano. Schliemann era esperto o bastante para perceber que seus métodos estavam ultrapassados. Arqueólogos alemães em Olímpia, o antigo local dos Jogos Olímpicos, estavam revolucionando a escavação científica (ver Capítulo 16). De 1882 a 1890, Wilhelm Dörpfeld, arqueólogo e arquiteto treinado em Olímpia, escavou junto com Schliemann. Eles trabalharam em estrita colaboração e determinaram que a sexta cidade, e não a terceira, coincidia mais com a Troia de Homero – se é que esta realmente existiu.

Enquanto isso, Schliemann continuou a escavar em outros lugares. Ele escavou outro palácio micênico, no cume de Tirinto, também na planície de Argos, famoso por seus muros fortificados feitos de rochedos colossais. Mas ele estava, agora, prestando mais atenção a pequenos achados, como fragmentos de cerâmica. Muitos deles tinham padrões geométricos pintados, bastante similares aos encontrados em Creta.

A mente inquieta de Schliemann, então, voltou-se para aquela ilha, lar do rei Minos, governante de Creta no épico de Homero. Diz a lenda que Minos mantinha um homem-touro, o Minotauro, num labirinto abaixo de seu palácio. Teseu, filho do rei de Atenas, teria assassinado o Minotauro com a ajuda de Ariadne, filha de Minos, que o guiou para fora do labirinto por meio de um fio de lã. A história de Teseu e o Minotauro era o tipo de mistério histórico que Schliemann considerava irresistível.

O palácio supostamente fica em Cnossos, uma encosta perto da capital, Heraklion. Com sua ousadia característica, Schliemann tentou comprar Cnossos. Felizmente, ele não conseguiu, e regressou desgostoso a Atenas, deixando a civilização minoica para arqueólogos posteriores – e mais bem treinados – investigarem (ver Capítulo 18).

Toda uma nova geração de arqueólogos foi inspirada pelo trabalho de Schliemann e por sua capacidade de fazer grandes descobertas. Schliemann morreu subitamente na Itália, convencido de que havia provado que o que Homero escreveu em seu épico eram fatos históricos. Nisso, ele estava equivocado. Mas ele levou a arqueologia ao conhecimento de milhares de pessoas.

CAPÍTULO 16

"Senso comum organizado"

Karl Richard Lepsius (1810-1884) se tornou professor de egiptologia na Universidade de Berlim em 1839. Com uma mente lógica e ordenada, e depois de anos estudando o Egito Antigo – especialmente o trabalho de Jean-François Champollion sobre hieróglifos –, ele era o candidato ideal para um cargo que requeria a organização cuidadosa da pesquisa de campo. Acima de tudo, Lepsius era um acadêmico que colecionava artefatos e dados.

Três anos depois de sua nomeação, ele se tornou líder de uma grande expedição alemã ao Nilo, similar às organizadas pelos cientistas de Napoleão meio século antes. Na época, Giovanni Belzoni e Bernardino Drovetti haviam saqueado o Egito (ver Capítulo 2). Mas os objetivos de Lepsius eram bem-intencionados e ambiciosos. Ele desenvolveria a primeira história e cronologia sobre os faraós, que eram conhecidos apenas com base nos escritos gregos e em registros incompletos do Egito Antigo. Com Lepsius, chegamos ao início de uma nova era em arqueologia que enfatizava a recuperação científica de achados e informações sobre o passado.

Lepsius começou no delta do Nilo em 1842, registrando pirâmides e tumbas até então desconhecidas. Depois, ele seguiu pelo rio, decifrando inscrições e realizando algumas das primeiras escavações ao longo do Nilo que atentaram para diferentes camadas de ocupação. Lepsius regressou a Berlim com 15 mil artefatos, cópias de inscrições em moldes de gesso e um volume de informações que assentou as bases para a egiptologia séria. Entre 1849 e 1859, ele publicou um magnífico livro em doze volumes sobre a expedição, que continua sendo fonte de referência sobre muitos sítios hoje desaparecidos, além de ser um testemunho do que uma mente disciplinada é capaz de realizar.

Organização cuidadosa, escavação lenta e responsável, e publicação rápida e detalhada: o relatório de Karl Lepsius ajudou a iniciar uma mudança profunda na arqueologia do Mediterrâneo. Pelos padrões modernos, seus métodos de escavação ainda eram rudimentares, mas seu trabalho cuidadosamente organizado foi pioneiro. Ele mapeou muitos dos sítios que visitou e registrou a posição exata dos artefatos – algo de que praticamente não se ouvia falar na época.

Lepsius estava bastante ciente da necessidade urgente de melhores padrões de escavação. Ele passou grande parte dos últimos anos de sua carreira treinando uma nova geração de arqueólogos, que estavam tão preocupados com a reconstrução e a preservação quanto com a escavação. Um deles foi Alexander Conze (1831-1914), que foi professor de arqueologia da Universidade de Viena de 1869 a 1877. Outro pesquisador muito organizado, Conze escavou na ilha de Samotrácia, no norte do mar Egeu, enquanto Heinrich Schliemann estava explorando Troia. Mas, se Schliemann escavava como se estivesse colhendo batatas, Conze foi a Samotrácia para responder importantes perguntas históricas, e não em busca de riquezas.

O foco de Conze era o santuário dos cabiros, seres sobrenaturais um tanto misteriosos intimamente associados com o deus grego do fogo, Hefesto, que protegia os marinheiros. Nos tempos antigos, um grande festival em sua homenagem atraía visitantes de todo o Egeu no mês de julho, com uma encenação sagrada que envolvia um casamento ritual. O santuário ocupava três terraços numa encosta de montanha. Uma estátua alada, a Vitória de Samotrácia, descoberta ali em 1863, ficou famosa quando foi transportada para o Louvre, em Paris.

Conze escavou o santuário em 1873 e 1876. Ele limpou várias estruturas usando técnicas de escavação avançadas que eram desconhecidas na época. Seu principal interesse era a arquitetura. Um arquiteto esteve presente durante toda a escavação, enquanto um fotógrafo registrou tudo. Dois grandes volumes detalharam o trabalho realizado lá.

Quando as escavações de Conze se aproximavam do fim, os alemães se voltaram para Olímpia, local dos Jogos Olímpicos. Outro arqueólogo bem treinado, Ernst Curtius (1814-1896), conduziu escavações meticulosamente planejadas. Num importante gesto de respeito, os arqueólogos abriram mão de todas as reivindicações aos achados e construíram um museu especial no sítio. Entre 1875 e 1881, eles limparam o estádio olímpico, com os blocos de partida dos corredores e os bancos dos juízes. Perto do estádio, os escavadores descobriram templos com colunas que foram destruídas por terremotos antigos, bem como uma série de santuários e edificações menores. Um arquiteto e um fotógrafo sempre estavam presentes; os registros eram precisos e completos; e, mais uma vez, as escavações foram publicadas com riqueza de detalhes.

Conze e Curtius estabeleceram novos padrões para a escavação arqueológica, e estavam bem à frente de seu tempo. Eles também prestaram atenção a todos os achados, grandes e pequenos. Os alemães perceberam que o próprio ato da escavação arqueológica destruía permanentemente os sítios, o que tornava essencial a manutenção de registros precisos.

Curtius e Conze não estavam sozinhos, pois outros pesquisadores ficavam cada vez mais incomodados com a destruição generalizada. Infelizmente, os patrocinadores das escavações eram ansiosos por obter resultados impressionantes, e não necessariamente por financiar a pesquisa cuidadosamente organizada que registrava os mínimos detalhes. Grande parte da arqueologia ainda estava nas mãos de pessoas interessadas no passado e com algum dinheiro, mas sem educação formal. Então, exatamente quando Curtius concluía seu trabalho em Olímpia, um general inglês com uma paixão por artefatos recebeu uma herança fabulosa. Ele agora dedicava grande parte de seu tempo a sítios pré-históricos em suas propriedades e, no processo, ajudou a revolucionar a escavação arqueológica.

Augustus Lane Fox Pitt Rivers (1827-1900) foi um escavador improvável. Um cavalheiro vitoriano conservador, ele serviu nas forças armadas e foi proprietário de terras. Em 1880, quando era um oficial do exército pouco conhecido chamado Lane Fox, ele herdou de um tio rico uma grande fortuna e uma vasta propriedade em Cranborne Chase, no sul da Inglaterra – sob a condição de que adotasse o sobrenome Pitt Rivers. A herança de Lane Fox lhe trouxe aproximadamente 11 mil hectares e o tempo livre para fazer o que quisesse.

Pitt Rivers era um homem formidável. Com uma postura impecavelmente ereta, estava sempre em trajes formais, mesmo em uma escavação. Sua especialidade militar eram armas de fogo, e isso o levou a passar anos pesquisando como este e outros artefatos se desenvolveram ao longo do tempo.

O casamento do general com Alice Stanley, filha de um barão, o levou a círculos aristocráticos, conectando-o com vários intelectuais. Entre outras coisas, ele se mostrou um excelente organizador de conferências, e isso o colocou em contato com pensadores importantes. Foi influenciado pelas ideias de Charles Darwin e ficou obcecado com a noção de que, como os organismos biológicos, as ferramentas humanas evoluíram. Essa evolução produziu conjuntos de ferramentas mais eficientes e utilizáveis.

Com recursos quase ilimitados, Pitt Rivers pôde adquirir grandes coleções de objetos de sociedades não ocidentais em todas as partes do mundo. Ele fundou dois museus. O primeiro foi o Museu Pitt Rivers, em Oxford, que ainda existe. O segundo foi em sua propriedade. Ambos tinham por objetivo ensinar o que ele chamou de "processos de desenvolvimento gradual".

Passar à escavação era a atitude lógica para um homem estudioso e bem-informado. Pitt Rivers certamente teria ouvido falar do trabalho de Lepsius e de outros escavadores alemães que enfatizaram a importância de estudar as variações na arquitetura e nos artefatos ao longo do tempo. O conhecimento de Pitt Rivers em organização militar contribuiu para que as escavações fossem organizadas meticulosamente e planejadas de maneira lógica.

O general planejava suas escavações do zero. Tudo era minuciosamente organizado e prosseguia com disciplina militar. Pequenas equipes de trabalhadores treinados faziam a escavação propriamente dita, enquanto seis supervisores vigiavam o trabalho. Eles tinham dois assistentes – um deles, um desenhista; o outro, um maquetista. Registros completos documentaram as camadas e os achados encontrados em cada uma.

Pitt Rivers era um chefe rigoroso, que insistia que a localização exata de cada achado, por mais trivial que fosse – inclusive sementes e ossos de animais –, deveria ser registrada. Seus trabalhadores ficavam tensos sempre que ele visitava a escavação. Pitt Rivers só tratava com seus supervisores, ou seus "assistentes", como ele os chamava. Seus olhos corriam de um lado para o outro, e ele nunca perdia um detalhe sequer – uma pilha bagunçada de cerâmicas, algumas ferramentas próximas demais da trincheira. Ele visitava, examinava alguns achados ou dava uma olhada nos registros do sítio, o chapéu preto enfiado firmemente na cabeça sob o vento. Então ia embora, quase sempre sem dizer uma palavra.

Ele começou com túmulos da Idade do Bronze, então passou para Winklebury Camp, um forte da Idade do Ferro em Hampshire, no sul da Inglaterra, onde fez cortes transversais nas defesas para datar os monumentos de terra com base nos objetos encontrados em cada um deles. Em 1884, ele escavou um acampamento militar romano, vários hectares de bancos baixos e pequenas elevações e depressões. Nesse sítio, ele fez os trabalhadores removerem a camada superior do solo, e então escavarem as irregularidades escuras no subsolo de calcário branco para identificar os contornos de valas e outras estruturas como lareiras e fossos. Até então, ninguém havia usado essas descolorações para identificar construções antigas.

Ao longo de cada escavação, o general pensava em três dimensões, algo que é a base dos métodos de hoje. Ele escavava cada sítio até o leito de rocha, registrando cada camada e observando as perturbações no solo causadas por humanos.

Mas ele abria trincheiras estreitas, que eram preenchidas à medida que ele avançava pelo sítio. Inevitavelmente, portanto, algumas características eram perdidas, porque áreas maiores não eram expostas ao mesmo tempo. Hoje em dia, trincheiras largas, capazes de revelar características importantes como as fundações de cabanas, são um atributo fundamental de toda escavação para estudar o layout de um assentamento antigo. Mas Pitt Rivers estava interessado em tecnologias antigas e na mudança cultural em detrimento de praticamente todo o restante. Assim, ele incluiu vestígios de alimento, mas ignorou buracos de estaca e outros indícios de estruturas.

Em 1893, ele investigou Wor Barrow, um grande túmulo da Idade da Pedra que continha seis sepulturas pré-históricas. Escavadores anteriores simplesmente cavavam os túmulos de maneira descuidada, e então removiam os restos mortais humanos e as peças funerárias. Pitt Rivers escavou o túmulo inteiro, que incluía dezesseis esqueletos. Ele deixou uma fileira de pilares de terra no centro, o que manteve as camadas intactas, de modo que foi possível registrá-las com precisão. A exposição de todo o terreno sob o túmulo revelou uma grande área retangular de descolorações no calcário subjacente. Eram vestígios de pilares de madeira de uma grande edificação que um dia protegeu seis sepulturas.

Quando escavadas originalmente pelos construtores, as valas de Wor Barrow eram profundas, com beiras íngremes. Como arqueólogo extremamente curioso, Pitt Rivers deixou as valas escavadas expostas durante quatro anos. Então voltou a escavá-las para ver como as valas de calcário desmoronaram e se encheram de sedimento depois de abandonadas. Essa aventura na arqueologia experimental foi um importante avanço nos métodos vistos até então. De fato, isso só voltou a se repetir na Inglaterra nos anos 1960, quando uma equipe de arqueólogos construiu uma réplica de um monumento de terra pré-histórico para estudar sua deterioração ao longo dos séculos.

Pitt Rivers tinha recursos para publicar suas escavações em uma série de belas monografias que hoje são itens de colecionador. Ele não tinha paciência com arqueólogos que escavavam para encontrar artefatos em vez de informações. A ciência, segundo ele, era "senso comum organizado". E também o era a maneira lógica como ele conduzia suas escavações. Seus contemporâneos o consideravam excêntrico e eram afastados por sua energia, seu comportamento rígido e sua mente indagadora. Mesmo na morte, ele foi atípico: foi cremado, em vez de enterrado – algo de que quase não se ouvia falar em 1900.

Quase ninguém acompanhou o trabalho de Pitt Rivers até os anos 1920. Com sua formação militar e sua paixão por organização, ele desenvolveu escavações como um processo de descoberta extremamente disciplinado. Mas, como outros escavadores no Reino Unido e em outros lugares, o general era autodidata. Com a exceção dos alemães no Mediterrâneo, a arqueologia ainda era uma atividade casual – aprendia-se fazendo. Apenas alguns poucos arqueólogos tentaram treinar estudantes. E aqueles que o fizeram estavam à procura de pessoas dispostas a trabalhar duro, e não jovens em busca de aventura.

De acordo com J.P. Droop, um arqueólogo britânico pouco conhecido que escreveu um manual sobre escavações em 1915, a escavação era trabalho de homens. E, no geral, era, com a exceção de um punhado de mulheres talentosas (ver Capítulo 19). Ser um arqueólogo perto de casa requeria curiosidade, pelo menos algum interesse pelo passado, e paciência. Trabalhar além-mar com pessoas locais requeria a mesma paciência e uma capacidade de supervisionar grandes números de trabalhadores.

Se tivesse sorte, você seria aprendiz de um escavador experiente. Ele talvez não fosse um bom escavador, mas você aprenderia observando – e com os erros que ele cometesse. Algumas escavações melhores, especialmente em sítios romanos, adotaram algumas das ideias de Pitt Rivers. Mas ainda eram escavações rudimentares pelos padrões de hoje.

O jovem Leonard Woolley, um arqueólogo britânico que veio a conquistar fama internacional por suas escavações de sepulturas da realeza em Ur, no Iraque, se viu a cargo de uma importante escavação romana, embora não tivesse experiência alguma (ver Capítulo 20).

Quase todos os escavadores aprendiam fazendo. Não havia escolas de campo nem cursos em métodos arqueológicos. Mas, com organização e uma mente estruturada, Conze, Curtius e Pitt Rivers mostraram o caminho.

CAPÍTULO 17

O pequeno e trivial

Nos anos 1880, as pirâmides de Gizé, perto do Cairo, no Egito, atraíram arqueólogos e excêntricos. Astrônomos imaginativos falaram delas como antigos calendários que usavam os céus para medir o tempo. Visitantes estrangeiros com teorias sobre as antigas unidades de medida egípcias, tais como o cúbito, se amontoaram em torno da Grande Pirâmide munidos de trenas. Alguns inclusive tentaram desgastar a extremidade das rochas para fazer com que correspondessem a seus cálculos! Felizmente, dois membros da família Petrie, de topógrafos ingleses, se interessaram por Gizé.

A família Petrie tinha uma longa história de investigação científica casual. Flinders Petrie (1853-1942) era um autodidata um pouco excêntrico. Ele aprendeu agrimensura e geometria com o pai, e em 1872 os dois fizeram a primeira medição precisa de Stonehenge. Eles sempre falavam de medir as pirâmides com precisão, uma tarefa que ninguém havia tentado até então. Em 1880, aos 27 anos, Flinders Petrie partiu para o Egito para medir as pirâmides de Gizé, exatamente quando o general Pitt Rivers estava começando suas escavações em Cranborne Chase.

Uma semana após sua chegada ao Egito, Petrie estava confortavelmente instalado numa tumba perto de Gizé. Sua medição levou dois anos para ser concluída, e durante esse período ele determinou pontos de medição precisos e estudou a construção das pirâmides. Seu trabalho atraiu muitos visitantes, entre os quais Pitt Rivers. Petrie encontrava grande prazer no que fazia, levava uma vida simples e caminhava descalço ao redor das pirâmides, longe dos turistas.

Seu primeiro livro, *The Pyramids and Temples of Gizeh* [As pirâmides e os templos de Gizé], foi publicado em 1883, para aclamação de todos. Suas medições forneceram uma nova base para o estudo das pirâmides. Na época, a egiptologia estava uma confusão: carecia de precisão e a pilhagem era lugar-comum. Desgostoso com a destruição, Petrie decidiu passar da agrimensura à escavação. Estudiosos influentes instaram ao Fundo para a Exploração do Egito que o enviasse para trabalhar no delta do Nilo, escavando cidades.

Desde o princípio, havia ordem e método em seu trabalho, embora ele usasse um grande número de trabalhadores e avançasse com muita rapidez pelos padrões modernos. Ele empregou escavadores de trincheiras, cavadores de poços e limpadores de pedras, apoiados por bandos de carregadores de terra. O trabalho começava às 5h30 da manhã e terminava às 6h30 da tarde, com uma pausa ao meio-dia, na hora mais quente. Ao contrário de seus predecessores, Petrie sempre estava no sítio. Ele resolveu o problema da pilhagem pagando bem seus trabalhadores e fornecendo moradia para assegurar sua lealdade.

Em 1885, Petrie estava operando em Náucratis, um centro comercial que teve um poderoso monopólio sobre o comércio entre o Egito e o leste do Mediterrâneo depois do século VII a.C. Havia 107 homens trabalhando no sítio, com apenas dois supervisores europeus. Eles moveram toneladas de terra enquanto esvaziavam parte de um templo e o interior de uma grande fortificação construída pelo faraó Psusennes I, da XXI dinastia (1047-1001 a.C.). Petrie também recuperou enormes quantidades de cerâmica e cestos de papiro. Alguns destes ele emoldurou e solicitou que fossem traduzidos. Isso foi feito quando ele percebeu que pequenos objetos eram de grande importância. Escavadores anteriores os haviam ignorado em grande medida.

Com as escavações em Náucratis, Petrie estabeleceu uma rotina que seguiu durante anos. Todos os achados, por menores que fossem, eram enviados para a Inglaterra. Um relatório sobre as escavações era produzido prontamente ao fim de cada temporada de inverno de escavação, antes da temporada seguinte. Ele pagava aos trabalhadores quantias fixas por seus achados, evitando, assim, que artefatos importantes caíssem nas mãos de negociantes locais.

Foi uma sorte que ele tenha feito isso. Pois, em Náucratis, muitos dos objetos enterrados em trincheiras abertas nas fundações eram facilmente transportáveis, como moedas com datas ou ornamentos inscritos que podiam ser datados com precisão. Com esses objetos, ele foi capaz de datar as estruturas ao redor. Esta foi uma inovação importante que nunca havia sido feita no Egito.

Em 1887, Petrie se tornou um escavador independente. Ele se mudou do delta do Nilo para a fértil depressão de Faium, a oeste do rio. Lá, ele abriu túneis na pirâmide do faraó Amenemés, da XII dinastia em Hawara (por volta de 1840 a.C.).

Essa escavação não teve sucesso, pois Petrie não encontrou nada de importante; mas ele ficou interessado em um cemitério romano perto dali, que datava de 100-250 e estava repleto de múmias adornadas com retratos vívidos de seus donos, pintadas em cera colorida sobre painéis de madeira. Os retratos um dia estiveram pendurados nas paredes das casas e foram amarrados às múmias após a morte. Petrie encontrou tantas que reclamou que sua tenda estava cheia de suprimentos, utensílios de cozinha, e múmias – guardadas debaixo da cama, por segurança.

De volta a Londres, ele montou uma importante exposição de seus achados, incluindo alguns retratos, no mesmo Egyptian Hall onde Giovanni Belzoni havia montado sua exposição cerca de 75 anos antes (ver Capítulo 2). Um visitante idoso se lembrou da exposição original e da figura alta de Belzoni. Multidões apareceram para ver os achados, o que contribuiu para fazer da egiptologia uma ciência popular e respeitada.

Temporada após temporada, Petrie regressava ao Nilo. Em 1888, ele investigou uma comunidade de trabalhadores em Kahun, na depressão de Faium. Esse assentamento da XII dinastia havia abrigado as famílias daqueles que construíram a pirâmide de El-Lahun, do faraó Sesóstris II (1897-1878 a.C.), perto dali. A cidade compacta e murada estava praticamente intacta. Petrie esvaziou várias casas, recuperando muitos artefatos domésticos. Isso lhe permitiu reconstruir a vida de uma pessoa comum da época – um cotidiano de trabalho constante e quase sempre pesadíssimo.

Além do trabalho nos campos, muitos dos homens comuns trabalhavam em obras públicas por uma ração escassa. Seus esqueletos mostravam claros indícios de trabalho árduo. Eram vidas de labuta anônima: eles sustentavam o Estado e seus líderes, mas, para todos os propósitos, eram invisíveis. Ao contrário de muitos de seus contemporâneos, que estavam mais interessados em grandes monumentos e tumbas, Petrie percebeu que a civilização do Egito Antigo era uma sociedade complexa que dependia do labor de milhares de trabalhadores humildes.

Em seguida, Petrie voltou sua atenção para a pequena cidade de Ghurab, perto de Mênfis, da XVIII dinastia, que datava de 1500 a.C. Depois de notar, na superfície, alguns fragmentos atípicos de cerâmica pintada, ele esvaziou um pequeno recinto murado perto do templo. Logo encontrou mais desses fragmentos em casas. Os achados misteriosos se revelaram vasos micênicos oriundos da Grécia, similares aos desenterrados por Heinrich Schliemann em Micenas.

Três anos depois, o próprio Petrie visitou Micenas, onde reconheceu vasos importados do Egito que datavam mais ou menos do mesmo período que os encontrados em Ghurab. Este é um exemplo clássico do método de datação relativa no qual Oscar Montelius se apoiara gerações antes – usar objetos de idade conhecida de uma região para datar sítios em outra região (ver Capítulo 11). Petrie declarou que os estágios posteriores da civilização micênica datavam de 1500 e 1200 a.C.

Petrie tinha um profundo conhecimento da arqueologia europeia e da mediterrânea oriental. Ele construiu uma reputação com base em planos precisos, boas escavações, registros completos e pronta publicação dos estudos. Isso o tornou quase único entre os arqueólogos da época e lhe garantiu acesso a um círculo de intelectuais acadêmicos, cujos interesses eram muito mais amplos do que suas próprias escavações.

De Ghurab, Petrie seguiu para Amarna, a capital do faraó Akhenaton, no Alto Egito. Esse rei foi uma figura controversa, que abandonou o culto ao poderoso deus-sol Ámon em favor de uma nova forma de culto ao Sol envolvendo o disco solar, Áton. Akhenaton mudou a capital de Tebas para Amarna, mais ao norte, em 1349 a.C. Após sua morte, essa capital foi abandonada, proporcionando a Petrie uma oportunidade única de examinar uma cidade sagrada. Suas escavações em grande escala revelaram as pinturas nas paredes e os pavimentos decorados do palácio real. Turistas chegaram em bandos para vê-los e pisotearam os campos dos habitantes locais durante o período vegetativo das plantas. Um agricultor ficou tão furioso que destruiu os pisos de valor inestimável.

Uma das descobertas mais importantes de Petrie aconteceu quando ele identificou o local em que uma mulher havia encontrado algumas tabuletas com inscrições cuneiformes, a escrita diplomática internacional da época. Ele escavou uma câmara e dois fossos repletos de tabuletas na que ficou conhecida como "Casa de Correspondência do Faraó".

As mais de trezentas tabuletas de Amarna fornecem um arquivo de negócios egípcios com os hititas, uma civilização pouco conhecida na Turquia, de cerca de 1360 a.C. até o reinado de Akhenaton. Há cartas sobre troca de presentes, sobre alianças e casamentos diplomáticos. E há correspondências com a instável colcha de retalhos de Estados ao leste, com governantes menores prometendo se ajoelhar sete vezes diante do faraó – e sete vezes mais. As autoridades egípcias também se correspondiam com reinos independentes como Alásia, no Chipre, uma importante fonte de cobre.

Na época, como hoje, o Oriente Médio estava em constante tumulto. Havia conspirações e contraconspirações, reis rebeldes e campanhas militares, geralmente acompanhadas de estardalhaço político. Descrever o arquivo como de valor inestimável é um grande eufemismo.

Petrie incentivou jovens arqueólogos a escavarem com ele e treinou uma geração de futuros egiptólogos. Entre eles, estava um jovem inglês chamado Howard Carter, um artista vinculado ao Fundo para a Exploração do Egito. Nada poderia ter preparado Carter para o campo de escavação, onde ele teve de construir sua própria casa com paredes de tijolo de barro e teto de junco. Não havia roupa de cama, mas folhas de jornal se prestavam à função. Latas de alimento vazias armazenavam pequenos achados. Os recém-chegados recebiam supervisão durante uma semana e então eram deixados por sua conta com alguns trabalhadores treinados. Mas Carter foi bem-sucedido e trabalhou no Grande Templo do deus-sol Áton e em outras partes da cidade. Sua experiência sob supervisão de Petrie se mostraria valiosíssima anos depois (ver Capítulo 21).

Em 1892, sem um diploma universitário, Petrie se tornou o primeiro professor de egiptologia da University College London. Ele celebrou prontamente descobrindo o Egito pré-dinástico – sociedades sem escrita hieroglífica que floresceram ao longo do Nilo antes da época dos faraós. Isso ocorreu quando ele se deparou com um vasto cemitério perto da cidade de Nacada, no Alto Egito, repleto de esqueletos acompanhados de vasos simples de argila. Somente em 1894 Petrie escavou 2 mil sepulturas!

Como sempre, Petrie desenvolveu um sistema para suas escavações no cemitério. Assim que garotos detectavam os trechos macios na areia e identificavam os limites da cova, ele os dispensava. Então, trabalhadores comuns removiam o solo das cerâmicas. Finalmente, escavadores especializados limpavam delicadamente ao redor dos esqueletos e das cerâmicas, antes de deixar o trabalho final para Ali Muhammad es Suefi, o especialista de Petrie no assunto, que não fazia outra coisa além de limpar sepulturas.

Tudo bem que essas cerâmicas eram belas de se ver, mas não havia inscrições nem papiros para fornecer uma cronologia. No entanto, jarros similares foram descobertos em outros sítios próximos, como Dióspolis Parva. Finalmente, Petrie havia escavado túmulos suficientes para poder estudar as mudanças gradativas na forma dos vasos. As alças eram especialmente úteis para fins de classificação, já que mudaram com o tempo, passando de alças funcionais a meros rabiscos pintados.

Petrie organizou as descobertas em uma série de etapas categorizando grupos de mobília funerária, começando com o Estágio 30 (ST30) (ele presumia que não havia encontrado o mais antigo, que teria sido o ST1). O ST80 associava a sequência com a época do primeiro faraó, por volta de 3000 a.C. A "datação sequencial" foi uma das contribuições mais importantes de Petrie para a arqueologia. É claro que não substituía a datação de sítios em anos, mas isso só seria possível com o surgimento da datação por radiocarbono (ver Capítulo 27). Entretanto, Petrie propôs uma sequência ordenada para a história do Egito antes dos faraós.

A amplitude do trabalho de Flinders Petrie e seu legado foram extraordinários. Infelizmente, no entanto, ele não tinha tato e era briguento. Sua carência de educação formal muitas vezes o levava a insistir que ele, e somente ele, estava certo – dificilmente uma qualidade positiva em um arqueólogo. Em 1926, quando regulamentações novas e mais restritivas entraram em vigor no Egito, Petrie transferiu suas operações para a Palestina. Lá, ele continuou seu trabalho, até que a Segunda Guerra Mundial começou. Ele faleceu em Jerusalém, aos 89 anos.

Durante seus longos anos às margens do Nilo, Petrie levou ordem à escavação, estabeleceu uma sólida cronologia para o Egito Antigo e trouxe objetos pequenos e triviais para a linha de frente.

CAPÍTULO 18

O palácio do Minotauro

Era 1894. Os negociantes de antiguidades no mercado de Atenas conheciam bem aquele inglês. Um homem baixo e agressivo que falava grego fluente, ele chegava todas as manhãs e caminhava devagar de barraca em barraca, vasculhando pequenas bandejas de joias e selos. Às vezes pegava um pequeno selo e examinava a escrita quase invisível sob a luz do Sol. Os negociantes o consideravam um cliente difícil. Ele pechinchava e pechinchava, às vezes saía andando, até conseguir um preço conveniente. Enquanto embrulhava as compras em papel e as enfiava em sua bolsa lateral de couro, fazia perguntas. De onde vinham os selos? Que sítio produziu os selos? A resposta era sempre Creta.

Arthur John Evans (1851-1941) é o único arqueólogo a ter descoberto uma civilização graças à sua vista. Ele era capaz de ler até mesmo minúsculas letras sem usar óculos ou lupa. Como um terrier, Evans seguiu o rastro arqueológico até Creta em 1894. A principal cidade da ilha, Heraklion, era um depósito de tesouros de pérolas e selos cretenses. A maioria vinha de uma encosta coberta de oliveiras chamada Cnossos.

Evans esquadrinhou a encosta de Cnossos durante horas, coletando artefatos e copiando marcas exóticas em fragmentos de cerâmica. Uma vasilha de pedra de Cnossos era idêntica à de Micenas, e, portanto, havia claramente uma conexão entre as duas. Sem mais delongas, Evans decidiu comprar Cnossos. Ele não foi o primeiro arqueólogo a tentar: Heinrich Schliemann já havia tentado, acreditando que fosse o palácio do lendário rei Minos. Mas, enquanto Schliemann fracassou, Evans conseguiu, ainda que para isso tenha precisado barganhar por dois anos.

Como Evans viria a descobrir, Cnossos era, de fato, o palácio mais importante em Creta, e talvez o lar do lendário rei Minos, se é que ele existiu. Evans não tinha interesse algum em especular sobre Minos, e tampouco acreditava nas afirmações de Schliemann sobre Troia e Micenas (ver Capítulo 15). Ele não era um arqueólogo autodidata atrás de descobertas sensacionais, e sim um estudioso em busca de informações confiáveis.

Arthur Evans estivera imerso na arqueologia desde a infância. Era filho do sir John Evans, um abastado fabricante de papéis do Reino Unido. Sir John havia apoiado as afirmações de Boucher de Perthes no vale do Somme (ver Capítulo 7) e era um especialista em ferramentas de pedra antigas, bem como em moedas gregas e romanas. Incentivado pelo pai, aos sete anos de idade Arthur desenhava moedas. E, três anos depois, ele começou a acompanhar John em viagens arqueológicas.

Como estudante, Arthur era sempre inquieto, reclamando que as aulas na Universidade de Oxford eram monótonas. Ele passava os verões perambulando pela Europa a pé e se apaixonou pelo povo dos Bálcãs, no sudeste do continente. Conhecido localmente como "o inglês louco", Evans incursionou no jornalismo e noticiou a agitação política no império austríaco de maneira tão eficaz que foi preso por seis semanas. As autoridades o expulsaram do império, e ele regressou à Inglaterra em busca de uma carreira.

Apesar de todos os seus relatos políticos, Evans era dedicado à arqueologia. Ele passava o tempo livre coletando artefatos de todo tipo. Havia herdado do pai um gosto apurado, e adquiriu um conhecimento enciclopédico de arqueologia.

Em 1884, tornou-se curador do Museu Ashmolean, em Oxford, um posto que ocupou durante 25 anos. Era uma instituição negligenciada, mas o novo curador reorganizou as vitrines e adquiriu vários artefatos. Ele, no entanto, passava a maior parte de seu tempo no Mediterrâneo, coletando e fazendo investigações geológicas. Seu assistente informava os visitantes que o curador estava "na Boêmia". A universidade não parecia se importar, talvez porque ele incomodasse menos quando estava ausente.

Ninguém sabe quando Evans tomou ciência de Creta. Sua pesquisa começou com objetos de Micenas, no continente grego. Este havia sido um centro comercial tão importante por volta de 1350 a.C. que recebera artefatos de toda a Grécia e do mar Egeu. Ao examinar as centenas de selos diminutos e pedras preciosas gravadas, Evans percebeu que os micênicos tinham sua própria escrita. Símbolos como aqueles rabiscados em vasos micênicos vinham de lugares tão distantes quanto o Egito. A busca pela escrita desconhecida levou Evans ao mercado de Atenas, e de lá a Creta.

Enquanto esperava para fechar o acordo sobre Cnossos, Evans explorou Creta de leste a oeste e de norte a sul montado em uma mula. Ele encontrou selos como os de Micenas à venda nos mercados de cada pequeno povoado, e percebeu que havia pelo menos dois sistemas de escrita que pertenceram à grande civilização que jazia sob seus pés em Cnossos. Na verdade, havia quatro!

O palácio se tornou sua propriedade ao mesmo tempo que os cretenses se rebelavam contra seus senhores turcos. Evans ajudou os rebeldes, fornecendo comida e medicamentos por sua conta. O vitorioso príncipe George, o novo governante de Creta, lhe ficou tão grato que uma autorização para escavar Cnossos chegou em poucos meses. As escavações começaram em março de 1900.

Evans sabia um bocado sobre artefatos e arqueologia, mas sua experiência como escavador equivalia a pouco mais do que algumas pequenas escavações. Agora ele encararia um palácio. Felizmente, ele teve o bom senso de contratar um assistente de escavação, um escocês chamado Duncan Mackenzie, que trabalharia em Cnossos por mais de trinta anos. Mackenzie gerenciava os trabalhadores em seu grego fluente com sotaque escocês. Evans decidia onde escavar, examinava cada achado e mantinha notas detalhadas. Ele também contratou o arquiteto Theodore Fyfe para preparar desenhos.

Ao contrário das escavações de Schliemann, esta foi uma escavação cuidadosamente planejada desde o início. No segundo dia, Evans estava olhando para uma casa com pinturas desbotadas nas paredes. O sítio se tornou um labirinto de cômodos, passagens e fundações. Não havia nada em grego ou romano sobre Cnossos, que claramente era anterior a Micenas. Logo a mão de obra totalizou cem homens, todos eles esvaziando os aposentos do palácio.

Milhares de artefatos surgiram das fundações. Grandes jarros, centenas de copos pequenos e inclusive um complexo sistema de drenagem foram descobertos. O melhor de tudo, Evans tinha dezenas de tabuletas de argila com inscrições para testar sua visão microscópica. Em abril de 1900, o magnífico mural de um copeiro com cachos soltos e cintura fina surgiram do solo. Mackenzie o sustentou cuidadosamente com argamassa para que pudesse ser removido para o museu de Heraklion.

Com alegria, Evans anunciou a descoberta da antiga civilização minoica de Creta, embora o rei Minos e Teseu não passassem de mitos. As escavações em Cnossos logo ocupavam um hectare. Em abril de 1900, os homens revelaram um cômodo em que ainda existia um banho cerimonial, junto a um trono de pedra. Ao longo das paredes havia bancos de pedra e, atrás deles, belas pinturas de grifos sem asas. Este talvez tenha sido o lugar onde apareceu uma sacerdotisa, representando a deusa-mãe, que, segundo se acreditava, vigiava a terra.

Evans convocou Émile Gilliéron, um artista suíço que tinha muita experiência com inscrições antigas. Os dois homens montaram juntos os murais de Cnossos. Havia oliveiras em flor, um jovem colhendo açafrão (uma especiaria coletada das flores de crócus) e procissões solenes em marcha. Um grande relevo em gesso pintado com o ataque de um touro dominou os pensamentos de Evans. Os touros apareciam em toda parte: em afrescos, em vasos, em pedras preciosas, como figurinos. Ele estava começando a formar uma imagem de uma civilização há muito desaparecida.

Evans começava cada manhã revisando o trabalho do dia anterior. Página por página, sua caligrafia diminuta documentava cada camada, cada achado e cada aposento. Dia após dia, o palácio se mostrava cada vez mais complexo. Era uma estrutura extraordinária. Entrava-se no grande pátio central por um amplo salão repleto de pilares. A oeste do pátio havia fileiras de despensas estreitas, cada uma delas se abrindo para um corredor estreito. Muitas haviam sido revestidas de chumbo para abrigar itens de valor, bem como enormes estoques de grãos. Evans estimou que aproximadamente 100 mil litros de azeite um dia foram armazenados em Cnossos.

Duas escadas imponentes levavam a um segundo andar de salões nobres acima dos santuários. Uma entrada ocidental no palácio conduzia por um pátio pavimentado, passando por imagens gigantes de rapazes pulando sobre touros. Evans e Mackenzie levaram meses para decifrar as câmaras da realeza com suas paredes cobertas de gesso, no interior das quais foram encontrados resquícios de tronos de madeira. Cnossos era muito mais do que um palácio: era um centro comercial e religioso, e uma oficina em que artesãos fabricavam de tudo, de cerâmicas a objetos de metal e vasos de pedra.

Cnossos absorveu o resto da vida de Evans. Quando herdou uma grande riqueza, ele embarcou numa reconstrução parcial (e um tanto imaginativa) de algumas das edificações para dar aos visitantes uma impressão do palácio. Infelizmente, suas reconstruções usaram concreto, que é impossível de se remover sem danificar as estruturas originais. Ele estava brincando com o passado. Toda forma de reconstrução arqueológica é difícil de se realizar. Como podemos ter certeza de que as edificações foram como imaginamos? Qual era o propósito de cada sala? Para que eram usados os diferentes níveis do palácio?

Evans e Gilliéron enfrentaram um conjunto de edificações que eram um labirinto quando estavam em uso – e mais ainda após a escavação. Numa visita recente, eu logo fiquei confuso, e percebi por que as lendas gregas se referem a um labirinto: Cnossos não era uma estrutura bem planejada!

Evans e Gilliéron tinham uma visão um tanto romântica dos minoicos. Eles viam a civilização como vivaz, sem preocupações e pacífica. O arqueólogo e o arquiteto produziram sua reconstrução usando pilares de concreto para substituir colunas de madeira. Graças aos desenhos precisos de Theodore Fyfe, os trabalhadores reconstruíram paredes e a grande escadaria no centro do palácio, mesmo enquanto as escavações prosseguiam.

Evans passou muito tempo restaurando esmeradamente os murais a partir de pequenos fragmentos nas trincheiras, como um grande quebra-cabeças. Tem-se uma impressão um tanto romântica dos minoicos, e sem dúvida Evans acrescentou detalhes imaginativos a cenas como a dança do touro. Em um caso, ele inclusive reconstruiu uma única figura representando um rei em vez das três pessoas preservadas nos fragmentos. Estes foram os erros de um homem obcecado pela civilização minoica.

Entre 1900 e 1935, Arthur Evans se deslocou entre Cnossos e Oxford. Ele construiu para si próprio uma vila no local, onde estudou as vastas coleções de cerâmica oriundas das escavações. Seu conhecimento em artefatos lhe possibilitou identificar achados egípcios ocasionais que ele comparou com vasos do Nilo. Além disso, o egiptólogo inglês Flinders Petrie havia desenterrado cerâmica micênica perto de Mênfis que ele datou de entre 1500 e 1200 a.C. (ver Capítulo 17). Usando os achados de Petrie para fazer datação relativa (a técnica usada por Oscar Montelius), Evans datou o início da civilização minoica em cerca de 3000 a.C. Esteve no auge de seu poder entre 2000 e 1250 a.C.; mas a invasão micênica a partir do continente finalmente destruiu o palácio.

Anos de trabalho produziram uma magnífica narrativa da civilização minoica, apresentada em detalhes em *The Palace of Minos* [O palácio de Minos], publicada entre 1921 e 1935. Nessa obra-prima, Evans colocou o palácio no centro de um levantamento cronológico da civilização minoica. Etapa por etapa, ele construiu sua própria história. No volume final, deu adeus ao seu amado Cnossos. Só lamentava uma coisa: ter sido incapaz de decifrar as quatro escritas que surgiram das escavações.

Arthur Evans pode ter sido um romântico que tendia a se demorar nos aspectos positivos da vida minoica. Mas temos sorte por esse arqueólogo notável, com visão microscópica, ter tido o bom senso de contar com especialistas qualificados. Ainda assim, a visão dos minoicos e de Cnossos foi toda dele.

Cada vez que visito Cnossos, fico admirado com o que Arthur Evans alcançou. As novas escavações, a decifração das escritas e a datação por radiocarbono obviamente modificaram seu retrato de uma civilização quase esquecida. Hoje, sabemos mais sobre os palácios minoicos menores e podemos imaginar parte das complexas relações políticas e sociais que estão por trás da superfície colorida.

Poucos arqueólogos descrevem uma civilização do zero, sem registros escritos, praticamente sem ajuda e com um alto padrão científico. Mas Arthur Evans fez exatamente isso. Ele morreu em 1941, aos noventa anos. Àquela altura, a arqueologia havia se transformado por completo.

CAPÍTULO 19

Não é "trabalho de homem"

Todos os arqueólogos que conhecemos até agora foram homens. Por um bom tempo, a arqueologia foi assunto masculino. Mas duas mulheres pioneiras, Gertrude Bell e Harriet Boyd Hawes, provaram que esse não era apenas trabalho de homem. Elas abriram caminho para as mulheres arqueólogas de hoje.

As duas mulheres eram totalmente diferentes: uma delas foi uma viajante solitária pelo deserto; a outra, escavadora. Na época, a maioria dos arqueólogos homens acreditava que as mulheres eram mais úteis como atendentes ou bibliotecárias, mas hoje muitas das melhores arqueólogas do mundo são mulheres.

Gertrude Bell (1868-1926) era filha de um rico metalúrgico de Yorkshire. Em 1886, numa época em que poucas mulheres frequentavam a universidade, ela foi para Oxford. Foi uma aluna brilhante e se graduou em história moderna. Além disso, saiu de lá com paixão por viagens e a reputação de falar o que pensava. Em 1892, visitou Teerã, na Pérsia – na época, um destino remoto. Então, viajou por toda parte e se dedicou ao montanhismo – um passatempo um tanto masculino –, tornando-se uma das principais escaladoras da época.

Gertrude era uma linguista talentosa, e em 1899 se mudou para Jerusalém por sete meses para melhorar seu árabe. De lá, viajou para ainda mais longe, para os templos de Palmira, na Síria, e foi pelo deserto até Petra. Ela descobriu os desconfortos de viajar pelo deserto – besouros pretos e água potável lamacenta. Enquanto conversava com xeiques e lojistas em seu árabe agora fluente, ela começou a compreender a política complexa e, às vezes, violenta dessas terras áridas. Foi também aí que ela desenvolveu o interesse por arqueologia. Ela nunca foi escavadora: dedicava-se a fazer o levantamento de sítios remotos, fotografando-os e escrevendo sobre eles.

Depois de tirar mais de seiscentas fotografias de monumentos antigos, Gertrude Bell passou os anos seguintes viajando no Egito, na Europa e no Marrocos, e estudando arqueologia em Roma e em Paris. Em 1902, ela trabalhou em escavações no oeste da Turquia. Então, em 1905, foi pesquisar e estudar monumentos na Síria e na Cilícia (Turquia) que datavam do Império Bizantino (a continuação oriental do antigo Império Romano; finalmente caiu nas mãos dos turcos em 1453). Seu livro de viagens, *The Desert and the Sown* [O deserto e a semeadura], foi publicado em 1907, e seu relato sobre as igrejas na cidade bizantina de Birbinkilise – a maioria das quais não existe mais – a consagrou como pesquisadora e escritora de viagens.

Gertrude Bell foi, acima de tudo, uma arqueóloga do deserto. Durona e extremamente independente, seu principal interesse era arquitetura e sítios pouco conhecidos, porém importantes, da época após a queda do Império Romano no Ocidente (em 476). Ao deixar Birbinkilise, ela atravessou o Deserto Sírio partindo de Alepo rumo ao Eufrates. Viajou por um território perigoso com uma pequena escolta militar. Seu destino era o castelo abássida de Ukhaidir, um grande forte retangular construído em 775. (A dinastia abássida, descendente de um tio do profeta Maomé, governou o Império Islâmico de 750 até cerca de 1258.)

Durante quatro dias, ela fotografou e mediu o forte, que ninguém havia descrito até então. Seus guardas insistiram em agarrar os fuzis enquanto seguravam trenas para ela. "Não consigo persuadi-los a baixar essas malditas armas", Bell reclamou. Ela não escavou, contentando-se com uma descrição geral da arquitetura de Ukhaidir. Esta foi uma contribuição importante, pois Ukhaidir era praticamente desconhecida. Seu livro mais famoso, *Amurath to Amurath*, que foi publicado em 1911, descreveu o sítio para o público geral e foi muito elogiado. Seu relatório acadêmico sobre Ukhaidir foi publicado três anos depois e ainda hoje é uma referência importante.

Ela logo partiu novamente – para Bagdá e Babilônia, e depois prosseguiu para Assur, ao norte, onde os arqueólogos alemães Walter Andrae e Conrad Preusser estavam escavando a capital assíria. Os dois haviam sido treinados por arqueólogos especialistas em sítios gregos, e ela admirava suas escavações cuidadosas. Eles a ensinaram a usar flash ao fotografar interiores escuros.

A caminho de casa, Bell parou nas escavações de Carquemis, no norte da Síria, onde encontrou os arqueólogos britânicos Reginald Campbell Thompson e T.E. Lawrence (que mais tarde se tornaria famoso por suas explorações do deserto durante a Primeira Guerra Mundial, o que lhe rendeu o nome "Lawrence da Arábia" – ver Capítulo 20). Com sua franqueza usual, ela lhes disse que suas escavações eram "pré-históricas" em comparação com as dos alemães. Campbell Thompson e Lawrence não ficaram lá muito contentes e tentaram impressioná-la com sua expertise arqueológica. Não conseguiram. Os trabalhadores de Carquemis riram quando ela foi embora. Anos depois, ela soube que Lawrence lhes dissera que ela era feia demais para se casar.

Quando a Primeira Guerra Mundial eclodiu, Gertrude Bell havia concluído um importante trabalho de prospecção, mas também tinha conhecimento vital acerca da Arábia e das regiões vizinhas. Seus informes para a Inteligência Britânica foram tão valiosos que, em 1915, ela foi enviada para a Agência de Inteligência Árabe, no Cairo. Um novo capítulo em sua vida começou um ano depois, quando ela foi transferida para Basra, na cabeceira do Golfo

Pérsico, para estudar a política das tribos locais. Ela era fascinada pela cultura árabe. Tornou-se uma defensora da independência árabe e foi conselheira das autoridades britânicas da região.

Quando a guerra acabou, várias expedições estrangeiras procuraram regressar à Mesopotâmia para investigar Eridu (supostamente a cidade mais antiga do mundo) e Ur (onde viveu o bíblico Abraão, fundador do judaísmo). Mas os tempos eram outros, e os arqueólogos estrangeiros já não podiam escavar onde quisessem. Tampouco podiam exportar todos os seus achados. Os governos passaram a insistir em autorizações para escavação, concedidas a arqueólogos qualificados.

O governo do novo Estado conhecido como Iraque estava preocupado, e com razão. Gertrude Bell era a única pessoa em Bagdá com algum conhecimento de escavação e prospecção arqueológica, e por isso ela foi nomeada diretora de antiguidades. Ninguém esperava que ela escavasse, mas sua experiência com prospecção de sítios e seu conhecimento de arqueologia eram de valor inestimável. Ela também redigiu leis regulamentando o tratamento dispensado às antiguidades e organizou o Museu do Iraque.

As novas leis requeriam que todos os achados provenientes de escavações fossem divididos entre os estrangeiros (geralmente, um museu) e o Iraque. Bell era firme na negociação, e as coleções do Museu do Iraque cresceram rapidamente. Em março de 1926, o governo deu ao museu um lar permanente em Bagdá, onde Bell expôs achados de todas as escavações importantes, incluindo as escavações alemãs na Babilônia (ver Capítulo 20).

Gertrude Bell era uma mulher um tanto insistente, com opiniões fortes sobre a política local. Ela não tolerava gente ignorante e fez vários inimigos. Os funcionários do governo passaram a desconfiar dela. Cada vez mais isolada, ela se enterrou ainda mais nos assuntos arqueológicos. Sobrecarregada e com a saúde debilitada, Bell cometeu suicídio em julho de 1926. Toda a Bagdá compareceu ao seu funeral.

Embora a inteligência e o conhecimento arqueológico de Bell fossem lendários, hoje ela não desfruta de boa reputação no

Iraque: muitos iraquianos acreditam que ela entregou demais às expedições estrangeiras. Pode haver alguma verdade nisso, mas Bell sempre tendeu a colocar os interesses da arqueologia e da ciência acima dos objetivos puramente nacionais; e, na época, não havia estrutura no Iraque para preservar objetos delicados. Entretanto, o Museu do Iraque permanece como um memorial duradouro de uma figura única e importante na história da arqueologia.

A enérgica Harriet Boyd Hawes (1871-1945), a primeira mulher a escavar em Creta, realizava escavações na época em que Gertrude Bell estava viajando. Filha de um fabricante de equipamentos de combate a incêndio, perdera a mãe cedo. Com quatro irmãos mais velhos, ela aprendeu a se defender sozinha. Começou a frequentar o Smith College, em Massachusetts, em 1881, mesmo ano em que Gertrude Bell entrou em Oxford. Uma palestra na faculdade sobre o Antigo Egito com a viajante, romancista e escritora arqueológica inglesa Amelia Edwards despertou em Harriet um interesse por civilizações antigas. Depois de se graduar, ela trabalhou como professora, até que poupou dinheiro suficiente para visitar a Europa em 1895.

Enquanto esteve na Grécia, Harriet desenvolveu um ávido interesse pelos gregos antigos. Ela regressou no ano seguinte para estudar na Escola Britânica de Arqueologia, em Atenas. Entre os bailes, jantares e outros compromissos sociais, ela encontrava tempo para estudar grego antigo e moderno e visitar sítios arqueológicos. Também causou alvoroço ao andar de bicicleta por Atenas.

A guerra entre a Grécia e a Turquia irrompeu em 1897. Harriet imediatamente se voluntariou para servir na Cruz Vermelha, na Grécia central. Cuidar dos feridos sob fogo cruzado lhe deu experiência em primeira mão dos horrores da guerra. As condições do hospital eram pavorosas: os homens jaziam tão próximos uns dos outros que era quase impossível fazer curativo nas feridas. Depois da guerra, ela permaneceu para cuidar das vítimas de uma epidemia de febre tifoide. As pessoas da região nunca se esqueceram da dívida que tinham para com ela.

De volta aos Estados Unidos, Harriet obteve uma bolsa de pesquisa para estudar inscrições na antiga Elêusis, perto de Atenas. Ela queria escavar, mas a Escola Americana de Estudos Clássicos, em Atenas, ficou escandalizada: considerava a escavação "trabalho de homem". Em vez disso, um refugiado de guerra vindo de Creta propôs que ela escavasse naquela ilha, onde não havia quase ninguém trabalhando. Então Harriet contatou Arthur Evans, que estava prestes a começar a escavar em Cnossos, e David Hogarth, um arqueólogo da Universidade de Oxford que já estava escavando em Creta. Sophia Schliemann, viúva de Heinrich, também arranjou para que ela conhecesse outros arqueólogos importantes de passagem por Atenas.

Incentivada por esses apoiadores influentes e desafiando aqueles que consideravam sua aventura escandalosa, Harriet chegou a Creta numa época em que havia apenas dezenove quilômetros de rodovias pavimentadas na ilha. Como todos os demais, os arqueólogos viajavam de mula. Evans e Hogarth a aconselharam a conversar com os habitantes locais enquanto ela explorava um trecho da costa norte. As notícias sobre essa atípica viajante solitária se espalharam pelos povoados da região. Um professor de Creta levou Harriet à baía de Mirampelou. Lá, ela encontrou um labirinto de muros de pedra parcialmente expostos, vários fragmentos de cerâmica pintada e vestígios de uma ruela pavimentada com pedras.

No dia seguinte, ela regressou com uma equipe de trabalhadores, que expuseram blocos de casas. Ela demonstrou ter um faro notável para escavação. Em pouco tempo, tinha cem homens e – algo atípico, talvez inédito – dez mulheres desenterrando aquela que veio a se revelar a pequena cidade minoica de Gurniá.

Muito menor do que Cnossos, Gurniá forneceu um retrato inigualável de uma pequena comunidade da Idade do Bronze, com artefatos idênticos aos de Cnossos. Harriet trabalhou na cidade em 1901, 1903 e 1904, focando principalmente no auge da existência da localidade, aproximadamente entre 1750 e 1490 a.C.

As escavações, patrocinadas em parte pelo Museu da Universidade da Pensilvânia, revelaram blocos inteiros de mais de setenta casas, ruelas pavimentadas, um palácio minoico e um cemitério. Gurniá era um feito impressionante para qualquer arqueólogo.

Quatro anos depois que as escavações terminaram, Harriet publicou um longo relatório em que apresentou todos os detalhes de suas escavações. Já ninguém poderia acusá-la de comportamento escandaloso ou questionar suas credenciais arqueológicas!

Este foi o último trabalho de campo de Harriet e a consagrou como uma admirada pioneira da arqueologia norte-americana no Mediterrâneo. Ela se tornou a primeira mulher a dar uma palestra no Instituto Americano de Arqueologia.

Em 1906, ela se casou com o antropólogo britânico Charles Hawes, e eles tiveram dois filhos. Em 1916 e 1917, durante a Primeira Guerra Mundial, ela se dedicou totalmente à enfermagem na Sérvia e na Frente Ocidental. Seu envolvimento com arqueologia continuou, mas apenas em sala de aula: ela lecionou arte antiga no Wellesley College, em Massachusetts, durante muitos anos.

Gertrude Bell e Harriet Boyd Hawes ombreavam com qualquer arqueólogo homem de sua época. Bell, a viajante do deserto e administradora colonial, entendia o povo do deserto melhor do que qualquer forasteiro. Por sua vez, Harriet Boyd Hawes era uma escavadora esplêndida. Ela regressou a Creta mais uma vez, como convidada, em 1926. Arthur Evans a guiou por Cnossos, ela viajou até Gurniá sobre uma mula e foi recebida com entusiasmo pelo povo local.

CAPÍTULO 20

Tijolos de terra crua e um dilúvio

A Babilônia foi uma das grandes cidades do antigo mundo mesopotâmio. De um pequeno assentamento fundado por volta de 2300 a.C., cresceu para se tornar o centro do Império Babilônio entre 609 e 539 a.C. O rei Nabucodonosor II (604-562 a.C.) a transformou numa grande cidade com oito portas e nomeou a porta norte em homenagem à deusa Ishtar. Após sua destruição, em 612 a.C., a Babilônia desapareceu da história em uma confusão de montículos poeirentos.

A escavação da Babilônia derrotou vários dos primeiros arqueólogos, incluindo Henry Layard (ver Capítulo 4). Eles não conseguiram fazer nada com os tijolos que restavam, pois, sendo de terra crua, se deterioravam facilmente. Então os alemães chegaram, e a grande cidade ganhou vida nas mãos de um escavador cuidadoso. Robert Koldewey (1855-1925) era arquiteto e arqueólogo. Ele era um escavador preciso na tradição alemã. Koldewey estava certo de que a escavação sistemática das obras de tijolo deterioradas revelaria a Babilônia de Nabucodonosor. Seu trabalho na região começou em 1899 e continuou pelos treze anos seguintes.

Arqueólogos alemães, e Flinders Petrie no Egito, haviam estabelecido a organização básica da escavação em grande escala. Os trabalhadores já não escavavam desordenadamente um monte com ruínas urbanas. Em vez disso, empregavam algumas equipes empunhando pás e outras usando cestos. Elas trabalhavam em íntima parceria. Koldewey formalizou o processo, com vagões sobre trilhos removendo solo das trincheiras. Depois, ele treinou trabalhadores para tarefas especializadas.

Ele começou com estruturas de tijolo cozido que eram facilmente identificadas. O tijolo de terra crua era um grande desafio, pois tendia a se misturar com o solo uma vez abandonado e quando exposto à chuva e ao vento. Então, Koldewey treinou equipes qualificadas que não faziam outra coisa além de identificar paredes de tijolo de terra crua. Ele e seu colega Walter Andrae (que escavaria a capital assíria de Assur, no Tigre) descobriram que a melhor técnica de escavação era raspar o solo com enxadas. Os escavadores procuravam mudanças na textura do solo – ou paredes. Quando apareciam paredes, os trabalhadores as seguiam cuidadosamente até que cômodos fossem expostos. Eles deixavam intactos os conteúdos sobre o piso para que estes pudessem ser escavados posteriormente, e os achados de cada câmara, registrados. O sistema de Koldewey revolucionou a escavação nas cidades.

A maior descoberta de Koldewey na Babilônia foi a Porta de Ishtar de Nabucodonosor, no lado norte da cidade, dedicada à deusa-mãe da fertilidade. Ele descobriu que os arquitetos do rei haviam feito escavações profundas na areia subjacente para as fundações. As paredes continuavam intactas, o que lhe possibilitou descobrir enormes relevos de dragões e touros feitos de tijolos vitrificados. As portas propriamente ditas e o arco eram cobertos de cedro.

Numa inscrição que se estende sobre dez colunas, o próprio rei se gabava de sua obra-prima, que também foi descrita pelo autor grego Heródoto. Pacientemente, Koldewey e outros lavaram milhares de fragmentos de tijolo vitrificado para eliminar o sal, e então os montaram. Tijolo por tijolo, ele reconstruiu a porta, no Museu de Pérgamo, em Berlim. Uma via processional pavimentada conduzia, através da porta, ao templo de Marduk, o deus especial da Babilônia. A porta de Ishtar e sua via processional ficavam mais de treze metros acima da planície ao redor.

Enquanto isso, Walter Andrae conduzia escavações paralelas em Assur, bem mais ao norte, de 1902 a 1914. Ele adotou o método usado na Babilônia para esta capital assíria que ficava sobre um penhasco acima do Tigre. Suas equipes de especialistas identificaram os muros da cidade, muitas casas e áreas de templos. A estrutura principal era o Templo de Ishtar, esposa do deus da cidade, Assur. Uma trincheira profunda revelou seis templos anteriores no mesmo sítio. Andrae foi o primeiro escavador a dissecar uma cidade mesopotâmia camada por camada. Ao perceber que escavar significava destruir, tanto ele como Koldewey registraram cada edificação antes de removê-la para acessar camadas inferiores.

Andrae, Koldewey e outros tornaram possíveis as escavações científicas em Ur e outras cidades mesopotâmias após a Primeira Guerra Mundial. As escavações eram, agora, patrocinadas por museus nacionais, e não por indivíduos. Em 1911, o Museu Britânico decidiu escavar Carquemis, uma cidade hitita pouco conhecida na margem do rio Eufrates, no norte da Síria. As escavações começaram sob liderança de David Hogarth (1862-1927), um escavador experiente que trabalhara com Arthur Evans em Cnossos. Hogarth era notoriamente mal-humorado antes do café da manhã, o que levou seus trabalhadores a chamá-lo de "Anjo da Morte". As duas temporadas de escavações que ele conduziu foram tão promissoras que o museu iniciou um projeto de longo prazo e escolheu Leonard Woolley, então com 33 anos, como o novo diretor.

Charles Leonard Woolley (1880-1960) era um homem baixo com uma personalidade forte. Ele foi para New College, Oxford, estudar para se tornar padre, mas ainda durante a graduação o diretor da faculdade previu que ele se tornaria arqueólogo. Woolley passou cinco anos no Sudão – de 1907 a 1911 – trabalhando principalmente em cemitérios. Lá, ele adquiriu experiência em como lidar com trabalhadores de outras culturas, aprendendo seu idioma e tratando-os de maneira firme, porém justa. Ele foi uma excelente escolha para Carquemis.

Carquemis foi uma importante base militar do outro lado do rio até 717 a.c., quando os assírios capturaram o crescente assentamento. Posteriormente, tornou-se uma cidade hitita, mas não se sabia quase nada desses rivais dos assírios e dos egípcios no leste do Mediterrâneo. Mais de quinze metros de níveis de ocupação aguardavam escavações.

Woolley era um líder inspirador – uma daquelas raras pessoas que nunca ficam sem saber o que fazer. Ele também tinha um grande senso de humor, essencial ao lidar com a instável política local e com uma mão de obra que era dada à violência quando insatisfeita. Respeito era seu lema, mas ele também era capaz de ser firme. Quando uma autoridade local se recusou a conceder uma autorização para escavar imediatamente, Woolley apenas sorriu. Ele sacou um revólver carregado e o apontou para a cabeça do homem. O oficial ergueu as mãos horrorizado e disse que havia sido um engano. Minutos depois, Woolley saiu com a autorização assinada.

Woolley era um contador de histórias brilhante e um escritor fluente, o que às vezes torna difícil decifrar o que realmente aconteceu em Carquemis. As escavações foram um sucesso, em grande parte porque Woolley e T.E. Lawrence – que fora recrutado da Universidade de Oxford por causa de sua experiência arqueológica e estava viajando pela Síria – se davam bem um com o outro e com os trabalhadores. O supervisor das escavações, um sírio chamado Hamoudi, cujos interesses eram arqueologia e violência, era um gênio em gerenciar trabalhadores. Ele se tornou um dos melhores amigos de Woolley, e os dois trabalharam juntos em várias escavações de 1912 a 1946.

Em 1912, pouco se sabia sobre os hititas além do que se havia aprendido com as tabuletas de Amarna, encontradas por Flinders Petrie no Egito alguns anos antes (ver Capítulo 17). Woolley desvendou as camadas da cidadela e revelou dois palácios. Figuras imponentes de reis e soldados marchando adornavam as paredes dos palácios.

As escavações em Carquemis terminaram quando eclodiu a Primeira Guerra Mundial. Como Gertrude Bell (ver Capítulo 19), Woolley se tornou um oficial de inteligência de grande valor antes de se tornar prisioneiro de guerra nas mãos dos turcos.

Depois da guerra, em 1922, Woolley tornou-se diretor de uma ambiciosa escavação de longo prazo na cidade bíblica de Ur (Ur dos Caldeus), patrocinada pelo Museu Britânico e pelo Museu da Universidade da Pensilvânia. Além da localização inóspita numa paisagem desértica de extremo calor e frio, Ur era um sítio complexo e difícil de se escavar. Uma pirâmide arruinada, áreas urbanas inteiras enterradas e muitas camadas de ocupação apresentavam um grande desafio até mesmo para o escavador mais qualificado. Mas Woolley era ideal para a tarefa, era enérgico e cheio de ideias.

Ele era um chefe minucioso, que administrava uma escavação enorme com um punhado de assistentes europeus e o formidável Hamoudi. As escavações começavam ao amanhecer e, para a equipe europeia, raramente terminavam antes da meia-noite. O melhor colega de Woolley era Max Mallowan, que mais tarde se tornaria um arqueólogo de primeira linha e o primeiro a acompanhar o trabalho de Layard em Nimrud. Mallowan se casou com a escritora de romances policiais Agatha Christie, e, segundo consta, ela baseou alguns dos personagens do livro *Morte na Mesopotâmia* em pessoas de Ur.

Uma trincheira na temporada de escavações de 1922 rendeu objetos de ouro, possivelmente vindos de um cemitério. Woolley suspeitava que poderia estar lidando com sepulturas da realeza repletas de grandes tesouros, talvez em condição frágil. Ele sabia que a tarefa de esvaziar os túmulos testaria os limites de suas habilidades técnicas, e seus trabalhadores teriam de ser treinados para o trabalho delicado. Então ele esperou quatro anos antes de prosseguir com as escavações por lá.

Enquanto isso, abriu trincheiras experimentais para determinar o plano da cidade. Então escavou o montículo de um pequeno povoado próximo ao sítio. Essa escavação resultou em cerâmica pintada muito antiga, mas nada de metais. Os habitantes foram, talvez, ancestrais dos sumérios que construíram Ur.

Woolley tinha quatrocentos homens trabalhando sob a supervisão de Hamoudi, que era rígido, mas sensível ao problema, e tinha talento para combater a fadiga e elevar o moral da equipe: em certa ocasião, ele personificou um barqueiro do Eufrates, usando a pá como remo e entoando celeumas enquanto os homens removiam solo pesado.

Finalmente, quando terminou de esvaziar o cemitério, Woolley abriu uma grande trincheira até a base de Ur. Na base, ele desenterrou uma camada de depósitos de inundações, mas nenhum artefato. Havia mais indícios de ocupação abaixo, com cerâmicas similares às do pequeno povoado agrícola escavado previamente.

Katharine, esposa de Woolley, deu uma olhada no fosso e sugeriu que a camada misteriosa talvez fosse do dilúvio de Noé mencionado no Livro do Gênesis. Sua sugestão era um sonho de relações públicas para uma escavação que sofria constantemente com falta de dinheiro. Particularmente, Woolley duvidava da ideia, porque a trincheira era pequena e, de todo modo, Ur fica numa área propensa a inundações. Mas ele fez pleno uso do dilúvio de Ur em seus escritos, percebendo que a descoberta de um possível dilúvio bíblico teria enorme apelo popular e ajudaria a arrecadar fundos.

Quando as escavações em Ur terminaram, Woolley havia esvaziado o grande zigurate (pirâmide) de Ur-Nammu, que domina o sítio em nossos dias. Ele também descobriu dezenas de pequenas moradias e centenas de tabuletas que lançaram muita luz na história suméria.

Escavar o cemitério da realeza era uma tarefa enorme. De fato, havia dois cemitérios: um assírio e o outro sumério. Durante quatro anos de trabalho minucioso, os escavadores esvaziaram as sepulturas – em sua maioria, não decoradas – de nada menos do que 2 mil cidadãos. Woolley também escavou dezesseis extravagantes sepulturas reais. Calculando a partir de inscrições em selos e tabuletas de argila, ele estimou que datavam de 2500 a 2000 a.C., o período mais antigo da história iraquiana antiga. Estas ficam na base de um poço de nove metros, acessada por rampas. Os cadáveres dos membros da realeza jaziam em criptas de pedra e tijolos, e estavam cercados de vítimas sacrificiais. Em um exemplo, dez mulheres usando enfeites elaborados na cabeça estavam dispostas em duas fileiras. Recuperar os delicados objetos cerimoniais requeria muita imaginação e engenhosidade. Por exemplo, vertendo gesso líquido num buraco discreto, Woolley conseguiu fazer um molde de uma lira de madeira deteriorada, decorada com conchas e uma cabeça de touro feita de cobre.

Depois de meses de trabalho extenuante, Woolley escreveu um relato popular de uma cerimônia fúnebre. Um desses raros arqueólogos capazes de se imaginar no passado, ele recriou brilhantemente um enterro da realeza; cortesãos e soldados resplandecentes seguiam em fila para a cova atapetada; carros de boi com estribeiros eram conduzidos para dentro da cova; todos carregavam um pequeno copo de argila, tomavam o veneno e se deitavam para morrer; e, finalmente, alguém matava os bois e o poço era preenchido.

Infelizmente, as notas de campo de Woolley estão incompletas e, portanto, não podemos verificar sua história. Na verdade, novas pesquisas mostraram que os presentes no enterro não tomaram veneno, mas foram mortos com golpes na cabeça. Os corpos foram tratados de maneira a preservá-los e então dispostos na cova. Mas podemos perdoar o uso de drama e as recriações vívidas de Woolley quando lembramos que ele acreditava que a arqueologia tratava, acima de tudo, de pessoas.

Essa escavação foi a última das grandes escavações conduzidas por um único arqueólogo que definiram a primeira fase da arqueologia. Merecidamente, Leonard Woolley ocupa um lugar entre os maiores de todos os arqueólogos.

Mas, em 1922, Howard Carter descobriu a tumba do faraó Tutancâmon no Egito (ver Capítulo 21). E, no fim, os livros populares de Woolley foram superados pela obsessão geral por faraós dourados.

CAPÍTULO 21

"Coisas maravilhosas"

Vale dos Reis, Egito, 25 de novembro de 1922. Howard Carter, o lorde Carnarvon e sua filha, lady Evelyn Herbert, esperavam no corredor quente e lotado da tumba do faraó Tutancâmon. Os trabalhadores removiam os últimos pedregulhos em frente a uma porta lacrada. Com base em outra porta que continha o selo do rei, eles já sabiam que esse era o lugar em que Tutancâmon havia sido enterrado.

Tensos com a expectativa, eles transpiravam no ar denso e úmido, carregado de poeira. Com as mãos trêmulas, Carter fez um pequeno buraco na porta de gesso e enfiou uma barra de ferro. Houve um golpe de ar quente vindo de dentro. Ele aumentou o buraco e inseriu uma vela, com os outros reunidos atrás dele. A chama da vela bruxuleou, e então aquietou. "Consegue ver alguma coisa?", perguntou Carnarvon, impaciente. "Sim, coisas maravilhosas", Carter suspirou.

Ele aumentou o buraco e iluminou uma câmara abarrotada, aberta pela primeira vez em 3 mil anos. Leitos de ouro, um trono, bigas dobráveis e um monte de tesouros apareceram diante de seus olhos. Depois de sete anos de buscas infrutíferas, eles haviam encontrado, intacta, a tumba de Tutancâmon.

O caminho para a descoberta começou em 1881, com o achado sensacional de um esconderijo de múmias da realeza e seus objetos funerários na fenda de uma rocha à beira do Nilo. Nos anos 1880, o Egito havia se tornado um destino turístico muito procurado no inverno, tanto por europeus abastados como por viajantes que atravessavam o canal de Suez. Os ladrões de tumbas de Qurna, na margem ocidental do Nilo, em frente a Luxor, estavam ganhando um bom dinheiro. Em 1881, houve rumores de antiguidades excepcionais à venda: belos jarros de oferendas, joias magníficas e estatuetas sofisticadas. Alguns dos objetos eram únicos e claramente vindos de tumbas da realeza.

As suspeitas caíram sobre dois homens da região, Ahmed e Mohammed el-Rasul, ladrões de tumbas conhecidos, que contrabandeavam os espólios para Luxor em trouxas de roupas ou cestos. Eles foram presos e torturados – mas em vão. Isto é, até que Ahmed se voltou contra o irmão depois que eles se desentenderam sobre como partilhar os espólios. Mohammed se entregou e levou o arqueólogo alemão Émile Brugsch, membro do Serviço de Antiguidades do Egito, a uma fenda remota na margem ocidental. Lá dentro estão as múmias de alguns dos maiores faraós do Egito, incluindo Tutmés II, Seti II e Ramsés II.

Três mil anos antes, os sacerdotes do cemitério responsáveis pelo Vale dos Reis trasladaram as múmias da realeza de um esconderijo a outro numa corrida frenética contra antigos e impiedosos ladrões de tumba. Eles trabalharam às pressas, e por isso a fenda foi atulhada de achados valiosíssimos – caixões de rainhas amontoados. Assim que Brugsch superou o choque da descoberta, empregou trezentos homens para recuperar quarenta faraós. Mais tarde, algumas das múmias foram desenfaixadas, e os arqueólogos admiraram os rostos de alguns dos homens mais poderosos do mundo antigo. Seti I, cuja tumba Belzoni descobrira, era o mais bem preservado e tinha um sorriso gentil no rosto (ver Capítulo 2).

As múmias da realeza foram uma sensação. Turistas ricos foram em bando para o Nilo, sonhando em encontrar tumbas magníficas repletas de ouro e nutrindo a vã esperança de escavar no Vale dos Reis. Eles gastavam fortunas em itens encontrados em tumbas menos importantes. Inevitavelmente, a destruição e a pilhagem continuaram, com muitas autoridades fazendo vista grossa. Felizmente para a ciência, alguns arqueólogos, em especial Flinders Petrie, treinaram alguns jovens escavadores. Ele levou jovens assistentes a campo durante anos, entre os quais um desenhista britânico, Percy Newberry. Durante os anos 1890, Newberry trabalhou com um artista talentoso chamado Howard Carter (1874-1939). Ele o enviou para trabalhar com Petrie para aprender métodos de escavação. Assim, um dos dois personagens centrais na descoberta de Tutancâmon estava em cena muito antes de 1922.

Carter era de origem humilde, filho de um artista. Mas ele mostrava um talento excepcional, o que o levou à atenção de William Tyssen-Amherst, um inglês rico com uma grande coleção egípcia. Em 1891, a família Amherst contratou Carter, então com dezessete anos, para desenhar itens de sua coleção. E, mais tarde naquele mesmo ano, o Fundo para a Exploração do Egito o enviou para trabalhar como desenhista assistente de Percy Newberry, que estava registrando as tumbas decoradas de nobres em Beni Hasan, no Médio Egito, datadas de cerca de 2000 a.C. As cópias que Carter fez dos murais da tumba de Beni Hasan foram tão excepcionais que ele foi enviado para trabalhar com Petrie em Amarna. Para o jovem artista, passar à escavação foi algo natural.

Em 1899, o egiptólogo francês Gaspar Maspero, diretor do Serviço de Antiguidades do Egito, nomeou Carter inspetor--chefe de antiguidades do Alto Egito – um dos únicos dois no país. Como inspetor, Carter era um homem atarefado. Grande parte de seu trabalho se concentrava no Vale dos Reis, onde ele instalou lâmpadas elétricas em algumas das tumbas.

Alguns visitantes ricos solicitaram autorizações para escavar no vale, mas estas foram negadas com a justificativa de que eles não sabiam procurar uma tumba. Carter foi o arqueólogo que avaliou as solicitações. O mais bem preparado era Theodore Davis, um rico advogado de Nova York que obteve uma concessão para trabalhar no vale em 1902. Carter escavara para Davis e o ajudara a revelar as tumbas de um nobre chamado Userhet e do faraó Tutmés IV. Carter recuperou parte da biga do faraó e uma de suas luvas de equitação. Davis era um escavador sem nenhuma técnica, mas teve o bom senso de empregar arqueólogos para realizarem o trabalho. Grande parte do método usado por Carter com Tutancâmon derivou de sua experiência com Davis.

Depois do brilhante sucesso de Carter no norte, em 1904 Maspero transferiu o inspetor-chefe para o Baixo Egito. Lá, seu trabalho incluía preservar sítios e lidar com visitantes às vezes difíceis. Um homem rígido, Carter mal tolerava os turistas, e, em 1905, após uma discussão violenta com alguns visitantes franceses bêbados em Sacará, ele, indignado, renunciou. Durante os dois anos seguintes, ganhou a vida como artista e guia em Luxor. Em 1907, num mau momento em sua carreira, conheceu George Edward Stanhope Molyneux Herbert, quinto conde de Carnarvon (1866-1923). O outro protagonista na descoberta de Tutancâmon agora estava no palco.

Em absoluto contraste com Carter, o lorde Carnarvon era um nobre privilegiado, colecionador de arte com bom discernimento e gosto requintado e apostador em corridas de cavalo. Quando menino, nascido lorde Porchester, ele era retraído e vivia doente, e na adolescência estavam sempre zombando dele no Eton College. Sua educação fora um desastre – possivelmente ele tinha dificuldades de aprendizado. Em Eton, ele construiu uma longa amizade com o filho de um marajá indiano, Victor Duleep Singh, que era um apostador habitual nas corridas. O lorde Porchester foi para Oxford mas abandonou a faculdade, considerou uma carreira militar e se entregou a suas paixões – corrida de cavalos, vela, tiro e viagens. Nesse meio-tempo, devorou livros e foi um autodidata em artes e humanidades.

Em 1890, o lorde Porchester se tornou o quinto conde de Carnarvon e herdou as propriedades do pai. Cinco anos depois, casou-se com a aristocrata Almina Wombwell, que pertencia aos círculos sociais mais elevados. Carnarvon tinha os pulmões fracos, e por isso ele via no vale do Nilo, seco e quente, um lugar desejável para passar os meses de inverno. Durante suas visitas regulares, ele se interessou por arte antiga e fotografia. Em 1905, entediado com a infindável sequência de bailes e o circuito turístico usual, voltou sua atenção para a arqueologia.

Carnarvon foi um dos muitos visitantes ricos que incursionaram pela escavação. A arqueologia se tornou uma maneira entretida de passar o tempo. Graças a contatos influentes, em 1907 ele obteve uma concessão para escavar uma área já bem explorada do cemitério em Tebas. Ele realizou sua primeira temporada de seis semanas sem ajuda especializada – e, aparentemente, adorou. Seus únicos achados importantes foram um gato mumificado e uma tabuleta coberta de gesso com inscrições. No entanto, uma vez decifrada, a tabuleta se revelou um achado significativo: comemorava a vitória do faraó Kamés sobre os odiados reis hicsos, que ocuparam o delta fértil do Nilo por volta de 1640 a.C. É hoje conhecida como a Tabuleta de Carnarvon.

Naquele momento, o diretor de Antiguidades Gaspar Maspero apresentou Carnarvon a Howard Carter, então desempregado. Carter estava ficando cada vez mais obcecado pelo Vale dos Reis, mas para escavar o sítio era preciso muito dinheiro e acesso aos altos escalões do governo. Enquanto Davis trabalhou em vão no Vale dos Reis, Carter e Carnarvon se tornaram não só amigos, como também uma equipe eficiente. Carter, com sua longa experiência, era o líder. Seus padrões de escavação eram muito superiores aos de Davis ou de Flinders Petrie. Enquanto isso, Carnarvon fornecia os recursos e servia como interlocutor. Ele percebeu cedo – quando estavam esvaziando tumbas na área já explorada do cemitério – que Carter tinha um faro excepcional para descoberta, e continuava a descobrir achados mesmo quando todos pensavam que uma área havia sido exaurida. Os dois homens publicaram um relato valioso do trabalho de cinco anos enquanto esperavam por uma chance de escavar na área designada a Theodore Davis no Vale dos Reis.

Carter, meticuloso, fez questão de manter contato com Davis, embora desaprovasse seus métodos. Ao contrário de Carnarvon, que estava quase sempre no sítio, Davis era o clássico arqueólogo que não colocava a mão na massa. Em vez de escavar, ele preferia receber convidados em seu barco atracado no Nilo. Mas estava sempre presente quando uma tumba era aberta, e tivera sorte com seus assistentes (especialmente com Howard Carter).

Davis trabalhava rápido, dando pouca atenção aos detalhes; mas era sistemático em sua busca por tumbas. Ele encontrou várias tumbas da realeza, entre as quais a do faraó Amenófis II, da XVIII dinastia, que morreu em 1401 a.C. A tumba de Yuya, um alto funcionário do exército por volta de 1390 a.C., e de sua esposa Tuya, continha uma biga completa, dois leitos e três poltronas incrustadas de ouro, além de três caixões. A tumba de Yuya e Tuya havia sido roubada, mas era a tumba mais completa do vale até a descoberta da tumba de Tutancâmon. Davis teve o autocontrole e os recursos para escavar temporada após temporada, removendo pedregulhos sem sucesso. Ele persistiu até 1912, quando se retirou, alegando que não havia mais nada a ser encontrado no vale. Ele chegara a dois metros da entrada do sepulcro de Tutancâmon. A licença para a escavação do Vale dos Reis passou para Carnarvon em 1914, quando a Primeira Guerra Mundial eclodiu. Ele e Carter começaram a trabalhar em 1917.

Carter era um tipo de arqueólogo diferente de Theodore Davis, que era mais casual. Ele havia percorrido todo o vale e estava familiarizado com todas as sepulturas conhecidas. Mas uma estava faltando: a de um faraó pouco conhecido, Tutancâmon, que morrera em 1323 a.C. Carter estava convencido de que a tumba de Tutancâmon estava à espera de ser descoberta, provavelmente numa área perto do famoso sepulcro de Ramsés VI. Durante sete anos, os dois homens seguiram os instintos de Carter e laboriosamente removeram pedregulhos do solo do vale, à procura da tumba.

Em 1922, Carnarvon estava a ponto de parar – a caçada estava lhe custando milhares de libras por ano. Carter se ofereceu para pagar mais uma temporada do próprio bolso, mas Carnarvon, relutante, concordou em financiar uma escavação perto das cabanas de trabalhadores erguidas durante a escavação da tumba de Ramsés VI.

Em 4 de novembro de 1922, quatro dias após o início da temporada, com Carnarvon ainda na Inglaterra, os trabalhadores descobriram uma escadaria de pedra que levava a uma porta lacrada. Carter esperou três semanas até que Carnarvon e sua filha, lady Evelyn Herbert, chegassem. Então, em 24-25 de novembro, eles expuseram a porta, encontraram selos de Tutancâmon sobre o gesso e vivenciaram o momento extraordinário em que Carter penetrou a barreira e viu "coisas maravilhosas".

A tumba de Tutancâmon gerou grande tensão na amizade entre Carter e Carnarvon. Carter insistia que a tumba fosse esvaziada de maneira precisa e sistemática, ao passo que Carnarvon, um apostador desde a infância, queria esvaziá-la imediatamente. Depois de tantos gastos, ele queria vender alguns objetos e expor os demais. A pressão aumentou e houve brigas violentas, especialmente depois da abertura formal da câmara funerária, em fevereiro de 1923. Tragicamente, algumas semanas depois, Carnarvon morreu de uma picada de mosquito infectado (como, curiosamente, havia morrido Tutancâmon), o que colocou um fim à parceria de catorze anos.

Howard Carter levou oito anos para esvaziar a tumba de Tutancâmon. Ele concluiu a tarefa com a ajuda de uma equipe de especialistas em 1929. Suas notas e registros foram meticulosos e são consultados por peritos ainda hoje. Ele realizou esse trabalho durante uma época difícil, quando o Egito estava reivindicando todos os achados da tumba. Em 1930, lady Carnarvon transferiu para o governo egípcio todos os direitos sobre a tumba e seu conteúdo; em troca, foi ressarcida pelos custos de esvaziar a tumba. Howard Carter estava exausto com o estresse e nunca concluiu o relatório profuso que esperava escrever. Mas seu trabalho na tumba foi um triunfo, considerando-se os meios com que ele contava.

A tumba de Tutancâmon foi um marco na pesquisa arqueológica. A máscara dourada do faraó, que descansava em seus ombros, é um artefato icônico do Egito Antigo que pode ser visto no Museu Egípcio. O faraó usa na cabeça um enfeite dourado e azul com um ornamento de naja real. Ele olha para a frente. Há pouco tempo, sua barba cuidadosamente trançada quebrou-se em um acidente, mas foi restaurada.

Devemos a gama notável de achados primorosos ao talento de Carter. Apesar de seu temperamento impetuoso, o esvaziamento da tumba foi um disciplinado esforço em equipe. Hoje, outros estudiosos levaram a pesquisa séria até o Nilo, entre eles o egiptólogo Henry Breasted, da Universidade de Chicago, que em 1929 começou um projeto de longo prazo de copiar inscrições, que continua até hoje.

Cada vez mais, os arqueólogos egípcios passaram a assumir um papel ativo nos processos de escavação, levantamento e registro. No Egito, como em outros países, quanto mais internacional e profissional os estudos avançavam, mais as descobertas – tanto as grandes como as pequenas – tornavam-se motivo de orgulho nacional. A descoberta do rei menino e seus tesouros abriu um novo capítulo na arqueologia – em que o trabalho em equipe e a escavação lenta, minuciosa, estabeleceram-se como norma.

CAPÍTULO 22

Um palácio adequado para um chefe

Eu passei por uma entrada estreita no alto muro de pedra e me vi num corredor apertado entre um muro externo e um interno. Eu não fazia ideia do que havia do lado de dentro. Uma torre cônica de blocos de pedra cuidadosamente dispostos se erguia à minha frente – uma estrutura sólida, sem portas, e sem uma finalidade clara.

Enquanto eu caminhava pelo quebra-cabeças de construções de pedra e fundações de cabanas no interior da Muralha Elíptica do Grande Zimbábue, uma sensação de confusão tomou conta de mim. Eu tinha passado grande parte do dia visitando aldeias africanas com cabanas feitas de estacas e argila. O contraste, agora, era avassalador. Por que os agricultores e pastores que viveram em tais comunidades se reuniram para construir uma estrutura tão impressionante? Parecia uma presença misteriosa e estranhamente alheia na paisagem de floresta. Não havia sinal de grandes palácios ou templos: apenas o imponente complexo amuralhado.

O Grande Zimbábue ocupa mais de 24 hectares. Uma grande colina de granito coberta com rochedos enormes dá para um emaranhado de estruturas de pedra, entre as quais a Muralha Elíptica, a característica mais proeminente do sítio. A colina, normalmente conhecida como a Acrópole (do grego: "cidade alta"), é um labirinto de recintos formados por rochedos e muros de pedra. O maior deles, do lado ocidental, foi ocupado por um longo período.

A Muralha Elíptica é famosa por seus muros altos de pedra, construídos sem argamassa, e por sua sólida torre cônica, um pouco mais alta do que a muralha externa. O chefe que governava o Grande Zimbábue vivia nesse complexo, provavelmente isolado de seus súditos. Vários outros recintos menores são encontrados a noroeste.

Mas o que exatamente era o Grande Zimbábue? Claramente, era um importante centro ritual. A Acrópole era uma colina sagrada isolada do resto do sítio. A julgar pelas várias coisas importadas, como contas de vidro indianas, porcelanas chinesas e conchas marinhas, os chefes comerciavam seu ouro, cobre e marfim de elefante com povos da costa leste africana.

Sabemos que os homens que viveram aqui eram chefes por causa dos gongos de ferro – símbolos tradicionais de liderança africana – encontrados no interior da Muralha Elíptica. Graças à datação por radiocarbono (ver Capítulo 27), sabemos que o Grande Zimbábue floresceu entre 950 e 1450, aproximadamente. Foi abandonado pouco antes de os navios portugueses chegarem na costa do oceano Índico em 1497.

Os portugueses navegaram para cidades costeiras como Melinde e Mombaça, no atual Quênia, que comerciavam marfim, ouro e escravos vindos do interior do continente. Em 1505, eles construíram uma feitoria em Sofala, um entreposto comercial islâmico de longa data na foz do rio Zambezi. Encontraram mercadores semiafricanos que conduziam pequenos grupos rio acima e para as terras altas do interior, carregando tecidos indianos baratos, cordões de contas de vidro coloridas e conchas marinhas. Em troca, os comerciantes obtinham pó de ouro carregado em espinhos de porco-espinho, lingotes de cobre e, acima de tudo, presas de elefante.

Alguns dos produtos comercializados, como tecido e porcelana chinesa, chegaram ao Grande Zimbábue. De suas explorações esporádicas ao continente, os portugueses ficaram sabendo de um assentamento construído de pedra, mas nunca o visitaram. Em 1531, Vicente Pegado, capitão da força militar em Sofala, o chamou "Symbaoe", um lugar construído de "pedras de tamanho maravilhoso".

O assunto ficou esquecido até 1867, quando um caçador e prospector germano-americano chamado Adam Render se deparou com as ruínas. Quatro anos depois, ele as mostrou a Karl Mauch, um geógrafo e explorador alemão, que ficou impressionado. Mauch afirmou que o Grande Zimbábue era o palácio da rainha bíblica de Sabá, os vestígios de uma esplêndida civilização mediterrânea rica em ouro no sul da África. Ele afirmou, inclusive, que uma viga de porta de madeira era feita de cedro libanês, trazido até o sítio por viajantes do antigo mundo mediterrâneo.

Nessa época, um fluxo de colonos brancos estava se dirigindo para o norte do rio Limpopo, agora fronteira entre a África do Sul e o Zimbábue moderno. Alguns foram para encontrar ouro e ficar ricos; muitos estavam ávidos por terras, e trataram de estabelecer fazendas. Muitos dos recém-chegados tinham pouca educação e desprezavam os africanos. Um grande número deles se instalou na terra fértil que era chamada Mashonalândia, onde fica o Grande Zimbábue. Acreditava-se que no Norte havia um antigo reino fabulosamente rico criado por pessoas brancas de fora da África.

Meu assombro quando visitei o Grande Zimbábue provavelmente não foi nada em comparação com o dos primeiros europeus a colocarem os olhos sobre as ruínas depois de 1871. Eles se depararam com um labirinto de construções de pedra caindo aos pedaços mascarado por trepadeiras. Mal se podia ver a torre cônica por entre as árvores e a vegetação rasteira. O Grande Zimbábue provavelmente foi um grande choque. E era um mistério arqueológico. Quem havia construído essas estruturas de pedra singulares? Foram obra de uma civilização estrangeira há muito desaparecida? Há quanto tempo foram abandonadas? Quando apareceram algumas contas de ouro durante uma escavação casual do lado de dentro da Muralha Elíptica, o entusiasmo foi ainda maior.

Os rumores chegaram aos ouvidos do empresário britânico Cecil John Rhodes e da Associação Britânica para o Avanço da Ciência em 1891. Juntos, eles patrocinaram uma temporada de escavações no Grande Zimbábue e em outras ruínas de pedra ao norte do Limpopo. Escolheram o antiquário britânico J. Theodore Bent para assumir as escavações. Bent não tinha educação formal em arqueologia, mas viajara por toda a Arábia, Grécia e Turquia (o que parecia ser uma qualificação admirável). Felizmente, ele levou consigo o agrimensor E.W.M. Swan.

Swan produziu o primeiro mapa do Grande Zimbábue. Enquanto isso, Bent encontrou objetos de ouro, cavou trincheiras rudimentares e anunciou em *The Ruined Cities of Mashonaland* [As cidades arruinadas de Mashonalândia], publicado em 1892, que o sítio era muito antigo e que era obra de árabes ou de povos do Mediterrâneo. Os colonos locais adoraram um livro que afirmava que uma civilização rica e não africana havia construído o Grande Zimbábue! Acadêmicos e colonos brancos diziam que o sítio havia sido construído por estrangeiros: ninguém acreditava que os ancestrais dos agricultores africanos pudessem ter construído as grandes edificações – eles eram considerados demasiado primitivos e sem conhecimento.

Quando objetos de ouro e de cobre surgiram das escavações de Bent, tudo que se falava entre os colonos locais era de civilizações fabulosamente ricas vindas do mundo mediterrâneo e há muito desaparecidas, e de grandes governantes que haviam colonizado Mashonalândia por causa de seu ouro. Isso dificilmente é de surpreender, já que muitos dos primeiros colonos haviam ido para a África a fim de encontrar ouro e fazer fortuna.

Além do mais, se estrangeiros vindos do Mediterrâneo haviam construído o Grande Zimbábue, então seria possível argumentar que seus sucessores – os novos colonos que estavam desalojando o povo local e instalando suas próprias fazendas – estavam meramente recuperando terras que haviam sido tomadas pelos africanos quando derrubaram esse reino um dia grandioso.

Os mais ambiciosos entre os colonos ficaram tão impressionados com a descoberta de ouro no Zimbábue que, em 1895, fundaram a Ancient Ruins Company para explorar sítios arqueológicos em busca de riquezas. Isso nada mais era do que uma tentativa de ficar ricos rapidamente escavando o Grande Zimbábue e outros sítios arqueológicos. Era como o roubo de tumbas egípcias, mas organizado como uma empresa pública. Felizmente, logo entrou em colapso devido à escassez de achados valiosos.

Então, Richard Hall, um jornalista da região, entrou em cena. Suas qualificações arqueológicas eram nulas, mas ele foi nomeado curador do Grande Zimbábue. Em 1901, Hall iniciou algumas escavações destrutivas. De fato, tudo que ele fez foi escavar todos os níveis de ocupação da maior estrutura do Grande Zimbábue, o Grande Recinto. Suas trincheiras revelaram fragmentos de contas e lâminas de ouro, lingotes de cobre e gongos de ferro, entre outros objetos. Ele também encontrou fragmentos de porcelana chinesa importada.

Hall não estava ciente de achados arqueológicos em outros lugares e conhecia pouco de história além daquela do tipo popular e racista. Acima de tudo, ele era um jornalista e um contador de histórias criativo que queria ganhar dinheiro com seus escritos. Ele teceu a miscelânea de achados oriundos de suas escavações em histórias empolgantes sobre uma civilização há muito desaparecida. Um homem de grande energia e entusiasmo contagiante (embora com as visões coloniais típicas da época), Hall considerava que o Grande Zimbábue era obra de pessoas do reino de Sabá, no sul da Arábia, no atual Iêmen. Tratava-se da terra da rainha bíblica de Sabá, que havia visitado o rei Salomão.

Enquanto as escavações de White Hall causavam grande comoção entre os colonos brancos locais, os membros sensatos da Associação Britânica para o Avanço da Ciência estavam ávidos por escavações disciplinadas. Em 1905, eles organizaram uma investigação das ruínas conduzida pelo arqueólogo David Randall-MacIver (1873-1945). Randall-MacIver tinha grande experiência em escavação no Egito, onde aprendera a importância dos artefatos para a criação de uma cronologia. Objetivo e bem preparado, Randall-MacIver ficou impressionado com a ausência de artefatos de origem estrangeira que fossem anteriores aos tempos medievais. Nada datava da época das antigas civilizações mediterrâneas ou do reino de Sabá.

Fragmentos de vasos de porcelana chinesa trazidos da costa leste africana foram encontrados em suas trincheiras. O design permitiu datá-los com precisão e, com base nesses achados, Randall-MacIver afirmou veementemente que o Grande Zimbábue pertencia ao século XVI, ou talvez um pouco antes.

A análise cuidadosa de objetos importados datáveis mostrou que o Zimbábue foi construído muito tempo depois das civilizações mediterrâneas que supostamente o teriam construído. Todas as porcelanas encontradas com as estruturas de pedra eram medievais, importadas pelas rotas comerciais do oceano Índico. Portanto, africanos da região, e não estrangeiros, haviam construído a estrutura. Isso era arqueologia de qualidade, baseada em argumentação lógica, mas os colonos ficaram furiosos e se recusaram a acreditar nele. Nos círculos de homens brancos, os ânimos ficaram tão acirrados que um quarto de século se passaria sem que ninguém mais escavasse o Grande Zimbábue.

Quando a Associação Britânica para o Avanço da Ciência resolveu que seu encontro anual aconteceria na África do Sul em 1929, para marcar a ocasião eles decidiram patrocinar novas escavações no Grande Zimbábue. Convocaram a arqueóloga inglesa Gertrude Caton-Thompson (1888-1985). Mulher firme e sensata, ela havia aprendido arqueologia no Egito com Flinders Petrie. Mas enquanto Petrie procurava tumbas de nobres, Caton-Thompson trabalhou em sítios da Idade da Pedra muito anteriores. Ela organizara sua própria expedição egípcia em 1924 com a geóloga londrina Elinor Gardner. As duas trabalharam na depressão de Faium, a oeste do Nilo, e encontraram pequenos sítios agrícolas. Caton-Thompson estimou sua data em aproximadamente 4000 a.C.: eram os assentamentos agrícolas mais antigos conhecidos na época.

Essa arqueóloga em ascensão era uma candidata ideal à escavação do Grande Zimbábue. Seu treinamento com Petrie incluíra pequenos artefatos e a importância da datação relativa, que usava objetos de idade conhecida para datar assentamentos pré-históricos.

Caton-Thompson chegou ao Grande Zimbábue num carro de boi em 1928. Ela posicionou as trincheiras com cuidado meticuloso e cavou uma abertura profunda no Recinto Ocidental da Acrópole. Usando fragmentos de porcelana chinesa e de vidro islâmico encontrados em suas trincheiras, ela demonstrou que o Grande Zimbábue havia começado como um pequeno povoado agrícola antes de se expandir drasticamente para se tornar um centro importante, com muralhas e construções de pedra. Suas conclusões confirmaram que Randall-MacIver estava certo: o Grande Zimbábue estivera no auge de sua glória nos séculos anteriores à chegada portuguesa na costa leste africana, em 1497. O mais impressionante dos sítios arqueológicos era inteiramente de inspiração e construção africana.

Caton-Thompson apresentou suas conclusões no encontro da Associação Britânica em 1929. Mais uma vez, houve alvoroço por parte dos colonos. Mas arqueólogos de toda parte aceitaram suas conclusões bem fundamentadas, que sobreviveram ao teste do tempo. Seu trabalho desencadeou tamanha fúria entre os colonos brancos que ninguém voltou para escavar o Grande Zimbábue até os anos 1950, quando a datação por radiocarbono confirmou sua cronologia. Caton-Thompson se manteve firme, apesar dos insultos. Ela guardou as numerosas cartas hostis que recebeu num arquivo intitulado "insanas". Depois da Segunda Guerra Mundial, as escavações brilhantes que ela havia realizado em 1928 assentaram as bases para o estudo da história negra africana.

Gertrude Caton-Thompson nunca mais trabalhou na África, mas sua pesquisa levou a uma conclusão potente: as interpretações racistas do passado não se sustentam à luz de dados arqueológicos baseados em escavações bem feitas e apresentados com critério. E suas escavações no Grande Zimbábue vieram num momento importante, quando a arqueologia estava se consolidando em lugares longe da Europa e do Mediterrâneo.

CAPÍTULO 23

Oriente e Ocidente

A arqueologia se desenvolveu de maneira diferente na Ásia e na Europa – no Oriente e no Ocidente. Há cerca de 2 mil anos, historiadores chineses trabalharam para reconstruir os acontecimentos históricos até pelo menos 3000 a.C. e as três principais dinastias de governantes no norte do país: Xia, Shang e Zhou. Eles mapearam os vários conflitos e a ascensão e queda de pequenos reinos, até que finalmente, em 221 a.C., o país foi unificado sob o primeiro imperador chinês, Qin Shi Huang Di (ver Capítulo 31).

Os chineses perceberam que sua história era complexa e estava em constante evolução; que dinastias iam e vinham, mas que a civilização permanecia. Nisso, eles foram auxiliados pelo sistema de escrita chinês, que remonta a cerca de 1500 a.C. Originalmente, consistia de símbolos pictóricos, mas pouco a pouco se transformou numa escrita que foi amplamente usada por autoridades do governo depois de 500 a.C.

Em sua maior parte, a Europa teve uma experiência diferente com a história. Lá, os registros escritos começaram com os romanos e com a conquista da Gália (França) por Júlio César em 54 a.C. Tudo que aconteceu antes só pode ser estudado usando-se métodos arqueológicos. Por exemplo, o Sistema das Três Idades e as pesquisas de Oscar Montelius e outros que documentaram os tempos pré-históricos depois da Era do Gelo (ver Capítulo 11). Em vez de se apoiar em registros escritos, os arqueólogos europeus refinaram seus métodos de escavação e levantamento, prestando muita atenção a pequenos objetos, como broches e alfinetes.

Os estudiosos da China eram curiosos sobre sua história remota há bem mais de 2 mil anos, e havia um interesse contínuo pela história das civilizações antigas. A arqueologia na China começou com uma paixão por colecionar – com o prestígio que vinha de possuir objetos finos do passado. Os antiquários já atuavam desde a dinastia Song (960-1279). Desde então, os imperadores chineses habitualmente colecionaram antiguidades finas.

Durante séculos, agricultores no norte da China desenterraram todo tipo de ossos de animais antigos em seus campos, chamando-os "ossos de dragão". Eles moíam os fragmentos fósseis para fazer medicamentos. Em 1899, alguns ossos com inscrições foram parar nas mãos de Wang Yirong, diretor da Academia Imperial em Pequim. Wang colecionava bronzes antigos e percebeu que a escrita usada nos ossos era idêntica à de alguns vasos da dinastia Zhou, entre os mais antigos da China. Em 1908, Luo Zhenyu, um antiquário e especialista em idiomas, traduziu algumas das inscrições dos ossos e as associou com Anyang, no vale do Rio Amarelo, capital da antiga dinastia Shang, uma das mais antigas civilizações chinesas.

As escavações em Anyang realizadas pelo arqueólogo Li Ji de 1928 a 1937 recuperaram 20 mil fragmentos de ossos com inscrições – escápulas de bovinos. Estes eram ossos de oráculos que haviam sido aquecidos e então rachados com ponteiros de metal quente. Sacerdotes interpretaram as rachaduras como mensagens divinas e acrescentaram as inscrições. Quando traduzidas, as inscrições se revelaram profecias envolvendo a família real Shang. Elas abarcavam tudo, de saúde a agricultura e perspectivas de vitória em uma guerra. Li Ji também escavou onze tumbas da realeza Shang e descobriu vários bronzes de valor inestimável.

Exceto pelas escavações em Zhoukoudian, perto de Pequim, que revelaram ossos de *Homo erectus* (ver Capítulo 8), nos primeiros dias da arqueologia moderna, a maioria das escavações estava nas mãos de exploradores não chineses (ou de alguns poucos arqueólogos particulares locais que trabalhavam por conta própria). A maioria deles operava no noroeste da China, na Mongólia e no Tibete. O mais famoso desses estudiosos foi Aurel Stein (1862-1943).

Explorador, viajante obsessivo e arqueólogo, Stein foi um dos últimos arqueólogos aventureiros. Nascido em Budapeste, quando adolescente ele demonstrou considerável talento intelectual. Seu treinamento militar húngaro também lhe rendeu um tino para panoramas e expertise em pesquisa. Como outros arqueólogos trabalhando em áreas remotas, Stein tinha um dom excepcional para idiomas, o que lhe permitiu viajar por toda parte na pouco conhecida Ásia Central. Exceto pela antiga Rota da Seda e outras rotas comerciais, a região era praticamente um vácuo geográfico no mundo ocidental. (A Rota da Seda era uma rede de rotas comerciais por toda a Ásia Central que ligava a China ao Ocidente.)

Stein entrou para o Serviço de Educação Indiano em 1887, mas foi transferido para o Serviço Arqueológico da Índia em 1910. Àquela altura, ele já tinha adentrado o território remoto na fronteira da China com a Índia. Lá, investigou o misterioso reino de Khotan, um antigo centro para a disseminação do budismo da Índia à China. Khotan havia enriquecido com o comércio da Rota da Seda durante o século VIII. O principal interesse de Stein eram artefatos e livros sagrados que estavam sendo vendidos para colecionadores europeus.

Entre 1906 e 1913, Stein desapareceu nas partes menos acessíveis da China. Ele visitou as Cavernas dos Mil Budas, em Dunhuang, no extremo oeste da China, onde encontrou esculturas pintadas entalhadas em arenito. O santuário mais antigo nas cavernas fora fundado por monges chineses em 306. Com o passar do tempo, 492 templos foram construídos naquela que se tornou uma importante junção da Rota da Seda. Cerca de 45 mil metros quadrados de pinturas adornavam as paredes das cavernas, algumas das mais antigas artes chinesas de que se tem notícia.

Stein ouviu rumores de uma coleção de manuscritos antigos, e um monge lhe mostrou uma câmara fechada abarrotada de documentos de todos os tipos. Eram versões chinesas de textos budistas, escritos entre os séculos III e IV. Muitos foram concebidos para serem pendurados nos santuários.

Stein comprou a coleção inteira – e, também, outras sete caixas de manuscritos e mais de trezentas pinturas – por quatro ferraduras de prata. Discretamente, ele carregou tudo sobre camelos e pôneis e surrupiou a coleção para o Museu Britânico. Embora Stein tenha sido criticado por sua pilhagem desonesta, ele conseguiu evitar que vários artefatos valiosíssimos dos primórdios do budismo e da cultura da antiga Ásia Central fossem vendidos no mercado aberto.

Além das atividades de colecionador de Stein, o Serviço Arqueológico da Índia patrocinou suas expedições e longas ausências como uma maneira de obter informações políticas e geográficas de vital importância. Entre 1913 e 1916, ele penetrou a Mongólia e identificou longos trechos da Rota da Seda. Naquele momento, no entanto, enfrentou a concorrência de outros arqueólogos e a suspeita das autoridades. Apesar dessas dificuldades, Stein regressou com mais um rico conjunto de manuscritos, artefatos de jade e cerâmica fina, todos comprados ao menor preço possível ou coletados da superfície de sítios desertos.

Stein continuou viajando por partes remotas da Ásia Central até os seus setenta e poucos anos. Durante os anos 1920, ele esquadrinhou regiões pouco conhecidas da Pérsia e do Iraque à procura de elos culturais com as cidades hindus de Harapa e Moenjodaro (ver Capítulo 25). Nos anos 1940, ele ainda estava mapeando as remotas fronteiras orientais do Império Romano. Praticamente sozinho, esse viajante notável ligou o Oriente ao Ocidente. Para os chineses, que o consideravam um ladrão, seus métodos eram questionáveis, mas ele abriu os olhos dos arqueólogos e historiadores ocidentais para o grande vazio que havia sido a Ásia Central.

Que influência o Oriente Médio e a China tiveram sobre a Europa antiga? Vere Gordon Childe (1892-1957), um arqueólogo e filólogo de origem australiana, forneceu algumas respostas. Filho de um clérigo da Igreja Anglicana, ele se rebelou contra sua criação respeitável e se tornou ativista político enquanto ainda estava na Universidade de Sydney. Childe, então, foi estudar a arqueologia da Grécia e de Roma na Universidade de Oxford. Após uma breve participação na política do Partido Trabalhista Australiano, ele regressou ao Reino Unido e então passou cinco anos viajando pela Europa, estudando o passado.

Gordon Childe sempre pensou na Pré-História como uma forma de história. Suas fontes não eram documentos, mas os artefatos, os sítios e o comportamento das sociedades pré-históricas. Ao contrário de muitos dos primeiros arqueólogos, ele adotou uma visão ampla do passado, que contrastava drasticamente com as obsessões estritas, baseadas em artefatos, de outros arqueólogos. Seu vasto conhecimento de sítios e ferramentas por toda a Europa lhe permitiu construir um retrato do desenvolvimento de sociedades europeias posteriores, começando com a agricultura e terminando com a chegada dos romanos. Em busca de inspiração, ele observou as antigas sociedades do Oriente Médio, cujas inovações e ideias haviam se espalhado para a Europa.

Essa ideia não era nenhuma novidade. Os predecessores arqueológicos de Childe acreditaram durante muito tempo que a civilização havia se desenvolvido no Egito e na Mesopotâmia. Mas Childe pensava diferente daqueles que presumiram que a Europa havia importado tudo de fora. Enquanto as sociedades do Oriente Médio formaram unidades políticas maiores, e finalmente civilizações, suas contemporâneas europeias se fragmentaram em muitas unidades políticas menores. Childe argumentou que essa fragmentação possibilitou que comerciantes e artesãos se movimentassem e espalhassem suas ideias e inovações por grandes áreas. Então, quando o ferro se tornou disponível para todos, surgiram os primeiros Estados verdadeiramente democráticos.

Escritor fluente e com um estilo fácil, Childe escreveu uma série de livros que foram lidos em toda parte. O mais famoso foi *The Dawn of European Civilization* [O despertar da civilização europeia], publicado em 1925, que se tornou uma bíblia para gerações de estudantes até os anos 1960. O livro era uma história narrativa, baseada em arqueologia. Childe falava não de reis e estadistas, mas de culturas humanas, identificadas por agrupamentos de artefatos (tais como vasos de argila, espadas e broches de bronze) e também por arquitetura e arte.

Ele acreditava que a bacia do Danúbio, no Leste Europeu, com seus solos férteis e precipitações abundantes, era a região onde muitas sociedades agricultoras europeias que faziam uso de metal desenvolveram ideias e tecnologias antes de se espalharem para o oeste rumo ao Atlântico distante.

Childe também usou artefatos e ornamentos para identificar mudanças nas sociedades humanas ao longo do tempo. Esta abordagem é chamada "história cultural" e se tornou uma ferramenta básica de arqueólogos em toda parte. As datas propostas por ele para avanços tais como o início da agricultura foram, em sua maioria, estimativas intensamente debatidas, e hoje sabemos que são imprecisas (ver Capítulo 27).

Em 1927, Childe foi nomeado professor de arqueologia pré-histórica na Universidade de Edimburgo. Mas ele não era um bom professor, e em vez de dar aulas passou o tempo viajando e escrevendo. Ele tem relativamente poucas escavações em seu nome – em torno de quinze sítios na Escócia e na Irlanda. Sua escavação mais famosa foi a de Skara Brae, um povoado da Idade da Pedra nas ilhas Órcades, no norte da Escócia, onde ele encontrou mobília de pedra ainda intacta, hoje datada de cerca de 3000 a.C. Esta, ele interpretou comparando-a com a mobília de pedra de habitações rurais do século XIX nas Terras Altas escocesas.

Dos artefatos, o interesse de Childe passou para o desenvolvimento econômico no passado, especialmente a agricultura e as origens da civilização. Ele argumentou que as secas disseminadas no fim da Era do Gelo levaram as sociedades humanas para oásis, onde elas entraram em contato com gramíneas silvestres e com animais selvagens que podiam ser domesticados. Elas passaram a se dedicar à agricultura e ao pastoreio, naquela que ele chamou de Revolução Agrícola (ver Capítulo 30). Em 1934, ele falou de uma Revolução Urbana, que levou ao surgimento de cidades e civilizações.

Essas duas revoluções, concluiu Childe, impulsionaram importantes avanços tecnológicos, produziram mais oferta de alimentos e grandes aumentos populacionais, e então, finalmente, a especialização dos ofícios, a escrita e a civilização. Ele argumentou que as Revoluções Agrícola e Urbana tiveram um impacto tão grande sobre a história humana quanto a Revolução Industrial no século XVIII, com suas máquinas a vapor, fábricas e cidades.

Em 1946, Childe deixou Edimburgo para se tornar professor de arqueologia europeia no Instituto de Arqueologia de Londres. Nos anos 1950, porém, suas ideias estavam sob ataque. O advento da datação por radiocarbono derrubou muitas de suas cronologias europeias (ver Capítulo 27). Em parte por essa razão, uma nova geração de arqueólogos minimizou a importância do Oriente Médio. Novas pesquisas enfatizaram as mudanças no interior das sociedades, em lugar das influências externas. Childe ficou deprimido e começou a considerar o trabalho de toda a sua vida um fracasso. E tampouco suas histórias bem escritas sobre o passado influenciaram a direção da sociedade contemporânea. Childe se aposentou em 1956, voltou para a Austrália e cometeu suicídio um ano depois.

Ao franco e enérgico Gordon Childe devemos algumas das primeiras grandes narrativas da Pré-História humana, que abrangeram áreas muito maiores do que um único país ou região. Ele, Auren Stein e os arqueólogos chineses que trabalharam em Anyang uniram o Oriente e o Ocidente e transformaram a arqueologia num estudo global do passado.

CAPÍTULO 24

Concheiros, pueblos e anéis de crescimento

Há uma saída de autoestrada em Emeryville, do outro lado da baía de São Francisco, na Califórnia, que se chama Shell Mound Street [Rua do Concheiro]. E por uma boa razão, pois foi com esse concheiro gigante que Max Uhle (1856-1944), um arqueólogo de origem alemã, desafiou ousadamente o pressuposto geral de que as sociedades indígenas da Califórnia não haviam mudado ao longo de milhares de anos. A situação era similar à do Grande Zimbábue: simplesmente, ninguém acreditava que os nativos americanos na Califórnia fossem capazes de inovação.

O imenso concheiro pré-histórico que Uhle escavou desapareceu há muito tempo sob edifícios modernos. Mas, em 1902, Uhle, que trabalhara durante anos em sítios arqueológicos no Peru, foi contratado para escavar concheiros na área da baía de São Francisco. Ele começou a trabalhar em um concheiro em Emeryville que era um dos maiores. O sítio tinha trinta metros de comprimento, mais de nove metros de altura, e se elevava sobre a planície ao redor. Sua trincheira desceu até abaixo do nível da água.

Uhle desenhou cortes transversais detalhados de dez camadas importantes e contou o número de artefatos encontrado em cada uma. Numa época em que poucos escavadores na Califórnia pensavam sobre longas sequências de camadas de ocupação, este foi um avanço importante. Até então, as pessoas haviam escavado concheiros de maneira rápida e desordenada, principalmente em uma busca apressada por sepulturas e artefatos. Estes eram sítios triviais, monótonos de se escavar e acumulados ao acaso por coletores de crustáceos. Persistiam os antigos preconceitos de que esses povos estavam na base da escada humana.

No fim, Uhle reduziu os dez estratos a dois componentes principais. As pessoas do estrato inferior viveram basicamente de ostras, enterraram seus mortos no montículo e fabricaram ferramentas com pedras da região. Os habitantes posteriores usaram cremação, consumiram enormes quantidades de mexilhões em vez de ostras e importaram pedra fina para a fabricação de ferramentas. Uhle estimou que o concheiro de Emeryville esteve em uso durante mais de mil anos.

Uhle era um escavador pouco sofisticado pelos padrões de hoje, mas seus métodos eram muito melhores do que a escavação rudimentar que era lugar-comum em outros sítios. Além disso, ele tinha enorme experiência prática tanto em escavação como na análise de artefatos e níveis de ocupação em diferentes ambientes. Ele havia trabalhado no centro cerimonial pré-incaico em Tiahuanaco, no planalto boliviano, em 1894 (quando impediu soldados da região de usar os entalhes para a prática de tiro ao alvo). E, depois de 1896, ele trabalhou na árida costa peruana, onde prestou muita atenção aos estilos de cerâmica e têxteis, estes últimos preservados pelo ambiente seco, já que tendiam a mudar com o tempo. Em todo lugar onde trabalhou no Peru, ele desenvolveu sequências cronológicas, usando sepulturas em cemitérios para esse fim. Em certo sentido, ele foi mais um Flinders Petrie, numa paisagem desértica diferente. Suas duras críticas aos arqueólogos da região ofenderam seus colegas bolivianos e peruanos, que o acusaram de vender artefatos para lucrar. Ele partiu da América do Sul e se envolveu com os concheiros da Califórnia.

Uhle era eficiente e muito experiente. Ele publicou suas escavações prontamente e em detalhes. Seria de se esperar que outros arqueólogos acatassem sua avaliação completa das mudanças na vida dos coletores de crustáceos de Emeryville. Suas conclusões eram claras, bem documentadas e baseadas em longos anos de estudo envolvendo culturas ameríndias no Peru. Mas, em vez disso, a ira dos arqueólogos locais caiu sobre sua cabeça. Eles presumiram durante muito tempo que as culturas indígenas californianas haviam permanecido estáticas por todo o passado e não viam razão para mudar de ideia. Um antropólogo influente chamado Alfred Kroeber rejeitou totalmente as conclusões de Uhle. Sabendo que estava certo, Uhle apenas continuou trabalhando. Gerações posteriores de pesquisadores de concheiros provaram que ele tinha razão.

Max Uhle não estava sozinho ao demonstrar que as antigas sociedades americanas mudaram profundamente ao longo de milhares de anos. Ele trabalhou com conchas de moluscos, ferramentas de pedra e concheiros triviais. Mas, no Sudoeste norte-americano, havia pueblos de vários andares e sítios arqueológicos bem mais impressionantes. O clima seco da região preservou muito além de cerâmicas e ferramentas de pedra – cestos, têxteis, sandálias e até mesmo sepulturas. Havia poucos arqueólogos no Sudoeste na época de Uhle, mas alguns tentaram datar estilos de cerâmica e pueblos. Um deles foi Alfred Kidder (1885-1963).

Kidder introduziu no Sudoeste a prática de escavar em camadas, e posteriormente se tornou um nome importante na arqueologia maia. Nascido em Marquette, Michigan, ele era filho de um engenheiro de minas. Admitido no curso preparatório para a graduação em Medicina da Universidade de Harvard, logo mudou o foco para a antropologia. Na época, Harvard era o principal centro de antropologia do país.

Em 1907, os mentores de Kidder em Harvard – entre os quais Alfred Tozzer, um notável especialista no estudo dos maias – o enviaram numa expedição arqueológica à região de Four Corners, no Sudoeste, onde se encontram quatro estados dos

Estados Unidos. Kidder nunca havia estado a oeste de Michigan, mas imediatamente se apaixonou pela área e ficou fascinado com sua arqueologia. Ele se graduou em 1908, visitou a Grécia e o Egito com a família, e então entrou na pós-graduação em 1909. Logo de cara, fez um curso de métodos de campo arqueológico conduzido por George Reisner, um conhecido egiptólogo. Kidder visitou as escavações de Reisner no Egito e no Sudão e aprendeu seus métodos para análise estratigráfica (isto é, de camadas) e para a escavação de grandes cemitérios, uma parte importante da arqueologia sudanesa.

A tese de doutorado de Kidder foi um estudo sobre os estilos de cerâmica do Sudoeste americano. Ele considerou o trabalho praticamente impossível, porque as escavações da época ignoravam as camadas estratificadas. Para o seu trabalho de campo na Meseta del Pajarito, no Novo México, onde atualmente fica Los Alamos, ele usou cerâmicas antigas e modernas para desenvolver uma sequência cultural, que publicou num artigo influente em 1915.

Naquele mesmo ano, a Fundação Robert S. Peabody para Arqueologia em Andover, Massachusetts, nomeou Kidder diretor de um projeto de escavação de longo prazo em Pecos, no Novo México, onde grandes montes de lixo intocados marcavam um pueblo abandonado. No entanto, a Primeira Guerra Mundial interferiu. Kidder serviu com distinção na Frente Ocidental e foi promovido ao posto de capitão em 1918. A pesquisa em Pecos foi retomada em 1920 e continuou até 1929. O projeto foi um grande sucesso. Kidder era um líder dinâmico e entusiástico, com uma personalidade que atraía jovens estudantes. Muitos deles prosseguiram para desfrutar de carreiras notáveis em outros lugares.

Como outros arqueólogos do Sudoeste, Kidder também esvaziou cômodos de pueblos, mas com uma diferença. Ele observou atentamente as variações nos estilos de cerâmica e se perguntou o que aquelas mudanças significavam. Ele escavou os montes de lixo de Pecos numa escala gigantesca. Mas, em vez de escavar níveis arbitrários, anotou cuidadosamente as característicasticas, como montes de ossos descartados e utensílios quebrados. Ele seguiu a prática de Reisner de registrar cada achado em três dimensões, para que pudesse documentar até mesmo as menores diferenças estratigráficas. Os registros detalhados que ele fez das cerâmicas seguiram a prática de Reisner.

Em poucas temporadas, Kidder havia reunido uma crônica notável de diferentes estilos de cerâmica em Pecos, marcados especialmente pela decoração da superfície, tais como desenhos pintados em preto. Ele também escavou centenas de sepultamentos humanos. O antropólogo de Harvard E.A. Hooton, uma autoridade em esqueletos humanos antigos, visitou as escavações, observou os ossos e determinou seu sexo e idade. Informações únicas e valiosas acerca da expectativa de vida e dos efeitos do trabalho pesado sobre o esqueleto humano surgiram dessa pesquisa. Hooton mostrou que a maioria dos antigos indivíduos de Pecos morreu aos vinte e poucos anos.

A escavação propriamente dita praticamente cessou no sítio de Pecos depois de 1922, quando Kidder mudou de estratégia. Ele havia adquirido informações sobre a arquitetura e a expansão do pueblo e escavado seus níveis mais antigos. Então ampliou sua pesquisa para levantamentos e escavações em outros sítios enquanto analisava a enorme quantidade de achados. Seus estudos iam muito além da arqueologia, esmiuçando a agricultura e até mesmo a saúde pública dos índios pueblos modernos. O projeto de Pecos foi um exemplo notável de pesquisa em equipe numa época em que a maior parte da arqueologia norte-americana era pouco sofisticada. Pecos prenunciou os projetos de campo coesos da arqueologia atual.

Em 1927, Kidder tinha informações suficientes para compilar uma sequência detalhada de culturas pueblos e pré-pueblos no Sudoeste. Sua longa sequência começou com as culturas cesteiras que tinham pelo menos 2 mil anos de existência. Esses povos não fabricavam cerâmicas e não tinham lares permanentes. Eles foram seguidos pelas culturas pré-pueblos e pueblos. Em Pecos, Kidder encontrou nada menos do que seis assentamentos, um acima do outro. Havia informação suficiente para ele afirmar a existência de oito importantes estágios culturais entre 1500 a.C. (os cesteiros) e 750 d.C. Então, houve cinco estágios pueblos depois de 750, terminando no período da história escrita (que começou em 1600). A sequência em Pecos mostrou que os povos do Sudoeste desenvolveram suas culturas e instituições de maneira bem independente de outras áreas. A sequência de Kidder para o Sudoeste foi a base para toda pesquisa subsequente. Houve, é claro, inúmeras modificações, mas isso era de se esperar.

Kidder levou suas ideias adiante. Ele organizou uma conferência informal no acampamento da escavação em Pecos em agosto de 1927. Quarenta arqueólogos compareceram para avaliar o progresso e assentar as bases para um sistema cultural elementar, que foi essencial quando mais arqueólogos começaram a trabalhar no Sudoeste. A conferência estabeleceu três estágios de cesteiros e cinco estágios de habitantes de pueblos como uma sequência cronológica provisória. Como o Sistema das Três Idades na Europa do século XIX, o esquema de Pecos reduziu o caos em torno das primeiras escavações. A conferência de Pecos é, até hoje, um evento anual no Sudoeste e conta com a participação de várias centenas de pessoas.

A sequência de Pecos tinha uma grande desvantagem. Não havia forma de datar a sequência em anos do calendário. Felizmente, um astrônomo da Universidade do Arizona, A.E. Douglass (1867-1962), vinha estudando mudanças climáticas desde 1901. Ele estava interessado no efeito que certos eventos astronômicos – como, por exemplo, as manchas solares – tinham sobre o clima. Com uma perspicácia brilhante, ele argumentou que os anéis de crescimento anual nas árvores do Sudoeste podiam documentar mudanças climáticas grandes e pequenas. Douglass descobriu que havia uma relação direta entre a espessura dos anéis de crescimento e a quantidade de precipitação atmosférica anual. Anéis finos marcavam anos secos; anéis mais grossos, anos úmidos.

Os experimentos iniciais de Douglass o levaram uns duzentos anos para o passado. Dos abetos e pinheiros vivos mais antigos, ele estendeu a técnica às árvores mortas, usando vigas de igrejas espanholas do período colonial. Depois, foi a vez das ruínas pré-históricas. Em 1918, ele concebeu uma broca de madeira que lhe permitia obter amostras de anéis de árvores de vigas antigas sem afetar as estruturas que elas suportavam.

As primeiras perfurações de Douglass vieram de vigas de antigos pueblos, feitas de árvores que caíram havia muito tempo. Como eram muito antigas, não puderam ser associadas com os anéis de crescimento de árvores vivas de idade conhecida. Havia uma sequência de oitenta anos das ruínas astecas, no norte do Novo México, e outra de Pueblo Bonito, um grande pueblo semicircular em Chaco Canyon. Mas Douglass não conseguia identificar as datas com precisão – as sequências de anéis "flutuavam" no tempo.

Ele levou dez anos para associar a história de anéis de crescimento conhecidos e suas cronologias intermitentes anteriores. Em 1928, os índios permitiram que ele perfurasse as vigas de povoados hopis no norte do Arizona: isso o levou de volta ao ano 1400. Um ano depois, uma viga carbonizada de uma ruína em Show Low, Arizona, tinha uma sequência de anéis de crescimento que se sobrepunha às cronologias intermitentes de sítios anteriores. Agora ele podia associar as sequências dos anéis de árvores de Pecos à sua cronologia principal. A nova ciência da dendrocronologia (datação de anéis de crescimento de árvores) finalmente datou a sequência em Pecos e forneceu uma cronologia para o grande desenvolvimento da cultura pueblo dos séculos X a XII.

Os métodos de escavação e análise de artefatos de Alfred Kidder se espalharam pouco a pouco pela América do Norte. Todas as pesquisas subsequentes no Sudoeste, e em grande parte das Américas, derivam, essencialmente, do projeto de Pecos. Graças ao treinamento que receberam em campo, seus alunos talentosos levaram consigo os métodos de trabalho de campo mais avançados quando trabalharam em outros lugares. O próprio Kidder veio a ocupar uma posição importante supervisionando uma pesquisa sobre os maias no Instituto Carnegie em Washington, D.C., em 1929.

Em 1950, ele foi para Cambridge, Massachusetts, onde sua casa se tornou um lugar de reunião para arqueólogos e estudantes até sua morte, em 1963. Àquela altura, a arqueologia norte-americana havia se erigido sobre as bases de Kidder e estava pronta para pesquisas mais detalhadas. Ele fez da precisão, observação cuidadosa e pesquisa em equipe a base da arqueologia norte-americana.

CAPÍTULO 25

Um gigante cuspidor de fogo

Moenjodaro, Paquistão, 1947. Um pequeno grupo de jovens arqueólogos se reuniu em frente de uma confusão de tijolos de terra crua e areia bem acima da antiga cidade às margens do rio Indo. O silêncio caiu quando um arqueólogo de meia-idade, com a postura ereta e um bigode cheio, caminhou até eles.

Mortimer Wheeler era um homem formidável, e os estudantes morriam de medo dele. Com poucas palavras, mas gestos cheios de autoridade, ele os dividiu em equipes para supervisionar os trabalhadores locais, que atacaram a areia. Uns poucos tijolos desgastados se tornaram muitos. As paredes de uma grande plataforma surgiram da encosta. "Um forte", anunciou ele, em voz alta. "Eleva-se sombrio e ominoso sobre a planície." Os arqueólogos e estudantes assentiram com a cabeça, concordando timidamente. O anúncio enérgico era típico de um arqueólogo que um colega insatisfeito certa vez descrevera como um "gigante cuspidor de fogo".

Muitos dos primeiros arqueólogos tinham uma personalidade forte. Precisavam ter, já que com frequência trabalhavam praticamente sozinhos e quase sempre em terras remotas. Muitas de suas escavações eram em grande escala, usando pequenos exércitos de trabalhadores. Mortimer Wheeler era um líder nato, mas suas habilidades foram desenvolvidas enquanto ele foi oficial de artilharia durante a Primeira Guerra Mundial. Em Moenjodaro, ele dirigiu uma escavação que capacitou jovens arqueólogos indianos em seus métodos rigorosos. Wheeler os conduzia com mão firme e não deixava ninguém em dúvida sobre quem era o chefe. Se ele dizia a seus estudantes que uma massa de tijolos era um forte, era um forte. Não havia o que argumentar.

O "gigante cuspidor de fogo" não foi o primeiro arqueólogo a trabalhar em Moenjodaro. A arqueologia era nova na Índia, onde a história escrita começou com a invasão de Alexandre, o Grande, em 326 a.C. O primeiro arqueólogo profissional a escavar foi um inglês, John Marshall, que se tornou diretor-geral do então recém-fundado Serviço Arqueológico da Índia, em 1921.

Marshall chegou em Moenjodaro com força total: durante a temporada de campo de 1925-1926, ele usou uma mão de obra de 1,2 mil pessoas. Também treinou jovens arqueólogos indianos para escavação. As escavações revelaram blocos inteiros de casas de tijolo, redes de ruas e sistemas de drenagem elaborados. Um grande tanque de água revestido de pedras que servia como banho cerimonial foi descoberto em meio a edificações bem acima da cidade. Quando arqueólogos na Mesopotâmia encontraram artefatos idênticos aos de Moenjodaro que datavam do terceiro milênio a.C., Marshall obteve uma cronologia rudimentar com a qual trabalhar. Seu relatório sobre Moenjodaro e a civilização do Indo tornou-se a referência no assunto – até Mortimer Wheeler aparecer.

Robert Eric Mortimer Wheeler (1890-1976) irrompeu na arqueologia indiana como um trovão, tornando-se diretor do Serviço Arqueológico da Índia em 1944. Wheeler herdou uma instituição moribunda, mas, decidido e extravagante, era o homem ideal para dar nova vida ao instituto.

Filho de um jornalista, ele nasceu em Edimburgo. Formou-se em estudos clássicos na University College London. Depois de se graduar, foi para a Renânia, na Alemanha, pesquisar cerâmicas romanas. Sua experiência em artilharia durante a Primeira

Guerra Mundial o convenceu de que ele tinha um talento para logística e organização, qualidades essenciais em um escavador. Em 1920, Wheeler se tornou curador de arqueologia no Museu Nacional do País de Gales, em Cardiff, e então, quatro anos depois, tornou-se seu diretor.

Enquanto estiveram no País de Gales, Wheeler e sua esposa, Tessa, realizaram uma série de escavações importantes em fortes romanos fronteiriços. Eles haviam estudado os métodos de escavação praticamente esquecidos do general Pitt Rivers (ver Capítulo 16). Como Rivers, eles prestaram atenção em tudo – até mesmo nas camadas rasas no solo –, recuperaram os menores dos artefatos e publicaram sua obra prontamente. Os excelentes desenhos de Wheeler serviram como ilustrações. Não havia nada parecido com aquilo na arqueologia romana. Wheeler foi ainda mais longe. Convencido de que o público tinha o direito de conhecer seu trabalho, ele incentivou visitas ao sítio e deu várias palestras populares.

Prehistoric and Roman Wales [Gales romana e pré-histórica], publicado em 1925, no mesmo ano de *Dawn of European Civilization* [O despertar da civilização europeia], de Gordon Childe (ver Capítulo 23), construiu a reputação de Wheeler. Ele recusou uma cátedra em Edimburgo (que, na sequência, Gordon Childe aceitou) e, em 1926, tornou-se curador do negligenciado Museu de Londres. Com sua energia inesgotável, Wheeler rapidamente transformou o lugar. Enquanto isso, ele e Tessa escavaram mais sítios, cuidadosamente escolhidos para estudar a relação entre os povos britânicos nativos e os colonizadores romanos. Ele também treinou uma nova geração de jovens arqueólogos em suas agitadas escavações.

Em 1928 e 1929, Wheeler escavou um santuário romano em Lydney, Gloucestershire. Então voltou sua atenção para a cidade romana de Verulâmio, logo ao norte de Londres, em um terreno aberto onde a escavação em grande escala era possível. Entre 1930 e 1933, ele e Tessa expuseram aproximadamente 4,5 hectares da cidade e revelaram a complicada história de seus monumentos de terra e de assentamentos primitivos.

Depois de colocar em ordem o Museu de Londres, Wheeler, ainda cheio de energia, fundou o Instituto de Arqueologia de Londres em 1937, tornando-se seu primeiro diretor. Sob sua liderança, o instituto ficou famoso pelo trabalho de campo e pela excelente formação que oferecia em métodos de escavação e científicos, tais como análise de cerâmicas.

Cansados dos romanos, os Wheeler encararam sua escavação britânica mais ambiciosa, o Castelo Maiden, um castro gigantesco de 2 mil anos no sul da Inglaterra, com imensos monumentos de terra. De 1934 a 1937, o casal dissecou as complexas fortificações abrindo trincheiras verticais profundas. Eles também investigaram partes do interior com trincheiras rasas dispostas em uma série de caixas. Esse layout horizontal lhes permitiu identificar camadas diferentes numa área extensa. Com as trincheiras cuidadosamente identificadas e registradas, a estratigrafia lhes possibilitou construir uma cronologia de um lado a outro do sítio.

As escavações do Castelo Maiden alcançaram um nível de sofisticação jamais visto até então. Wheeler incentivou ativamente a visitação e escreveu relatos vívidos sobre o sítio. Sua história mais famosa descreve um ataque romano ao forte em 43, com sobreviventes rastejando de volta na calada da noite para enterrar os mortos (que Wheeler havia encontrado nas trincheiras). Isso é Wheeler em seu melhor: divertido e extravagante.

Wheeler era uma personalidade formidável, com olhos brilhantes e cabelos ao vento. Ele não gostava de críticas e não tolerava pessoas ignorantes. Era rígido tanto com seus trabalhadores remunerados como com os voluntários e tinha pouca consideração para com os sentimentos deles. Fez inimigos com suas ambições e seus modos abruptos, bem como com seu amor à publicidade. Mas, com planejamento disciplinado e trincheiras cuidadosamente dispostas – abertas para obter informações e não riquezas –, ele e Tessa trouxeram a escavação britânica ao mundo moderno.

Com a eclosão da Segunda Guerra Mundial, Wheeler voltou à Artilharia Real. Ele lutou na Batalha de El Alamein, na África do Norte, destacando-se sob fogo cruzado. Então, do nada, em 1944 o vice-rei da Índia o convidou para ser diretor-geral do Serviço Arqueológico da Índia.

Wheeler reformou o instituto descuidado quase que da noite para o dia. Num rigoroso programa de treinamento com duração de seis meses em Taxila, 61 estudantes aprenderam um padrão de escavação até então desconhecido na Índia. A primeira escavação indiana de Wheeler foi em Arikamedu, um entreposto comercial na costa sudeste. Ele encontrou fragmentos de cerâmica romana que mostraram que produtos romanos haviam sido comercializados para regiões longínquas como aquela.

Mas seu maior desafio foi em Harapa e Moenjodaro. Wheeler já tinha escavado cidades e fortes antes, mas era a primeira vez que encarava sítios tão grandes e complexos como essas duas cidades antigas. Durante cinco anos, sua equipe treinada o acompanhou na sondagem dos dois sítios.

Wheeler dividiu Moenjodaro em duas seções: as edificações mais altas, a cidadela, do lado ocidental; e a cidade baixa, predominantemente residencial. Suas escavações revelaram um traçado quadriculado de ruas estreitas ladeadas por habitações de tijolo. Estas iam de norte a sul e de leste a oeste. Canalizações cobertas ligavam as ruas e os becos. A sofisticação dos sistemas de drenagem e esgoto não tinha paralelos no mundo antigo. Tanto Wheeler como Stuart Piggott, outro arqueólogo britânico muito competente que também passou parte da guerra na Índia, ficaram impressionados com as realizações tecnológicas desta que parecia ter sido uma civilização modesta: não havia governantes similares a deuses se gabando de suas conquistas em paredes de templos e palácios, como era o caso no Egito e na Mesopotâmia.

Quando Wheeler escavou as cidadelas em Moenjodaro e Harapa, ele interpretou as estruturas no alto como edifícios públicos. Um amontoado de tijolos, ele proclamou que era um celeiro. Hoje sabemos que Wheeler estava enganado: era um salão cheio de colunas. Escavador cuidadoso, embora às vezes agressivo, ele estava muito ciente do valor das relações públicas para uma descoberta importante. Com frequência, mergulhava totalmente no passado durante as escavações, uma característica que podia levá-lo a exagerar a importância de seus achados. Lampejos de inspiração – como o celeiro de Moenjodaro – foram típicos de grande parte de sua pesquisa. Como Leonard Woolley, ele também era um escritor brilhante e usava até mesmo pequenos achados para criar uma imagem de um comportamento antigo que fosse capaz de atrair o interesse público.

Apesar de todas as suas cidades e cidadelas, a antiga civilização do Indo era muito diferente de outras. Não havia palácios nem sepulcros da realeza. Sobrevivem poucos retratos de pessoas do Indo, mas uma escultura bem conhecida mostra um homem aparentemente calmo, que passa mais a impressão de ser um sacerdote do que um governante poderoso.

Wheeler e Piggott descreveram uma civilização diferente da do Egito ou da Mesopotâmia. Suas cidades são cercadas por muros com portões imponentes. No início, eram compactas. Então, conforme as populações cresceram, surgiram subúrbios fora dos muros, onde os arqueólogos descobriram construções similares a casernas. Wheeler afirmou que foram habitadas por trabalhadores. Mas, novamente, pesquisas posteriores indicam que provavelmente foram oficinas para a fabricação de cerâmicas e ferramentas de metal; e as pessoas que trabalharam nessas oficinas provavelmente viveram nas cidades.

Devemos lembrar que Wheeler chegou na Índia vindo diretamente de um campo de batalha e que ele era um especialista em Roma, uma sociedade em que os soldados tinham um papel central. Ele interpretou os muros das cidades do Indo como defensivos. Quando descobriu os esqueletos de 37 homens, mulheres e crianças jazendo nas ruas de Moenjodaro que datavam do fim do período de ocupação, ele imediatamente chegou à conclusão de que houve um massacre derradeiro de pessoas que defendiam seus lares. Mas ele estava simplesmente enganado. As "vítimas" vinham de diferentes grupos da cidade baixa, e não da cidadela, que teria sido defendida até o final. Nenhuma das sepulturas mostra qualquer sinal de violência. Bioantropólogos acreditam que a causa da morte tenha sido uma doença, e não a guerra. Na verdade, as muralhas e as grandes plataformas foram erguidas para defender a cidade não de invasores, e sim de inundações do rio Indo, imprevisíveis e às vezes catastróficas.

Wheeler nunca publicou todos os detalhes de suas escavações no Indo. Ele escreveu um relatório preliminar e um livro geral sobre a civilização do Indo para um público mais amplo. Esta é uma das razões pelas quais sua interpretação das cidades do Indo perdurou. Hoje, sabemos que a civilização do Indo floresceu num ambiente fértil (embora imprevisível), onde cultivos, pastagens e todos os tipos de recursos estavam espalhados por uma paisagem enorme e diversa. Foi uma civilização que surgiu porque as pessoas e as comunidades precisavam umas das outras para suprir as necessidades da vida. Aparentemente, elas prosperaram sem conflitos.

Ao deixar a Índia em 1948, após a independência do país, Wheeler passou cinco anos como professor no instituto que ele fundara em Londres, onde lecionou sobre as províncias romanas. Então, tornou-se administrador da decadente Academia Britânica, revitalizando-a. Solícito, ele destinou fundos a jovens arqueólogos que trabalhavam além-mar.

Para Wheeler, a arqueologia era um acontecimento global, muito maior do que a visão que Gordon Childe tinha da Europa e do Oriente Médio. Em seus últimos anos, Wheeler se tornou uma celebridade na TV, graças a aparições no programa *Animal, Vegetable, Mineral?*, da BBC, em que especialistas identificavam objetos do passado. Ele também continuou a escrever para o público e a palestrar em toda parte, pois acreditava que os arqueólogos tinham a obrigação de partilhar seu trabalho com o público.

Wheeler pode ter tido uma personalidade intensa, mas suas brilhantes escavações estabeleceram novos padrões. Ele não media palavras, e suas realizações foram gigantescas. Mortimer Wheeler foi uma figura internacional que ajudou a assentar as bases da Pré-História mundial.

CAPÍTULO 26

Depois da curva do rio

A maioria das pessoas nunca ouviu falar nos índios shoshones da Grande Bacia no oeste da América do Norte. É uma pena, pois seu modo de vida teve uma profunda influência em como toda uma geração de arqueólogos norte-americanos pensou sobre o passado.

Heróis improváveis, os shoshones viviam em pequenos bandos numa das paisagens mais áridas dos Estados Unidos. Alimentavam-se de pequenos animais de caça e de muitos tipos de plantas alimentícias, usavam as mais simples das ferramentas, como galhos com a ponta afiada, almofarizes e arcos e flechas, mas prosperaram num ambiente árido e inóspito durante milhares de anos. Por que foram tão exitosos?

O antropólogo Julian Steward (1902-1972), que tinha um bom conhecimento de arqueologia, passou muitos meses com os shoshones. Ele atribuiu o sucesso desse povo à sua mobilidade constante e ao seu conhecimento notável dos alimentos disponíveis naquela que, embora muito árida, ele chamava de "paisagem comestível". Os shoshones se movimentavam constantemente pela paisagem da Grande Bacia; seus deslocamentos eram ditados pela oferta de alimento e de água. Num estudo antropológico clássico,

Steward mapeou como os padrões de assentamento mudavam de uma estação à seguinte. Mas ele não era um antropólogo com foco estrito: percebeu que a variação nos padrões de assentamento em diferentes paisagens era a chave para entender as sociedades antigas. Sua abordagem ficou conhecida como ecologia cultural, o estudo da relação entre as pessoas e seu ambiente.

Grande parte da carreira de Steward o levou a ter contato com arqueólogos por meio de um grande projeto de arqueologia no rio Missouri, conhecido como programa River Basin Surveys, que começou depois da Segunda Guerra Mundial.

Durante os anos 1950 e início dos anos 1960, um aumento repentino na construção de represas começou a transformar os Estados Unidos – e a arqueologia. As obras d'água em grande escala forneceram energia hidrelétrica, armazenaram água para a agricultura, controlaram inundações e expandiram a navegação em rios importantes. Mas também destruíram milhares de sítios arqueológicos. O projeto mais ambicioso envolveu a construção de barragens no rio Missouri. Isso afundaria 1,6 mil quilômetros de terras no vale e destruiria mais de noventa por cento dos sítios históricos e arqueológicos ao longo do rio.

O programa River Basin Surveys surgiu enquanto os arqueólogos lutavam para salvar o passado, e transformou completamente a arqueologia norte-americana. Até então, a maioria das pesquisas havia sido desenvolvida em áreas limitadas como o Sudoeste. Quando o programa terminou, tínhamos o primeiro retrato de uma América do Norte antiga, muito mais diversa do que meramente túmulos e pueblos.

A escala da construção e das operações de mapeamento da represa do rio Missouri, por si só, era enorme. Havia ainda muito poucos arqueólogos qualificados disponíveis para fazer o trabalho de levantamento. Doze universidades, quatro museus e várias outras organizações se uniram imediatamente. Em 1968, quando o River Basin Surveys terminou, pesquisadores diligentes haviam mapeado cerca de quinhentas bacias, grandes e pequenas, e verificado mais de 20 mil sítios arqueológicos.

Muitos deles preencheram as lacunas nos mapas arqueológicos, pois os levantamentos examinaram áreas até então desconhecidas. A pesquisa resultou em aproximadamente 2 mil relatórios importantes.

Uma avalanche de novos dados na forma de artefatos e outros achados invadiu laboratórios arqueológicos em todo o país. Mas talvez o mais importante tenha sido que muitos arqueólogos se tornaram cientes da ameaça aos frágeis arquivos nos quais eles se baseavam. A escavação destruía sítios, e por isso eles também passaram a acreditar que escavar era um último recurso. Desde que os levantamentos terminaram, a maior parte da arqueologia nos Estados Unidos tem se dedicado a preservar o registro do passado que ainda resta.

Muitos jovens arqueólogos norte-americanos foram treinados no River Basin Surveys e em projetos no Sudoeste financiados pela Works Project Administration. Eles mapearam paisagens ameaçadas e sítios de escavação antes de estes desaparecerem sob a água. O número total de artefatos, muitos deles oriundos de sítios ocupados por longos períodos, era desconcertante. Sacos e mais sacos de ferramentas de pedra e fragmentos de cerâmica tiveram de ser lavados, identificados e classificados.

As pessoas que realizaram esse trabalho se depararam com um problema similar ao de Christian Jürgensen Thomsen em Copenhague 150 anos antes (ver Capítulo 9). Como criar um quadro cronológico para o passado remoto da América? Não havia um Sistema das Três Idades na América do Norte.

Alguns arqueólogos do programa River Basin Surveys dedicaram toda a sua carreira a esse passado. Um deles foi James A. Ford, um especialista em artefatos que, a partir de milhares de sítios, reuniu centenas de coleções em tabelas longas e elaboradas que abarcavam milhares de anos. Eu me lembro de assistir a uma de suas apresentações, completa com gráficos e *flipcharts*. Ford não era um palestrante interessante – isso foi muito antes dos computadores – e seu fluxo interminável de dados era ininteligível e enfadonho. Devo confessar que cochilei.

Grande parte da arqueologia da época era obscura, atolada em pequenas mudanças nos artefatos, e nada além de um quadro de transformações tecnológicas. Felizmente, alguns estudiosos encaravam seu trabalho com uma perspectiva mais ampla, uma determinação de se afastar dos dados puros e estudar os povos antigos. Gordon Randolph Willey (1913-2002) foi um desses visionários. Ele estava destinado a se tornar um dos arqueólogos mais célebres do século XX.

Willey trabalhou no programa River Basin Surveys e em outro levantamento no noroeste da Flórida quando ainda era estudante. A experiência lhe deu não só uma base em artefatos de muitos tipos, como também uma compreensão de como as pessoas se adaptaram às mudanças nas paisagens ao longo de milhares de anos.

Willey serviu como antropólogo na Agência de Etnologia do Instituto Smithsoniano de 1943 a 1950. Enquanto esteve lá, trabalhou no programa River Basin Surveys no sudeste dos Estados Unidos. Ele colaborou com Ford e outros em uma série de relatórios que elevaram o estudo da história cultural (ver Capítulo 23) a um novo patamar. Esse trabalho foi muito mais sofisticado do que o trabalho de Kidder em Pecos, no Sudoeste, trinta anos antes (ver Capítulo 24). Durante seus anos de pesquisa, ele trabalhou em parceria com Julian Steward, que sugeriu a Willey e outros que eles parassem de examinar sítios isoladamente e observassem as pessoas e seus assentamentos no contexto de suas paisagens.

Quando concluiu suas investigações, Willey tinha uma experiência quase incomparável em levantamento de campo. Mas, além de ser arqueólogo, ele também era antropólogo. Sua formação havia combinado as duas áreas, pois os professores haviam deixado claro que não se pode estudar os antigos norte-americanos sem levar em conta as sociedades indígenas vivas. Na América do Norte, arqueologia era não só escavação e levantamento, como também antropologia.

Steward incentivou Willey a realizar um levantamento arqueológico em um dos vales da árida costa norte do Peru. Ele o ajudou a criar um projeto para estudar a paisagem variada e as mudanças nos padrões de assentamentos pré-históricos no pouco conhecido vale do Virú. Willey examinou todo o vale com a ajuda de fotografias aéreas. Ele fez o levantamento das áreas mais promissoras a pé, e realizou escavações limitadas. Em seu relatório sobre o projeto, publicado em 1953, ele contou a história do vale como uma série de paisagens econômicas, políticas e sociais complexas e em constante mudança. Sequências estratigráficas e artefatos eram apenas uma pequena parte da história. A pesquisa de Willey sobre o Virú fundou a que é hoje conhecida como arqueologia de assentamento, um ramo importante no mundo arqueológico de nossos dias.

A pesquisa em Virú rendeu a Willey a prestigiosa cátedra Bowditch de Arqueologia Mexicana e Centro-Americana na Universidade de Harvard em 1950. Ele trabalhou lá pelo resto de sua carreira e realizou importantes trabalhos de campo sobre a civilização maia. Também trabalhou em levantamentos de assentamentos em sítios importantes em Belize e na Guatemala. A ênfase de sua pesquisa não era nas principais cidades, e sim nos assentamentos menores que floresceram à sombra delas.

Gordon Willey era um arqueólogo fascinante e versado e um excelente mentor de jovens estudantes. Acima de tudo, ele enfatizava que a boa arqueologia se baseia em dados, e não apenas em ideias extravagantes. Como veremos em capítulos posteriores, este foi um ponto importante.

Willey, é claro, não estava sozinho. Houve outras figuras extraordinárias trabalhando na América do Norte durante essa época. Jesse David Jennings (1909-1997) foi uma figura importante na arqueologia do Oeste americano. Jennings entrou para a Universidade de Utah em 1948. Sua primeira pesquisa de campo na Grande Bacia envolveu a escavação de vários sítios com cavernas áridas, especialmente Danger Cave (assim chamada porque uma rocha que caiu nas proximidades matou dois arqueólogos). Lá, ele escavou quatro metros de níveis de ocupação com cuidado meticuloso e revelou aproximadamente 11 mil anos de visitações ocasionais.

As condições de preservação nas camadas secas eram praticamente perfeitas, o que possibilitou que Jennings estudasse os pequenos ajustes que os habitantes fizeram para se adaptar às mudanças nas condições climáticas na região. Na época em que a caverna foi ocupada, havia pântanos nas proximidades, onde abundavam peixes, plantas comestíveis e aves aquáticas. Jennings encontrou cordas feitas de fibras de plantas, fragmentos de roupas de couro, cestaria e pedras usadas para quebrar nozes. Ele inclusive escavou restos bem preservados de besouros e fezes humanas, que revelaram muito sobre a dieta dos habitantes, predominantemente composta de plantas. Ele escreveu sobre uma tradição cultural de longa data, que durou até o ano 500. Como Willey e Ford no Sudeste, ele assentou bases sólidas para todo o trabalho posterior na Grande Bacia. Espirituoso e às vezes sarcástico, Jennings preferia dados e escavação a teorias. Suas escavações se tornariam referência para toda uma geração.

Enquanto isso, no leste da América do Norte, James B. Griffin (1905-1997), nascido em Kansas, pesquisador da Universidade de Michigan, também ajudou a transformar a arqueologia norte-americana. Griffin era, acima de tudo, um homem de artefatos. Ele passou um bom tempo estudando as enormes coleções reunidas no programa River Basin Surveys. Como Ford e Willey, Griffin tentou trazer ordem a depósitos cheios de artefatos não classificados. Seu conhecimento de achados arqueológicos no leste da América do Norte era famoso. Ele fundou um Repositório de Cerâmica na Universidade de Michigan. Essa vasta coleção de cerâmica é um arquivo fundamental para os pesquisadores de hoje.

No início dos anos 1960, um esquema geral para o passado norte-americano antes de Colombo estava sendo amplamente usado. Baseava-se em escavações, levantamentos e artefatos. Como Gordon Childe na Europa, aqueles que o desenvolveram presumiram, de maneira um tanto razoável, que a distribuição de culturas humanas por áreas muito maiores significava que elas floresceram praticamente ao mesmo tempo. Griffin, Jennings e Willey foram, acima de tudo, especialistas em dados. No entanto, como Willey bem sabia com sua pesquisa no Virú, a mudança estava a caminho.

Uma nova geração de arqueólogos estava ciente das pesquisas em ambientes antigos, a primeira delas no Sudoeste, realizada, entre outros, por A.E. Douglass, famoso pelos anéis de crescimento de árvores (ver Capítulo 24). Eles começaram a fazer novas perguntas, algumas delas surgidas do programa River Basin Surveys. Como os ambientes e as paisagens haviam mudado ao longo do tempo? Como as sociedades humanas que viviam nesses lugares se adaptaram a tais mudanças? Que impactos a necessidade de adaptação teve sobre a sociedade como um todo?

A arqueologia norte-americana dos anos 1930 ao início dos anos 1960 se ocupou essencialmente de descrever o passado, classificar pequenos detalhes de diferentes ferramentas e definir as variações nas sociedades com base em suas tecnologias. Poucos pensavam sobre por que essas culturas haviam mudado. Por que, por exemplo, as pessoas adotaram a agricultura em vez de caçar, pescar e coletar plantas para se alimentar? Por que algumas sociedades caçadoras e coletoras, como aquelas no Noroeste do Pacífico, eram mais complexas do que, por exemplo, as da Grande Bacia ou do Alasca central?

A nova geração queria ir além da classificação e adotar abordagens mais sofisticadas do passado. Também estava procurando novas maneiras de datar sociedades antigas. Uma coisa era dizer que uma cultura era mais antiga do que outra. Mas quanto tempo cada uma delas tinha, em anos do calendário? Quantos anos uma era mais antiga do que outra? Como veremos, o desenvolvimento da datação por radiocarbono (Capítulo 27) foi parte de uma importante revolução na arqueologia que estava prestes a acontecer.

Até os anos 1950, o centro de gravidade da arqueologia esteve na Europa e no Mediterrâneo e, também, no sudoeste da Ásia. Pouco a pouco, a pesquisa arqueológica se expandiu para longe da costa europeia. O processo vinha acontecendo havia tempos, em parte por causa da distribuição global de colônias britânicas e francesas. Tanto a arqueologia como a antropologia foram atividades associadas com o governo colonial, seja na Índia, na África ou no Pacífico. As raízes do que veio a ser chamado mundo pré-histórico foram fixadas no século XIX. Agora, a Pré--História mundial estava pronta para florescer.

CAPÍTULO 27

Datando as idades

Quantos anos tem? Esta é uma das perguntas básicas que os arqueólogos fazem sempre que escavam um sítio ou examinam um artefato. Como vimos, toda datação – em anos antes da era presente, ou em a.C./d.C. – costumava ser pouco mais do que um "chutômetro". Apenas os anéis de crescimento das árvores e os objetos de idade conhecida, tais como moedas romanas, podiam datar sítios pré-históricos (ver Capítulos 11, 24 e 26). Então, em 1949, Willard Libby propôs o método de datação por radiocarbono, que tornou possível datar sítios e artefatos de até 50 mil anos atrás.

    O norte-americano Willard Libby (1908-1980) era químico, e não arqueólogo. Mas ele fez mais do que praticamente qualquer outra pessoa para revolucionar a pesquisa arqueológica. Filho de um agricultor, Libby se tornou especialista em radioatividade e ciência nuclear. Durante a Segunda Guerra Mundial, ele participou do Projeto Manhattan, que desenvolveu a bomba atômica. Depois da guerra, mudou-se para a Universidade de Chicago, onde começou a trabalhar na datação por radiocarbono. Esta, segundo acreditava, poderia oferecer uma maneira de datar sítios arqueológicos em anos do calendário. Ele recebeu um prêmio Nobel por seus esforços.

A pesquisa de Libby partia do pressuposto de que o radiocarbono (carbono radioativo, conhecido como carbono-14) está constantemente sendo criado na atmosfera pela interação de raios cósmicos com nitrogênio atmosférico. Junto com o carbono normal (não radioativo), parte do carbono-14 no ar é absorvida e armazenada pelas plantas. Os animais, então, obtêm o carbono radioativo ao comer a vegetação. Quando um animal ou planta morre, para de trocar carbono com o ambiente. A partir desse momento, o conteúdo de carbono-14 decresce ao passar por um decaimento radioativo. Libby percebeu que medir a quantidade de carbono-14 restante em um osso, fragmento de madeira ou planta morta fornece uma maneira de calcular sua idade. Quanto mais antiga a amostra, menos carbono-14 ela contém. Ele também determinou a taxa de decomposição: metade do carbono radioativo em uma amostra decai em aproximadamente 5.730 anos (a meia-vida).

Seus experimentos levaram muitos anos para ser aprimorados. Libby e seu colega, James Arnold, tentaram datar amostras de idade conhecida, usando madeira das tumbas dos faraós egípcios Djoser e Seneferu, que, de acordo com fontes históricas, datavam de cerca de 2625 ± 75 a.C. As datas de radiocarbono se revelaram entre 2800 ± 280 a.C. Libby e Arnold publicaram sua pesquisa em 1949. Em 1955, Libby havia processado quase mil datas de objetos de idade conhecida e de sítios pré-históricos até então não datados.

Inicialmente, os arqueólogos se perguntaram quão exata era a datação por radiocarbono. Por várias razões, alguns deles foram relutantes em fornecer amostras de idade conhecida. Muitos eram céticos quanto às datas experimentais de Libby. Outros temiam que a datação por radiocarbono refutasse suas prezadas teorias. Conforme a pesquisa avançou, cada vez mais colaboradores forneceram amostras. Havia incertezas, é claro, como seria de se esperar com um novo método de datação. Mas, no início dos anos 1960, os arqueólogos abraçaram a datação por radiocarbono com entusiasmo, pois esta tinha o potencial de revolucionar o conhecimento dos últimos 50 mil anos de existência humana. Qualquer coisa mais antiga do que 50 mil anos contém vestígios de carbono radioativo muito insignificantes e, portanto, inúteis para esse fim.

Se a datação por radiocarbono fosse precisa, o potencial seria enorme. Os arqueólogos ficaram extasiados com a ideia de serem capazes de datar os primeiros americanos, ou as origens da agricultura em diferentes partes do mundo. Teoricamente, também, seria possível medir a taxa de transformação cultural, como a transição da caça à agricultura, ou a disseminação de diferentes povos pré-históricos pela Europa ou pelo Pacífico há milhares de anos. As perspectivas eram tentadoras.

Havia, no entanto, sérios obstáculos técnicos a superar. Os resultados com alguns tipos de amostras pareciam ser mais precisos do que com outros. No início, a madeira e o carvão estabeleceram o padrão, ao passo que ossos e conchas eram considerados menos precisos. Logo ficou claro, também, que as amostras tinham de ser coletadas meticulosamente para evitar a contaminação. Sua posição exata em um sítio também era importante. Os resultados poderiam ser distorcidos se uma amostra tivesse vindo de uma lareira, de dentro de uma panela ou simplesmente do carvão espalhado por um nível ocupacional – para mencionar apenas algumas possibilidades. Essas dificuldades pouco a pouco foram superadas, conforme a datação por radiocarbono foi ficando cada vez mais sofisticada.

Outro problema fundamental era que as datas por radiocarbono eram idades em anos de radiocarbono, e não em anos do calendário. Libby originalmente presumira que a concentração de radiocarbono na atmosfera se mantinha constante ao longo do tempo. Mas isso é incorreto: as mudanças na força do campo magnético terrestre e as flutuações na atividade solar alteram a concentração de radiocarbono tanto na atmosfera como nos seres vivos. Por exemplo, as amostras de 6 mil anos atrás foram expostas a concentrações de radiocarbono muito mais altas do que as amostras de hoje.

A solução foi comparar as datas por radiocarbono com os anéis de crescimento das árvores. Na época em que a datação por radiocarbono foi desenvolvida, os anéis de crescimento forneciam datas precisas expressadas em anos do calendário, no Sudoeste americano e em outras regiões, dos últimos 12,5 mil anos. Isso foi logo antes do fim da Era do Gelo. Nos anos recentes, as comparações usando corais fósseis do Caribe e núcleos de gelo da Groelândia e outras regiões permitiram que os cientistas datassem até mesmo objetos mais antigos em anos do calendário.

As flutuações ambientais ao longo das eras significam que as datas calculadas unicamente com base em amostras de carbono-14 e as datas obtidas com o auxílio de outras fontes, como anéis de crescimento de árvores, núcleos de gelo ou documentos históricos, podem variar – às vezes, em até 2 mil anos. Pesquisas intensivas usando núcleos de gelo e outras fontes resultaram em tabelas com base nas quais os pesquisadores podem converter as datas em carbono-14 para cronologias precisas em anos do calendário.

As primeiras datas por radiocarbono para acontecimentos, como a origem e a disseminação da agricultura pela Europa, causaram assombro e confusão. As datas amplamente usadas por Gordon Childe para acontecimentos importantes na Europa eram muito posteriores: as origens da agricultura, por exemplo, passaram de cerca de 4000 a.C. para 9000 a.C. Hoje, graças a datações ainda mais precisas, acredita-se que a agricultura tenha se originado em torno de 12 mil anos atrás. Com milhares de datas de radiocarbono com as quais trabalhar, os pesquisadores podem analisar o passado de maneiras que eram inimagináveis na época de Willard Libby.

Quando a datação por radiocarbono foi desenvolvida, os arqueólogos estavam trabalhando em muitas partes do mundo. A nova técnica suscitou questões básicas. Há quanto tempo a agricultura se estabeleceu no Egito e na Síria, na Turquia e na Europa? Quantos anos tinha Stonehenge e quais eram as datas para seus diferentes estágios arquitetônicos, cuidadosamente dissecados pela escavação? Pela primeira vez, era possível datar a chegada de agricultores na Escandinávia, o primeiro assentamento humano nas Américas e a chegada de agricultores que faziam uso de ferro no sul da África.

No início dos anos 1960, surgiram os primeiros esboços de uma Pré-História global a partir de uma pequena colcha de retalhos de datas por radiocarbono. Choveram amostras em laboratórios de radiocarbono do mundo inteiro – na Austrália, na Islândia, no Peru e nas remotas ilhas do Pacífico. Pela primeira vez, os estudiosos podiam comparar as datas em anos do calendário para os primórdios da agricultura em diferentes partes do mundo. Eles determinaram, por exemplo, que a agricultura começou mais ou menos na mesma época no Oriente Médio e no norte da China.

Acima de tudo, era possível contemplar seriamente a escrita de uma história da humanidade antes da civilização letrada dentro de um quadro cronológico bem estabelecido. Tal avanço era de grande importância, sobretudo em regiões como a África ao sul do Saara, muitas partes da Índia e as Américas, onde os primeiros registros escritos datavam de séculos recentes. Em algumas partes da África Central, os primeiros arquivos históricos datam dos anos 1890.

Quando a datação por radiocarbono se tornou mais sofisticada, os pesquisadores se voltaram para a espectrometria de massas por aceleração (AMS, na sigla em inglês) para leituras mais precisas. A AMS foi um grande avanço. Permite que as amostras sejam datadas com base em um único anel de crescimento ou uma única semente de trigo (ou mesmo fragmentos de uma semente). Também possibilita a datação de muito mais amostras, de modo que os cientistas podem analisar estatisticamente dezenas – ou mesmo centenas – de amostras oriundas de um único nível de ocupação. Até recentemente, as cronologias na Pré-História ainda eram um pouco vagas. Mas, hoje, a introdução de novos métodos estatísticos sofisticados está produzindo cronologias surpreendentemente precisas.

Um sítio arqueológico famoso, o Grande Túmulo de West Kennet, no sul da Inglaterra, é um bom exemplo. Continha os restos de aproximadamente quarenta homens, mulheres e crianças, e durante muito tempo foi datado de aproximadamente 3650 a.C. Era um túmulo comunitário, mas por quanto tempo esteve em uso? Datações por radiocarbono extremamente precisas eram a única maneira de descobrir.

A análise sofisticada de dezenas de amostras dos mortos mostrou que a sequência de enterros ocorreu durante apenas trinta anos, começando por volta de 3640 a.C. Outros túmulos nas proximidades foram ativamente usados por três ou quatro gerações, no máximo. O Grande Túmulo de West Kennet era um túmulo comunitário que foi usado por um breve período – quase uma história familiar de alguns agricultores da Idade da Pedra. Como esteve em uso por tão pouco tempo, os indivíduos enterrados nas câmaras do túmulo não eram apenas ancestrais remotos e anônimos: alguns deles foram conhecidos pessoalmente por pessoas ainda vivas.

Olhando um pouco mais longe, sabemos que o uso de grandes túmulos foi breve e cessou por volta de 3625 a.C. Tudo isso suscita questões fascinantes. As pessoas eram enterradas nos grandes túmulos a fim de reivindicar território num lugar e numa época em que a competição por terra estava crescendo? Ou as comunidades que enterraram seus mortos neles duraram pouco tempo porque eram instáveis e não sobreviveram a períodos de tensão política? A nova cronologia revelou uma época de acontecimentos repentinos e rápidas transformações ocasionais.

O radiocarbono não é o único meio de datar o passado. Os primeiros capítulos do passado remontam a mais de 3 milhões de anos – muito além do escopo da datação por radiocarbono. E, por isso, nos baseamos em um método de datação geológica, a datação por potássio-argônio.

O método do potássio-argônio data rochas medindo a proporção entre argônio radioativo e potássio radioativo contido nelas. O potássio-40 radioativo decai para o argônio-40 radioativo em rochas e minerais. A proporção entre argônio-40 e potássio-40 numa rocha ou mineral fornece uma idade para a amostra. O argônio é um gás inativo que escapa quando um material rochoso, tal como lava vulcânica, está em estado derretido. Quando esfria e se cristaliza em rocha vulcânica, o argônio já não pode escapar. Um espectrômetro é capaz de medir a concentração de argônio na rocha. Os pesquisadores, então, podem usar a taxa de decaimento conhecida para calcular a idade da rocha.

Felizmente, muitos sítios humanos antigos, como aqueles na Garganta de Olduvai, na Tanzânia, e perto de Hadar, na Etiópia, ficam em áreas de atividade vulcânica, onde a datação por potássio-argônio é útil. Alguns estão enterrados entre camadas de cinza vulcânica. Em Olduvai, Louis e Mary Leakey usaram o método potássio-argônio, desenvolvido no fim dos anos 1950, para datar fósseis humanos com mais de 2,5 milhões de anos (ver Capítulo 29). Pegadas humanoides em cinza vulcânica em Laetoli, também na Tanzânia, datam de cerca de 3,5 milhões de anos. A datação por potássio-argônio ampliou a escala temporal da evolução humana a datas que são inimaginavelmente anteriores às poucas centenas de milhares de anos das estimativas prévias.

Novos métodos de datação estão sendo testados constantemente, mas nenhum deles se equipara aos métodos do radiocarbono e do potássio-argônio, que abrangem todo o passado humano. A precisão melhora a cada ano, de modo que logo seremos capazes de datar rotineiramente gerações de indivíduos.

Percorremos um longo caminho desde os anos 1950. Quando, por exemplo, as pessoas se instalaram nas ilhas do Pacífico Sul? Mais de 1,5 mil datas de radiocarbono fornecem uma resposta fascinante. O povoamento de todas as ilhas no centro e no leste do Pacífico, incluindo o Havaí e Rapa Nui (Ilha Oriental), aconteceu num único século depois do ano 1000. Foram viagens longas que aconteceram num período incrivelmente curto. Agora, precisamos descobrir por que as pessoas as fizeram.

Acima de tudo, os novos métodos de datação permitiram que os arqueólogos concebessem uma Pré-História verdadeiramente mundial – um passado humano que ligava continentes muito antes da Era das Descobertas europeia no século XV. Agora temos uma ideia da história humana, em que acontecimentos como o desenvolvimento da agricultura e da civilização urbana surgiram num mundo que era tão diverso quanto é hoje.

CAPÍTULO 28

Ecologia e Pré-História mundial

O capitão da traineira inglesa *Colinda* praguejou quando suas redes trouxeram uma massa de turfa dos bancos de areia de Leman and Ower, no Mar do Norte, em 1931. Mas quando sua tripulação se curvou para jogar a massa escura na água, a turfa se abriu. Um objeto farpado e marrom caiu no deque, com um pouco de turfa ainda preso a ele.

O capitão ficou intrigado e – felizmente para a ciência – levou a descoberta de volta ao porto. O objeto finalmente chegou ao Museu de Norwich, onde especialistas o identificaram como um clássico arpão feito de osso, de um tipo fabricado por caçadores da Idade da Pedra na Escandinávia. Foi exibido em um encontro da Sociedade Pré-Histórica de East Anglia em 1932. Na audiência estava um jovem arqueólogo de Cambridge chamado John Grahame Douglas Clark (1907-1995).

Quando adolescente no Marlborough College, Clark fora apelidado "Pedras e Ossos" por causa de seu fascínio por ferramentas feitas de pedra e ossos de animais. Seu primeiro contato com arqueologia foi no mundo restrito dos colecionadores de ferramentas de sílex. A maior parte da arqueologia ainda estava nas mãos de amadores, que rondavam pedreiras e cascalheiras à procura de ferramentas de pedra e cerâmicas. Eram pessoas com interesses limitados, mas Clark aprendeu muito convivendo com elas.

O mundo da arqueologia ainda estava focado em sítios locais. Apenas alguns poucos estudiosos, como Gordon Childe, tinham uma visão mais ampla. Childe via o passado europeu como uma forma de história, em que artefatos, em vez de pessoas, eram os atores principais. Para Clark, isso era muito mais interessante do que meramente descrever ferramentas de pedra.

Nos anos 1920, a Universidade de Cambridge não oferecia um curso de graduação em arqueologia. Então, quando Clark foi para lá em 1926, ele passou os primeiros dois anos estudando história – uma experiência valiosíssima, pois o pôs em contato com alguns acadêmicos notáveis, entre eles o pesquisador de história mundial George Trevelyan. O historiador econômico Michael Postan também apresentou a Clark as últimas pesquisas em economias medievais, que exerceriam um papel importante em seu pensamento em anos posteriores.

Quando chegou o momento de Clark embarcar no programa avançado de dois anos em arqueologia, ele tinha conhecimento não só de pré-história, como também de antropologia biológica e social. Logicamente, ele examinava o passado apoiando-se numa gama de disciplinas acadêmicas. Era uma abordagem pouco usual.

Na época, a arqueologia em Cambridge estava interessada quase que unicamente na Europa. Mas Clark assistiu a palestras de Leonard Woolley sobre os túmulos de Ur (ver Capítulo 20), de Gertrude Caton-Thompson sobre seus achados em povoados agrícolas primitivos em Faium, no Egito (ver Capítulo 22), e de Gordon Childe sobre a Europa da Idade do Bronze. Na época, muitos arqueólogos presumiam que as culturas pré-históricas tinham se desenvolvido da mesma maneira em toda parte, e, portanto, o que era encontrado na Europa se repetiria em outros lugares. Em 1928, Clark ouviu outra arqueóloga britânica, Dorothy Garrod, afirmar ousadamente perante a Sociedade Pré-Histórica de East Anglia que isso não era verdade. As culturas europeias que eles tanto apreciavam eram bem diferentes das do Oriente Médio. Esta não era uma ideia popular numa época em que a arqueologia da Idade da Pedra estava centrada na Europa. Clark absorveu tudo isso com avidez. Ele também passou longas horas no laboratório de Louis Leakey, examinando ferramentas de pedra encontradas na África (ver Capítulo 29). As palestras e a experiência de laboratório o expuseram à arqueologia longe de casa – àquela que lentamente estava se tornando uma disciplina global.

Os mentores de Clark em Cambridge o incentivaram a estudar as culturas da Idade da Pedra do Reino Unido do fim da Era do Gelo até a chegada da agricultura. Esse período foi chamado "Mesolítico" (do grego: *mesos*, meio, e *lithos*, pedra), uma "Idade da Pedra Intermediária", que era tida como um período de transição antes da agricultura. Clark se viu examinando milhares de pequenas pontas de lança feitas de sílex e farpas de pedra afiadíssimas em museus e coleções particulares. Sua dissertação foi, inevitavelmente, um estudo monótono de pequenas ferramentas de pedra, a maioria coletada ao acaso na superfície, e não nas camadas de ocupação. No entanto, seu livro *The Mesolithic Age in Britain* [O período mesolítico no Reino Unido] foi publicado em 1932 e o consagrou como uma autoridade nesse assunto obscuro.

Como parte de sua pesquisa, Clark viajou por toda a Escandinávia, percebendo que precisava saber o que havia acontecido do outro lado do Mar do Norte. Lá, o registro de culturas mesolíticas era muito mais rico, graças a sítios preservados em pântanos alagados. Esses sítios produziram achados perecíveis, tais como pontas de lança feitas de chifre e osso. Havia até mesmo restos de armadilhas para peixes e redes de acampamentos cobertos por águas rasas.

Clark também caminhou por praias situadas acima do atual nível do mar, deixadas por uma versão anterior do mar Báltico, que fora muito mais vasto do que é hoje. Isso o fez perceber a magnitude das mudanças que haviam afetado o norte da Europa imediatamente depois da Era do Gelo. Para entender as sociedades humanas da época, muitas vezes era preciso relacioná-las com mudanças climáticas drásticas.

Os anos de dissertação foram de muito trabalho para Clark, que ficou cada vez mais impaciente com colecionadores amadores obcecados por artefatos. Grahame Clark não hesitava em criticar o status quo. Ele e Stuart Piggott, outro futuro gigante que estava trabalhando em Avebury, estavam entre um grupo de jovens rebeldes que se envolviam em discussões acaloradas nas salas da faculdade. Eles se tornaram vozes cada vez mais influentes, apesar da pouca idade. Num apêndice no final de *The Mesolithic Age in Britain*, Clark enfatizou o enorme potencial para a arqueologia ambiental nos Fens, um terreno pantanoso perto de Cambridge. Essa pesquisa teria que incluir botânicos, geólogos e outros, não apenas arqueólogos. O achado do arpão nos bancos de areia de Leman and Ower foi um dos acontecimentos que deram novo rumo à pesquisa de Clark.

A descoberta do Mar do Norte inspirou Clark e outros a procurarem sítios mesolíticos estratificados nas camadas de turfas da região pantanosa de East Anglia. Enquanto trabalhava em seu doutorado, Clark se tornou amigo dos botânicos Harry e Margaret Godwin. Os Godwin foram alunos de Arthur Tansley, o fundador da ecologia britânica. Tansley recomendou que eles aprendessem palinologia, a ciência da análise de pólen. Esse método usa grãos minúsculos de pólen encontrados em turfeiras para estudar mudanças importantes na vegetação desde a Era do Gelo. Foi desenvolvido pelo botânico sueco Lennart von Post durante a Primeira Guerra Mundial. Os Godwin estudaram a turfa presa ao arpão dos bancos de areia de Leman and Ower e mostraram que era do mesmo período que armas idênticas encontradas na Dinamarca. Eles eram os parceiros ideais para os novos projetos de Clark.

Os Godwin, Clark e outros formaram um grupo de pesquisa multidisciplinar, o Fenland Research Committee, em 1932. Clark era o membro mais ativo, e começou o trabalho por um sítio enterrado sob turfa na Plantation Farm, onze quilômetros a leste-nordeste de Ely. Ele encontrou sílex num cordão arenoso, e então escavou para descobrir ferramentas de pedra espalhadas por aquela que um dia foi uma ilha arenosa em um pântano. A escavação revelou uma sequência de duas turfas, separadas por uma camada de areia fina que se formara por elevação do nível do mar. O sítio ia da Idade da Pedra à Idade do Bronze.

Em 1934, Clark e os Godwin escavaram Peacock's Farm, perto dali. Eles cavaram uma trincheira na turfa e, desta vez, encontraram um pote de ouro arqueológico. Um punhado de sílex mesolíticos jazia abaixo de uma camada com fragmentos de cerâmica da Idade da Pedra. Acima dessa camada neolítica, havia cerâmica do início da Idade do Bronze. Eles haviam desenterrado uma rara sequência estratificada que cobria grande parte dos tempos pré-históricos. Com amostras de pólen e de moluscos, o pequeno grupo de pesquisadores documentou importantes mudanças ambientais ao longo do tempo. Esse foi o primeiro esforço de arqueologia ambiental multidisciplinar no Reino Unido.

Em 1932, Clark se tornou bolsista do Peterhouse College, na Universidade de Cambridge, e logo em seguida tornou-se professor assistente de arqueologia. Ele permaneceria em Cambridge pelo resto da vida. De 1932 a 1935, sua bolsa de pesquisa o livrou de lecionar. Ele usou esse tempo para viajar por todo o norte da Europa, quase sempre de bicicleta. Lá, aprendeu a apreciar a ampla gama de artefatos perecíveis feitos de madeira e outros materiais orgânicos. Ele desenvolveu um grande interesse por sítios alagados, acreditando que era apenas uma questão de tempo até que um deles fosse descoberto no Reino Unido.

As viagens de Clark pelo norte, durante as quais ele explorou culturas populares, etnografia, arqueologia e mudança ambiental, resultaram em seu segundo livro, *The Mesolithic Settlement of Northern Europe* [O povoamento mesolítico do norte da Europa], publicado em 1936. Nesse volume brilhante, ele afirmou que as sociedades antigas interagiram com seus ambientes. Elas podiam ser vistas como parte de sistemas ecológicos muito maiores, cujos elementos interagiam uns com os outros. Na época, era uma ideia radical. Os assuntos dominantes nesse livro magnífico eram ecológicos e ambientais.

A determinação de Grahame Clark era sem igual. Ele se dedicou totalmente à arqueologia ambiental, o estudo de pessoas e seus ambientes em transformação. Ele também estava convencido de que a arqueologia tinha um papel importante na sociedade. Clark argumentou que a principal função da arqueologia é explicar como viveram os povos antigos.

Durante os anos de guerra, Clark (que não pôde servir por razões médicas) escreveu uma série de artigos sobre arqueologia econômica, o estudo de como as pessoas ganhavam a vida no passado. Em *Prehistoric Europe: The Economic Basis* [Europa pré-histórica: a base econômica], publicado em 1952, ele reuniu esses artigos em uma série de ensaios que abordaram de tudo, da caça de baleias à apicultura antiga.

Ele combinou indícios arqueológicos com a cultura popular tradicional que ainda sobrevive na Escandinávia, dados coletados durante suas viagens ao norte da Europa. Suas perspectivas ecológicas e econômicas se tornaram muitíssimo influentes, mesmo nos Estados Unidos, onde ele próprio era praticamente desconhecido. Logo depois que esse importante livro foi publicado, Clark foi eleito professor de arqueologia pré-histórica da cátedra Disney em Cambridge, na época a principal cátedra de arqueologia pré-histórica no mundo.

Clark nunca abandonara sua esperança de que um sítio mesolítico alagado viesse à luz. Em 1948, um arqueólogo amador relatou um sítio provável em Star Carr, perto do Mar do Norte, a nordeste de Yorkshire. Clark percebeu imediatamente que os machados de pedra encontrados na superfície lembravam os da Escandinávia, e que havia uma grande probabilidade de que eles viessem de depósitos de turfa alagados. Com um orçamento apertado, ele escavou Star Carr ao longo de três temporadas entre 1949 e 1951. O sítio, na costa de um lago glacial seco há muito tempo, fica numa plataforma de bétulas, em meio a juncos. Uma datação por radiocarbono de cerca de 7500 a.C. forneceu uma base cronológica.

No relatório sobre a escavação, Clark fez um retrato de um pequeno acampamento situado numa paisagem de floresta de bétulas, onde os habitantes caçavam corça e veado-vermelho. Ele descreveu Star Carr não só com base em ferramentas ou ossos de animais, mas no contexto do ambiente à sua volta, uma inovação para o Reino Unido. Cinquenta anos depois, equipes de pesquisadores com os métodos tecnológicos mais avançados reescavaram Star Carr e descobriram que era, na verdade, um assentamento maior do que Clark havia relatado. Testes de radiocarbono por AMS agora datam o sítio entre 9000 e 8500 a.C.

Como professor da cátedra Disney, Clark sucedeu Dorothy Garrod, que dera o primeiro curso de Pré-História mundial em Cambridge. Ele criou um departamento que tratava a Pré-História como uma disciplina global, e viajou por toda parte – chegando a lugares tão distantes como a Austrália. Clark e seus colegas formaram uma geração de jovens arqueólogos, os quais ele incentivou a trabalhar além-mar, com frequência em áreas arqueológicas pouco conhecidas. (Eu fui um deles, e fui para a África.)

Suas viagens e a revolução do radiocarbono resultaram em uma de suas obras mais famosas, *World Prehistory* [A Pré-História mundial]. O livro era único em 1961. Outros autores – como Gordon Childe – haviam escrito sínteses da Europa antiga, da civilização maia e do passado pré-histórico da América do Norte. Mas ninguém havia tentado uma obra que explorasse a história humana antiga em cada canto do planeta. *World Prehistory* chegou à terceira edição e foi lida por muitos.

Grahame Clark era uma figura tímida e reclusa, porém capaz de fazer duras críticas aos colegas arqueólogos. Mas seus escritos fidedignos e sua insistência na importância da arqueologia econômica perduraram muito depois de sua morte. Não só ele fez desta uma parte central da arqueologia do século XX, como também ajudou a transformar a arqueologia na disciplina global que é hoje. Clark, como outros que surgiram depois dele, se rebelou contra um interesse obsessivo por artefatos e sequências cronológicas. Seus escritos influenciaram uma geração, e seus alunos trabalharam – e alguns ainda trabalham – em todas as partes do mundo.

CAPÍTULO 29

"Dear Boy!"

Garganta de Olduvai, Tanzânia, África Oriental, 17 de julho de 1959. Louis Leakey estava na cama, no acampamento, com uma febre baixa quando sua esposa Mary saiu para reexaminar um local onde eles haviam encontrado ferramentas de pedra oito anos antes. No sítio, Mary varreu o solo fino que cobria dois dentes grandes presos ao que parecia ser um maxilar humano. Seu coração disparou. Ela entrou em sua Land Rover e voltou correndo para o acampamento. "Eu o encontrei!", gritou. Esquecendo a febre em meio a todo o entusiasmo, Louis e Mary examinaram, juntos, os dentes.

Mas que forma de hominídeo jazia no solo? Quando todas as partes foram recuperadas, Mary montou o crânio de um homem-macaco de aparência robusta. Eles nomearam o achado *Zinjanthropus boisei*, "Homem-macaco do Sul". O epíteto "boisei" é uma homenagem ao sr. Charles Boise, que havia financiado a pesquisa. O *Zinjanthropus boisei* era um hominídeo de compleição forte, o primeiro descoberto fora da África do Sul. Os Leakey o chamaram "Dear Boy".

A busca moderna pelas origens humanas havia começado muitos anos antes. Em 1924, o anatomista sul-africano Raymond

Dart (1893-1988) identificou um pequeno crânio de hominídeo em uma pedreira de cal em Taung, na Província do Cabo, África do Sul. Os dentes pareciam bastante modernos, a face projetada para a frente e a cabeça um pouco redonda – uma mistura de traços modernos e antigos. Dart o chamou *Australopithecus africanus*, "Macaco do sul da África". Ele proclamou que o *Australopithecus* era o elo entre os macacos vivos e os humanos. Mas Dart tendia a tirar conclusões precipitadas.

Como vimos no Capítulo 8, os cientistas da época haviam rejeitado o achado do holandês Eugène Dubois, o *Pithecanthropus erectus* de Java, em 1889, como um possível elo perdido. Fascinados pelos neandertais, eles também estavam obcecados pelo crânio forjado de Piltdown, com seu cérebro grande e seus dentes pequenos, encontrado na Inglaterra em 1912. Dart foi ridicularizado. Ele se uniu a Dubois na lista de caçadores de fósseis desacreditados.

Mesmo em meados do século XX, ainda não sabíamos muito sobre o início da evolução humana. Mais neandertais haviam sido encontrados na Europa, e agora no Oriente Médio. Os fósseis de *Homo erectus* em Zhoukoudian, na China, haviam provado que Dubois estava certo (ver Capítulo 8). Os achados do *Australopithecus* na África do Sul eram, agora, aceitos como possíveis ancestrais dos humanos. Fora isso, a lista africana estava praticamente vazia. Então Louis e Mary Leakey apareceram e mudaram tudo.

Filho de missionários da Igreja Anglicana no Quênia, Louis Seymour Bazett Leakey (1903-1972) se tornou um dos arqueólogos mais notáveis do século XX. Audacioso, motivado e de opinião forte, Leakey estudou arqueologia na Universidade de Cambridge, onde causou controvérsia ao usar shorts em uma quadra de tênis!

Leakey sempre quis escavar na África, pois estava convencido de que lá se encontram as origens humanas. Depois de se graduar em 1926, ele organizou uma expedição ao Quênia e escavou a Caverna de Gamble, no vale da Grande Fenda. Ele encontrou camadas estratificadas de ocupação humana datando de pelo menos 20 mil anos. Os primeiros visitantes provavelmente foram contemporâneos das culturas neandertais da Europa. As camadas superiores revelaram pontas de lança, facas e outras ferramentas feitas com esmero. Essas pessoas muito mais sofisticadas eram os equivalentes africanos do povo do Paleolítico Superior encontrado nas cavernas francesas (ver Capítulo 10). As ferramentas de pedra mostraram, de maneira concludente, que as sociedades africanas pré-históricas eram muito diferentes das europeias. Também havia indícios de africanos muito anteriores, com artefatos rudimentares, encontrados em outros sítios. Louis Leakey se convenceu de que o Leste da África foi onde os humanos se originaram.

Em 1931, Leakey acompanhou o paleontólogo alemão Hans Reck à Garganta de Olduvai. Com cerca de quarenta quilômetros de comprimento, Olduvai é uma ravina íngreme nas planícies do Serengeti, no norte da Tanzânia, onde abalos sísmicos expuseram camadas profundas e estratificadas de antigos leitos lacustres. Reck estava à procura de fósseis de animais. Enquanto isso, Leakey estava convencido de que haveria indícios de assentamentos humanos primitivos no desfiladeiro. Reck apostou dez libras com Leakey de que ele não encontraria ferramentas de pedra em Olduvai. Leakey ganhou a aposta no primeiro dia.

Leakey falava kikuyu fluentemente desde a infância. Ele era, portanto, um candidato natural a um estudo antropológico da tribo com duração de um ano, o que teve início em 1936. Naquele mesmo ano, ele se casou com sua segunda esposa, Mary. Nascida em Londres, Mary Leakey (1913-1996) era o oposto de Louis. Calma, modesta e metódica, era uma excelente artista técnica, uma escavadora meticulosa e especialista em tecnologia de ferramentas de pedra. Ela manteve sob controle muitos dos esquemas mirabolantes do marido e concluiu muitas das escavações dele.

Nenhum deles deixou a Segunda Guerra Mundial se interpor em seu caminho. Em 1943, eles escavaram uma série de sítios em Olorgesailie no vale da Grande Fenda, perto de Nairóbi, onde antigos caçadores haviam abatido animais de grande porte. Esses sítios datam de aproximadamente 300 mil anos atrás. Olorgesailie é um lugar fascinante de se visitar. Podem-se ver dezenas de grandes ferramentas de pedra usadas para o abate de animais exatamente onde seus usuários as deixaram há milhares de anos. Os Leakey também encontraram densas concentrações de ferramentas de pedra e fragmentos de ossos de animais, bem como lugares onde os caçadores acamparam, comeram e dormiram. A poucos metros de distância uns dos outros, esses sítios são arquivos valiosíssimos do comportamento dos antigos humanos. Com escavações cuidadosas, é possível encontrar de tudo, de pequenas ferramentas a ossos de ratos ou mesmo presas de cobra.

Depois da guerra, com um orçamento praticamente inexistente, os dois trabalharam em Olduvai, onde recuperaram milhares de ferramentas de pedra de leitos lacustres estratificados. Em 1951, os Leakey publicaram um relatório sobre a longa sequência de ferramentas de pedra encontradas no desfiladeiro, começando com ferramentas de corte rudimentares que eram pouco mais do que simples lascas de pedras de lava.

Uma vez que a sequência de ferramentas forneceu uma cronologia, o casal mudou o foco das ferramentas de pedra para as argilas e areias finas expostas no desfiladeiro. Quando olhamos para o que um dia foram leitos lacustres, é difícil imaginar que animais grandes e pequenos beberam de suas águas rasas. Dessa vez, os Leakey estavam à procura de acampamentos à beira de lagos nos quais as pessoas abateram suas presas com cutelos de pedra rudimentares e lascas de pedra afiadas. Exceto por alguns fragmentos de dentes, não havia vestígios de fósseis hominídeos. Então, em julho de 1959, Mary Leakey encontrou o *Zinjanthropus boisei*, ou "Dear Boy".

O Dear Boy fez dos Leakey celebridades internacionais. A National Geographic Society financiou a escavação completa do sítio do *Zinjanthropus*. Mary escavou meticulosamente a área onde estavam espalhados os fragmentos de osso e os restos de pedra. Ela registrou cada artefato e cada osso onde se encontravam antes de retirá-los. Pela primeira vez, os arqueólogos poderiam reconstruir os primórdios da vida humana.

Eu visitei a escavação de Mary em uma ocasião. Ela estava agachada sob um guarda-chuva, seus dálmatas deitados por perto. Com escova e palito de dente, ela gentilmente removia a areia lacustre de um pequeno osso de antílope. Sua paciência era notável. Hoje, seus métodos de escavação lenta são uma prática comum para escavar sítios antigos como aquele.

Quantos anos tinha o *Zinjanthropus boisei*? Louis havia especulado que o fóssil datava de cerca de 600 mil anos atrás. Quando dois geofísicos da Universidade da Califórnia em Berkeley usaram o novo método por potássio-argônio para datá-lo em 1,75 milhão de anos (ver Capítulo 27), os Leakey e a comunidade científica internacional ficaram atônitos. De um dia para o outro, a idade da humanidade praticamente triplicou.

A busca pelos ancestrais dos humanos foi ampliada. Escavações em grande escala em outros locais de Olduvai revelaram mais hominídeos. Fragmentos de crânio e um pé quase completo, encontrados em um sítio um pouco mais antigo, pertenciam a um hominídeo mais esbelto, de compleição mais leve, bem diferente do *Zinjanthropus*. O bioantropólogo sul-africano Phillip Tobias estudou os restos e identificou o *Homo habilis*, "Pessoa habilidosa". Com ousadia característica, Louis Leakey declarou que o *habilis* era o mais antigo de todos os fabricantes de ferramentas, datado de 2 milhões de anos antes do presente.

Mary Leaker assumiu a tarefa homérica de descrever os primeiros sítios. Seu relatório foi um estudo detalhado de uma tecnologia simples de lascas e cutelos de pedra. Ela nomeou essa tecnologia "olduvaiense", em homenagem ao desfiladeiro. Enquanto isso, Louis viajou por toda parte, dando palestras e sempre propondo novas teorias sobre as origens humanas. Ele também incentivou jovens pesquisadores a investigarem o comportamento de primatas vivos, como chimpanzés, orangotangos e gorilas. Tais estudos poderiam ajudar a compreender o comportamento humano primitivo. Louis foi um importante mentor da britânica Jane Goodall, que se tornou uma autoridade mundial sobre chimpanzés, e da norte-americana Dian Fossey, que se especializou em gorilas.

Louis faleceu em 1972. Em 1977, Mary iniciou escavações em outro local promissor em Laetoli, na Tanzânia. Ela surpreendeu os colegas ao descobrir, em cinzas vulcânicas endurecidas, dois rastros de pegadas de hominídeos que foram deixados 3,59 milhões de anos atrás. As pegadas de Laetoli vinham do leito de um rio sazonal. Finas camadas de cinza vulcânica haviam formado um caminho para animais que viajavam até olhos d'água nas proximidades. A cinza vulcânica endurecida também preservou as pegadas de elefantes, rinocerontes, girafas, um tigre-de-dente--de-sabre e muitas espécies de antílopes.

Os dois rastros de pegadas de hominídeos, a uns 24 centímetros de distância um do outro, provavelmente foram deixados em momentos diferentes. As marcas características do calcanhar e dos dedos do pé foram deixadas por dois indivíduos com menos de 1,5 metro de altura. Mary descreveu seu modo de andar como lento e requebrado. Seus quadris rebolavam quando eles caminhavam, ao contrário da caminhada a passos largos das pessoas modernas. Muito provavelmente, as pegadas foram deixadas por indivíduos como "Lucy", a diminuta *Australopithecus afarensis* encontrada na Etiópia por Don Johanson em 1973, uma de muitos de tais achados. Os hominídeos de Laetoli caminhavam eretos, eram bípedes. Uma vez que descer das árvores era uma característica dos humanos, o bipedismo foi a chave para o sucesso do modo de vida caçador-coletor em campo aberto.

Durante anos, os cientistas que estudaram as origens humanas trabalhavam com poucos fósseis e tendiam a pensar na evolução humana primitiva como linear (avançando em uma linha reta). Mas, nos anos 1970, estava claro que havia uma diversidade muito maior entre os hominídeos do leste da África e talvez em outros lugares, e que a maioria deles ainda era desconhecida. Essa diversidade ficou clara quando mais pesquisadores começaram a trabalhar no leste da África, entre eles Don Johanson e o filho dos Leakey, Richard.

A própria paleoantropologia (o estudo de fósseis humanos) se baseava em trabalhos de campo realizados por equipes multidisciplinares, tão interessadas no ambiente local e no ambiente humano quanto em fósseis. Os Leakey tendiam a trabalhar sozinhos. Eles faziam sua própria geologia, e somente aos poucos começaram a convocar especialistas de outras áreas, tais como botânica, datação e zoologia. Mas mesmo esse uso limitado de colegas especialistas transformou a pesquisa. Novas cronologias baseadas em biologia molecular mostraram que os chimpanzés, nossos parentes mais próximos, e os humanos se dividiram há cerca de 7-8 milhões de anos.

A busca pelas origens humanas agora incluía fósseis muito anteriores aos do *Homo habilis* e do *Zinjanthropus boisei*. Richard Leakey investigou leitos contendo fósseis no lado oriental do remoto lago Turkana, no norte do Quênia. Sua equipe encontrou vários fósseis bem preservados de *Australopithecus* e os restos de um ancestral humano que apresentava uma mistura de traços primitivos e mais avançados. Agora que há mais fósseis a serem estudados, o *Homo habilis* é chamado de primeiro *Homo*, nosso ancestral direto mais antigo.

Durante os anos 1990, outro paleontólogo norte-americano, Tim White, encontrou pelo menos dezessete pequenos hominídeos em Aramis, na região árida de Awash, na Etiópia. Eles vêm do *Ardipithecus ramidus*, um hominídeo que provavelmente viveu entre 4,5 milhões e 4,3 milhões de anos atrás. O "Ardi" parece mais próximo dos chimpanzés do que dos humanos, e pode ter vivido em ambientes mais florestados do que seus sucessores. Essa criatura pouco conhecida, que andava sobre os dois pés, era próxima dos primeiros hominídeos a divergirem dos macacos africanos. Seus ossos foram encontrados em camadas em Aramis, subjacentes a australopitecíneos posteriores. Pelos padrões do *Ardipithecus*, a "Lucy" de Don Johanson, com 3 milhões de idade, é muito mais nova.

Hoje, sabemos que uma grande variedade de hominídeos se desenvolveu no leste da África entre 7 milhões e 2 milhões de anos atrás. Muitos deles ainda são desconhecidos, mas aparentemente os australopitecíneos estavam entre os mais comuns. E entre eles havia hominídeos com cabeça mais redonda, bem como outras características distintivas nos quadris e membros que justificam que sejam chamados de primeiros *Homo*, nossos ancestrais mais antigos. Exatamente quando eles surgiram continua sendo um mistério, mas aparentemente fabricaram ferramentas de pedra e podem ter evoluído por volta de 3 milhões de anos atrás.

Como outros arqueólogos do início do século XX, os Leakey passaram grande parte de sua carreira trabalhando sozinhos e com recursos mínimos. Suas descobertas ajudaram a levar o estudo das origens humanas a um patamar moderno. Hoje, com muito mais fósseis com que trabalhar, concebemos a evolução humana como uma árvore com numerosos ramos, a maioria dos quais levou a becos sem saída. Alguns, no entanto, levaram ao primeiro *Homo*, ao *Homo erectus* e, finalmente, aos humanos modernos.

CAPÍTULO 30

Os primeiros agricultores

Durante os anos 1930, Gordon Childe escreveu sobre uma Revolução Agrícola que supostamente teve início durante as secas do Oriente Médio (ver Capítulo 23). Ele estimou que a mudança da caça e da coleta para a agricultura e a criação de animais começou por volta de 4000 a.C., ou talvez um pouco antes. Childe estava conjecturando, e havia muito poucas informações disponíveis para corroborar suas ideias. O que havia acontecido para mudar fundamentalmente a vida humana nessa região? Três quartos de século depois, as muitas escavações, a datação por radiocarbono e os novos dados climáticos estão fornecendo algumas pistas.

Childe escreveu de uma revolução que mudou a história. A agricultura, de fato, alterou o curso da vida humana; mas foi uma transição, e não uma invenção, como Childe bem compreendeu. Todos os que coletavam gramíneas comestíveis sabiam que elas germinavam, cresciam e então perdiam sua semente. Mas por que se dar ao trabalho de cultivá-las, se havia gramíneas silvestres à disposição? As pessoas começaram a plantar cereais como uma estratégia de sobrevivência quando as colheitas naturais diminuíram. A transição de caçadores-coletores para agricultores foi uma das mudanças mais importantes na história humana. Onde e quando isso ocorreu pela primeira vez, e por quê?

Essas perguntas fascinaram arqueólogos durante mais de um século. Mas, infelizmente, os primeiros sítios agrícolas são poucos e distantes uns dos outros. É difícil para os arqueólogos distinguir entre grãos silvestres e domésticos (cultivados), e os ossos de cabras e ovelhas selvagens são quase idênticos aos dos animais domesticados. Esse tipo de arqueologia requer boas condições de preservação, escavação lenta e o uso de peneiras muito finas para recuperar sementes minúsculas. Também requer trabalho em equipe, como compreendeu um homem em particular.

Robert John Braidwood (1907-2003) era filho de um farmacêutico. Ele se matriculou na Universidade de Michigan para estudar arquitetura, e acabou se formando em arquitetura, antropologia e história. Braidwood então trabalhou para o Instituto Oriental da Universidade de Chicago, onde se tornou especialista em cronologia, construindo linhas temporais a partir de trincheiras profundas estratificadas. Ele se casou com Linda em 1937, e os dois trabalharam juntos durante 65 anos em uma das parcerias mais duradouras na arqueologia. Ambos faleceram em seus noventa anos, com apenas algumas horas de intervalo entre um e outro.

Braidwood fez uma pergunta fundamental: onde as pessoas encontraram gramíneas silvestres que pudessem ser cultivadas? Ele conversou com biólogos e botânicos, que o conduziram a um território montanhoso no norte do Oriente Médio. Braidwood, então, foi para o norte do Iraque. Sua pesquisa o levou a Jarmo, o montículo de um povoado no sopé das montanhas Zagros, no Iraque, no fim dos anos 1940 e início dos anos 1950.

Este foi um projeto com uma peculiaridade. Por gerações, os arqueólogos pediram aos especialistas que identificassem as amostras ocasionais de osso de animal ou de semente carbonizada encontradas em suas escavações. Mas Braidwood percebeu que necessitava mais do que especialistas em tempo parcial. Ele insistia em parcerias diretas com acadêmicos especializados, num trabalho de pesquisa cuidadosamente planejado. Levou consigo um geólogo para estudar as interações entre os habitantes e seu ambiente. Na equipe também havia um zoólogo, um botânico, um especialista em cerâmica e um perito em datação por radiocarbono.

Jarmo tinha doze níveis de ocupação. Consistia de umas 25 casas com paredes de tijolo de terra crua e teto de argila, assentadas sobre fundações de pedra. Possivelmente 150 pessoas viveram em Jarmo. O trabalho em equipe de Braidwood foi exitoso, visto que seus especialistas uniram as peças. Os habitantes cultivaram duas formas de trigo e lentilha, e criaram cabras e ovelhas. Versado em cronologia, Braidwood era naturalmente fascinado pela datação por radiocarbono. Para sua surpresa, as datas mais antigas em Jarmo estavam em torno de 7000 a.C., muito antes da data geralmente aceita para o início da agricultura, 4000 a.C.

Jarmo era um sítio muito antigo, mas a agricultura já estava bem estabelecida na região. Claramente, havia uma lacuna temporal significativa entre esses agricultores e as sociedades caçadoras que os precederam. Braidwood presumiu que os primeiros agricultores viveram em povoados mais simples do que Jarmo e tratou de encontrá-los.

Ele se mudou para o montículo de Çayönü, no sudeste da Turquia. Para seu assombro, ele desenterrou outro povoado bem planejado que – hoje sabemos – data de entre 9400 e 7200 a.C. Braidwood percebeu que a transição para a agricultura foi um processo muito mais complexo do que se pensara. Mas ele não estava preparado para as descobertas extraordinárias feitas mais ou menos na mesma época em Jericó.

Kathleen Kenyon (1906-1978) foi uma arqueóloga britânica famosa por seu amor à escavação, fox terriers e gim. Ela havia estudado história em Oxford, e então, em 1929, acompanhou Gertrude Caton-Thompson ao Grande Zimbábue, onde desenvolveu uma paixão por escavação (ver Capítulo 22). A formação de Kenyon era impecável. Sua competência notável em escavação veio de quatro temporadas escavando sob liderança de Mortimer e Tessa Wheeler na Verulâmio romana de 1930 a 1934 (ver Capítulo 25).

Kenyon construiu uma reputação tão formidável como escavadora que foi convidada a escavar na Palestina, em Samaria, a capital da antiga Israel. Ela passou o resto de sua carreira no Oriente Médio. Enquanto Braidwood escavava Jarmo, Kenyon foi financiada para escavar o montículo da antiga cidade de Jericó, agora na Jordânia. Seu conhecimento em decifrar camadas estratificadas complexas, cheias de fragmentos de cerâmica, era sem igual. Ninguém melhor poderia ter sido escolhido para o trabalho.

Jericó era, obviamente, uma localidade bíblica, e também uma importante cidade murada da Idade do Bronze. Kenyon estava interessada na história completa do lugar. Ela escavou até a base do chamado Tell es-Sultan, próximo da cidade moderna, e coletou diversas amostras de radiocarbono dos níveis mais antigos. Na base, perto de uma nascente, jaz um pequeno assentamento que foi ocupado antes de 9500 a.C. Jericó logo se tornou um assentamento compacto de habitações pequenas e circulares, construídas de argila e de tijolo seco ao sol. Depois de um século, havia cerca de setenta casas. Entre 8350 e 7300 a.C., aproximadamente, tornou-se uma pequena cidade, talvez com várias centenas de habitantes, cercada por um grande muro de pedra com mais de 3,6 metros de altura. Uma torre de pedra com uma escadaria interna ficava dentro do muro. Não se sabe se a torre e o muro eram uma defesa contra as inundações do rio Jordão ou contra pessoas.

Os habitantes da cidade certamente foram agricultores, como o foram seus sucessores, que viviam em casas retangulares construídas sobre fundações de pedra. Em 6900 a.C., os habitantes estavam enterrando as cabeças e os esqueletos (às vezes decapitados) de seus ancestrais sob o chão de suas casas. Alguns crânios tiveram suas feições reconstruídas com gesso para criar "retratos" rudimentares, com conchas marinhas usadas como olhos. Sob o chão de uma casa, Kenyon encontrou uma cova contendo dez crânios de gesso apinhados.

As escavações de Kenyon em Jericó foram um exemplo clássico do que normalmente se conhece como escavação vertical.

Trincheiras profundas e geralmente estreitas fornecem detalhes sobre quem viveu, por exemplo, numa cidade, e quando. Mostram mudanças nas sociedades antigas ao longo do tempo. De fato, a escavação vertical era a única opção de Kenyon, já que os depósitos na cidade de Jericó eram muito profundos: expor mais área das camadas mais antigas teria sido proibitivamente caro. Mas sua escavação vertical revelou a história básica da cidade ao longo de muitos séculos.

As escavações de Kenyon em Jericó confirmaram o que Braidwood suspeitava: o início da agricultura foi um longo processo que se deu em muitos lugares. Hoje, sabemos de pequenos povoados dispersos indo do sudeste da Turquia até a Síria e mais ao sul, que praticavam agricultura há pelo menos 11 mil anos. Poucos deles foram escavados extensivamente, com a exceção de Abu Hureyra, um pequeno povoado à beira da mata e de áreas descampadas no vale do Eufrates, na Síria. O arqueólogo britânico Andrew Moore escavou o montículo do assentamento em 1972-1973, sabendo que uma barragem hidroelétrica logo o inundaria. Abu Hureyra forneceu um retrato notável de um antigo povoado agrícola de 10000 a.C., reconstruído por escavação especializada e pesquisa em equipe.

O clima de toda a região era um pouco mais quente e úmido do que hoje. Algumas famílias moravam em casas pequenas parcialmente subterrâneas e cobertas com juncos. Os habitantes viviam de uma variedade de animais silvestres, nozes e gramíneas comestíveis. Eles caçavam hordas de gazela (um antílope do deserto) que migravam do Sul na primavera: mais de oitenta por cento dos ossos de animais encontrados no assentamento vinham desses pequenos animais, cuja carne era desidratada para consumo posterior. Os habitantes do povoado também se alimentavam de meia dúzia de plantas silvestres e usavam mais de duzentas de outras espécies como drogas psicoativas, pigmentos e remédios. O povo de Abu Hureyra geria o ambiente com cuidado, e de trezentas a quatrocentas pessoas habitaram esse próspero povoado. Então, de maneira abrupta, abandonaram o assentamento face à seca persistente.

Sabemos isso com base nas mudanças profundas observadas nas diferentes nozes e gramíneas comestíveis nas camadas de ocupação. Um dos especialistas de Moore, o botânico Gordon Hillman, coletou restos de plantas dos níveis de ocupação. Ele passou amostras de solo ricas em semente por água e telas finas, e assim obteve uma grande coleção de plantas. Ele mostrou que, conforme o clima ficou mais seco depois de 10000 a.C., as florestas carregadas de nozes e os campos de gramíneas silvestres recuaram para cada vez mais longe de Abu Hureyra. À medida que a seca se intensificava, as plantas comestíveis se tornavam mais e mais escassas.

Podemos imaginar a catástrofe crescente. Dia após dia, o Sol brilhava num céu azul-claro e sem nuvens. O horizonte nunca escurecia com chuva. Nuvens de poeira redemoinhavam pelas planícies normalmente verdes à margem do rio Eufrates. Os descampados, agora marrons, recuavam a cada mês de seca. E, todos os anos, os habitantes tinham de caminhar distâncias cada vez mais longas até as florestas para colher nozes e plantas comestíveis. As colheitas eram muito mais parcas do que antes e, quando chegava o inverno, os aldeões passavam fome. Na primavera, eles estavam famintos. Hillman e Moore acreditam que uma combinação de seca e desmatamento (causado por uma demanda crescente por lenha – em consequência das quedas na temperatura e do aumento no número de pessoas) finalmente forçaram os habitantes a irem embora.

Por volta de 9000 a.C., um assentamento maior e totalmente diferente surgiu no montículo do povoado original. No início, os habitantes continuaram a caçar gazela. Então, no intervalo de poucas gerações, as pessoas passaram a criar cabras e ovelhas. Nos dez séculos seguintes, as cabras e as ovelhas se tornaram cada vez mais importantes, ao passo que a caça de gazelas diminuiu. O povoado passou a cobrir doze hectares. Um visitante se veria caminhando por uma comunidade de casas térreas retangulares feitas de tijolos de terra crua, unidas por pátios e ruas estreitas.

Os especialistas estimam que deve ter levado de 1 mil a 2 mil anos para domesticar e controlar as gramíneas silvestres para colheita humana. A necessidade de garantir o abastecimento de comida frente à seca prolongada pode muito bem ter sido o fator que levou as pessoas a cultivarem plantas. No início, os habitantes de Abu Hureyra (e de outros lugares) provavelmente plantaram gramíneas silvestres para aumentar a colheita de sementes – primeiro centeio, depois trigo e cevada. Mais tarde, eles se tornaram agricultores em tempo integral, presos às suas plantações e às pastagens de seus animais. Sua agricultura dependia totalmente da chuva, e o primeiro plantio precisava ser cuidadosamente cronometrado para que as plantas não murchassem antes de chover. Isso era uma agricultura de alto risco num ambiente em que a chuva era imprevisível.

Se foi ou não a seca milenar no leste do Mediterrâneo que deu início à agricultura a partir de 10000 a.C. ainda é controverso. Mas este provavelmente foi um dos principais fatores que transformaram os caçadores-coletores em agricultores.

Abu Hureyra é apenas um dos muitos povoados agrícolas antigos que datam de aproximadamente 10000 a.C. que hoje são conhecidos em uma vasta área do Oriente Médio. Todos eles têm em comum as características gerais da transição observada no sítio sírio. As origens da agricultura foram muito mais prolongadas – e muito anteriores – ao que se pensava há uma geração. E a mudança não foi um desenvolvimento isolado, confinado ao Oriente Médio. A agricultura começou mais ou menos ao mesmo tempo do outro lado do mundo, na China; e um pouco depois nas Américas.

A partir desta mudança, houve uma explosão no crescimento populacional, sociedades humanas muito mais complexas e, no intervalo de alguns milhares de anos, as civilizações mais antigas do mundo, no Egito e na Mesopotâmia.

CAPÍTULO 31

Em defesa do imperador

O imperador chinês Qin Shi Huang Di queria ser lembrado por toda a eternidade. Em 221 a.C., esse governante brutal e violento transformou a China, então uma colcha de retalhos de Estados, em um só reino, mas veio a falecer onze anos depois, com apenas 39 anos de idade. Havia uma antiga crença chinesa de que o mercúrio trazia vida eterna, e assim Shi Huang Di engoliu incontáveis pílulas de mercúrio. Em vez de torná-lo imortal, elas provavelmente o mataram.

O imperador morreu no litoral, mas seria enterrado no interior do continente. Enquanto seu caixão viajava lentamente de carruagem, acompanhado por altos funcionários de confiança, peixe em putrefação foi usado para mascarar o odor do corpo em decomposição.

Shi Huang Di havia começado a construir seu túmulo uns quarenta quilômetros a leste de Xian, no noroeste da China, muito antes de se tornar imperador. Mas o trabalho se intensificou durante seu reinado. Cerca de 700 mil homens escavaram e construíram sua sepultura ao pé do proeminente Monte Li. Então, um pequeno exército de artesãos criou todo um reino subterrâneo.

Os trabalhadores escavaram até que chegaram a uma série de fontes de água fresca. Então, encheram o sepulcro com réplicas de palácios e outras edificações em cavernas especiais. Um caixão de bronze foi fabricado para o imperador. O teto imitava o céu à noite, com pérolas representando estrelas. De acordo com um guia da civilização chinesa escrito em 94 a.C., usou-se mercúrio para representar o oceano e os principais rios, que até pareciam fluir. Mais uma vez, o mercúrio – a substância que provavelmente matou Shi Huang Di – estava sendo usado como um símbolo de imortalidade. Isso faz do túmulo um lugar perigoso: as amostras de solo obtidas perto da tumba apresentam altos índices de contaminação.

Segundo fontes escritas, os artesãos instalaram bestas mecânicas prontas para atirar nos intrusos. Imediatamente após o funeral de Shi Huang Di, aqueles que haviam trabalhado na tumba foram trancados do lado de dentro, para evitar que passassem qualquer informação.

O túmulo de Shi Huang Di se ergue 43 metros acima da paisagem ao redor. Os construtores plantaram árvores e arbustos para que se confundisse com a paisagem. A sepultura do imperador era parte de um grande parque funerário, cercado por um muro de cinco quilômetros de extensão.

O que mais havia no recinto permaneceu um segredo até 1974, quando alguns trabalhadores estavam cavando um poço 2,5 quilômetros a leste do túmulo. Lá, eles encontraram um soldado de terracota (argila) em tamanho real. Depois outro. E outro. Uma equipe de arqueólogos e especialistas em preservação se viram escavando todo um regimento da realeza. Estes são os famosos soldados de terracota. A equipe de escavação era tão grande que não há uma pessoa que, sozinha, possa levar todo o crédito pelo trabalho.

Infelizmente, eu não consegui visitar as escavações de perto, e só pude ver os soldados à distância, como turista. E, por isso, minha descrição deve ser geral. Mas fiquei impressionado com o que vi. As estátuas são incrivelmente realistas. Estavam dispostas em onze corredores paralelos, cada um deles com cerca de duzentos metros de comprimento. Um teto de taipa cobria os corredores. Eu pude facilmente imaginar um exército de verdade. Os homens marcham em quarenta fileiras, quase sempre lado a lado em grupos de quatro. Alertas e disciplinados, cada figura está ereta, pronta para a batalha. Os soldados usam réplicas de cotas de malha originalmente feitas de placas de pedra unidas por fios de cobre que se abriam e fechavam do lado direito. Eles estão sem capacete, olhando para a frente. Cada homem tem um rosto diferente, como se todos eles tivessem sido feitos com base em pessoas reais. Mas são sem expressão e aparentemente sem emoção. Hoje, todas as estátuas são de cor marrom-clara, com apenas alguns vestígios de pintura; mas, quando o regimento foi enterrado, todos eles tinham uniformes pintados em cores vivas – o efeito deve ter sido deslumbrante.

Quase duzentos arqueiros e besteiros ficam em três fileiras na frente. Eles usam vestimentas de algodão (modeladas em terracota), mas nenhuma armadura, já que aqueles que usam arcos e bestas atiram de longe, em vez de lutar a curtas distâncias. As fileiras se alternavam para atirar, de modo que houvesse um fluxo contínuo de flechas ou virotes no ar. Os experimentos modernos mostram que as bestas da época tinham um alcance de aproximadamente duzentos metros.

Seis carros de guerra e três esquadrões de infantaria sem armadura marcham atrás dos arqueiros. Quatro cavalos de terracota puxam os carros de guerra, cada um deles com um condutor. Dois ou três soldados teriam acompanhado cada um até a batalha. Dois dos carros de guerra eram veículos de comando para os oficiais, de onde se tocavam tambores ou sinos para sinalizar um avanço ou uma retirada. Alguns dos oficiais tinham bigode comprido e esboçavam um leve sorriso.

A cena me pareceu extraordinária. Eram soldados atacantes, que iam para a batalha sem escudos. Sabemos, pelos registros históricos, que os soldados da dinastia Qin eram ferozes. Seus comandantes acreditavam que o ataque era a melhor forma de defesa. Seu combate a curta distância provavelmente era cruel e sanguinário. Todos lutavam com lanças e espadas de bronze, ou com alabardas (combinação de lança e machado capaz de matar um homem com um único golpe).

Shi Huang Di se protegeu com um regimento poderoso e bem treinado. Mas eles o guardaram em terracota, talvez porque tais soldados de elite fossem valiosos demais para ser sacrificados.

Havia mais. Um segundo fosso continha pouco mais de 1,5 mil soldados e cavalos, divididos em quatro grupos. Num canto, fileiras de lanceiros sem armadura cercavam arqueiros ajoelhados. O resto do fosso continha carros de guerra, com 64 somente em uma unidade. Tudo era concebido para enviar uma mensagem de vigilância, de soldados a postos contra um ataque surpresa.

Um terceiro fosso, desenterrado em 1977 depois de cinco anos de trabalho árduo de escavação e preservação, continha o carro de guerra do comandante e seus guardas. Eram homens excepcionalmente altos, com mais de 1,90 metro, em torno de dez centímetros mais altos do que a estatura média dos soldados no primeiro fosso.

A mera recuperação das estátuas frágeis já era um delicado exercício de trabalho em equipe. A argila da região era pesada o suficiente para permitir que se esculpissem estátuas em tamanho real. Cada estátua havia sido modelada em partes e depois montada, a cabeça feita separadamente do corpo. Isso permitiu que os artistas produzissem estátuas mais ou menos padronizadas, enquanto as cabeças eram esculpidas como retratos individuais.

O trabalho de preservação fora extremamente difícil. Além de montar novamente muitas das estátuas, os restauradores também tentaram descobrir as cores dos uniformes que eles vestiam com base em minúsculos fragmentos de tinta. O trabalho em ritmo lento foi concluído com vistas ao mercado turístico. O exército de terracota do imperador Shi Huang Di se tornou uma importante atração internacional, visitada por dezenas de milhares de pessoas todos os anos. Isso é arqueologia realizada sob os olhos do público, em que os arqueólogos enfrentam problemas como a superlotação e a poluição do ar afetando as estátuas.

As descobertas continuaram acontecendo. Um fosso encontrado em 1998, a sudoeste do túmulo, continha milhares de fragmentos de armaduras e capacetes, e foi, talvez, o sítio de um arsenal. Mas há muito mais surgindo do solo.

Um ano depois, outro fosso, logo ao sul, revelou onze estátuas de argila e um caldeirão de bronze. A julgar pelos gestos das estátuas primorosas, estes eram acrobatas, talvez concebidos para entreter o imperador na vida após a morte. Outros fossos continham quinze músicos que um dia carregaram instrumentos (deteriorados há muito tempo), talvez para divertir o imperador enquanto ele caminhava pelo jardim.

Em outro fosso ainda, 46 pássaros de bronze se encontravam sobre uma plataforma à beira de um canal. Um deles inclusive tinha uma minhoca (de bronze) no bico. São achados fortuitos como esse que instantaneamente nos transportam de volta ao passado. O pássaro com a minhoca nos faz lembrar que os antigos também apreciavam a beleza, lagoas tranquilas e a vida silvestre.

O parque de Shi Huang Di é inspirador por seu tamanho e complexidade. Por exemplo, os estábulos do imperador ficam fora da área central – um lugar onde cavalos da realeza foram enterrados junto com cavalariços de terracota ajoelhados. Por que os cavalos tinham de estar vivos, não sabemos. Talvez fossem alguns dos favoritos do imperador, numa terra em que os cavalos tinham grande prestígio. Há relatos não confirmados de um fosso cheio de modelos de terracota das mulheres do imperador. Uma série de valas comuns nas proximidades nos lembra do enorme custo humano da busca do imperador por uma imortalidade feliz.

Recentemente, em 2012, foi encontrado um enorme complexo palaciano com noventa metros de comprimento por 250 metros de largura, com um edifício principal que dava para um pátio central. Haverá arqueólogos trabalhando nos memoriais de Shi Huang Di por gerações.

E ainda resta o túmulo. Os arqueólogos chineses fizeram uma pausa, pois duvidam que já tenham o conhecimento técnico – ou os recursos financeiros – para escavar e preservar a câmara funerária. E, é claro, há o risco da contaminação por mercúrio.

Até agora, eles contaram com magnetômetros – dispositivos que medem os diferentes níveis de magnetismo nas profundidades do túmulo. Esses instrumentos reagem com ferro, tijolo, solo queimado e até mesmo madeira e outros materiais orgânicos em decomposição. Os magnetômetros revelaram que há um palácio subterrâneo no centro do túmulo, cercado por um muro. Os especialistas também sabem que há uma abundância de metais no interior da câmara funerária, e um excelente sistema de drenagem. Níveis atipicamente elevados de mercúrio estão presentes, possivelmente confirmando a descrição do interior que data de 94 a.C. (ver acima).

Há fortes controvérsias em torno da possível escavação da tumba de Shi Huang Di. Os arqueólogos argumentam que os métodos que atualmente têm à disposição não são adequados (como atesta o dano causado a alguns dos soldados de terracota durante as escavações). Entretanto, algumas pessoas instam por escavações imediatas, afirmando que isso deterá os saqueadores; outras enfatizam o enorme potencial turístico e os benefícios econômicos que a tumba tem a oferecer.

Tudo isso suscita uma importante questão para os arqueólogos em toda parte. As necessidades da indústria turística devem ter prioridade sobre as da arqueologia pura? As hordas de visitantes que se aglomeram em sítios como as pirâmides de Gizé, no Egito, ou Angkor Wat, em Camboja, provocam temores reais sobre o desgaste de sítios importantes. Os arqueólogos chineses sabem que a escavação do túmulo de Shi Huang Di será a escavação mais importante do século, se não de todos os tempos. Com toda a razão, eles querem esperar até ter todas as ferramentas e conhecimentos necessários para realizar este que será um projeto de pesquisa sem igual.

Enquanto o debate continua, os chineses adquirem experiência escavando outros túmulos da realeza. Em 74 a.C. o clã Han derrubou o imperador Liu He (92-59 a.C.) depois de meros 27 dias no poder. Ele foi destronado porque era um libertino com "inclinação a prazeres". Além disso, ele não tinha talento como líder. Então, altos oficiais o tornaram o marquês de Haihun, um pequeno reino no norte de Jiangxi, perto de Nanchang. Apesar de sua desgraça, Liu foi honrado com um opulento cemitério murado contendo dez tumbas, incluindo uma para sua esposa.

Uma equipe de pesquisa liderada pelo arqueólogo Xin Lixiang vem escavando o cemitério desde 2011. O túmulo de Liu incluía placas e lingotes de ouro, totalizando 78 quilogramas de ouro puro. Dez toneladas de moedas de bronze e dez caldeirões acompanhavam o marquês. Havia lâmpadas na forma de gansos selvagens, e carros de guerra com cavalos de verdade que haviam sido sacrificados.

O caixão de Liu foi retirado em 2015, quando toda a seção interna da tumba foi removida usando-se elevadores hidráulicos, e levado a um centro de pesquisa perto dali para uma análise detalhada. Um selo dentro do caixão contém seu nome, e sua identidade foi confirmada com base na escrita em alguns dos itens de bronze que o acompanhavam. A tumba é única, e estava totalmente intacta. O corpo do marquês foi submetido a teste de DNA para determinar a relação com outros nobres do clã Han. Como era costume, ornamentos de jade cobriam seus olhos, nariz, orelhas e boca. O túmulo de Liu é prova da riqueza impressionante da China Han, há 2 mil anos.

A tumba de Shi Huang Di é um exemplo dos imensos desafios que os arqueólogos chineses do futuro enfrentarão, especialmente com túmulos ricos. Sua tarefa será um pouco facilitada por métodos científicos cada vez mais sofisticados, tais como sensoriamento remoto, analise de DNA e estudos do conteúdo isotópico (radioativo) de ossos humanos, que pode revelar mudanças na dieta ao longo da vida. Eles sabem que projetos de longo prazo em equipe serão a regra, e que a descoberta deve levar em conta a preservação e as demandas da enorme indústria doméstica do turismo.

Podemos ter certeza de que parte da melhor arqueologia do futuro virá da China. E podemos ter certeza de que descobertas espetaculares estão à nossa espera.

CAPÍTULO 32

Arqueologia subaquática

O arqueólogo George Bass (nascido em 1932) é especialista na civilização micênica da Grécia continental. Ele também é um dos maiores especialistas do mundo em arqueologia subaquática. Bass se tornou arqueólogo subaquático por acaso, quando estudava na Universidade da Pensilvânia. O museu da universidade precisava de alguém para dirigir a escavação de um naufrágio na costa do Cabo Quelidônia, no sudoeste da Turquia. Eles escolheram Bass. Ele não sabia nada de mergulho, e por isso o museu o mandou para um clube da região para fazer aula de mergulho autônomo. Foi uma escolha acertada.

Em 1954, Kemal Aras, um mergulhador turco, avistou uma pilha de objetos de bronze na costa do cabo. Aparentemente, o fundo de um navio havia se despedaçado em uma rocha. Quando afundou, a embarcação verteu artefatos em uma linha irregular a uma profundidade de quase 27 metros. O norte-americano Peter Throckmorton, jornalista e arqueólogo amador que em 1959 estava catalogando destroços antigos ao longo da costa, percebeu que este naufrágio era atipicamente antigo e propôs que o museu organizasse uma escavação científica para investigá-lo, o primeiro empreendimento desse tipo já realizado. Nascia assim a arqueologia subaquática.

George Bass é, acima de tudo, um arqueólogo. Assim que viu os destroços, ele insistiu que os mesmos padrões de escavação e registro usados em terra fossem mantidos debaixo d'água. Ele observou que o navio mercante vinha transportando uma carga de produtos de um lugar para outro. Isso poderia fornecer informações vitais sobre rotas de comércio antigas. O navio afundara, levando sua carga para o fundo do mar, e, até ser descoberto muitos séculos depois, nenhum humano havia perturbado os destroços. Portanto, diferiam de sítios arqueológicos em terra, tais como um acampamento de caçadores ou uma cidade, que são constantemente movidos ou reconstruídos e perturbados por todo tipo de atividade humana posterior. Estes nunca são "lacrados" da mesma maneira que os destroços subaquáticos, que quase sempre se encontram em águas profundas às quais somente mergulhadores têm acesso.

Os destroços no Cabo Quelidônia ficam num leito marítimo rochoso. Primeiro, Bass e seus mergulhadores o fotografaram. Eles não podiam usar papel para registrar as medições e a posição dos artefatos, e por isso contaram com folhas de plástico congelado e lápis de grafite que escreviam debaixo d'água. A própria carga consistia principalmente de massas sólidas de cobre, bronze e artefatos que haviam se fundido no fundo. Tudo que Bass conseguiu fazer foi levantar as massas usando um macaco automotivo resistente. Então os escavadores as separaram na costa.

A carga se mostrou valiosa. Grande parte dela consistia de lingotes de cobre que podiam ser identificados como provenientes do Chipre. Também havia latão, usado para fabricar armas de bronze. O metal era tão precioso que a tripulação inclusive havia embalado sucata de bronze em cestos de vime. Muitos dos artefatos encontrados nos destroços vieram da Síria e da Palestina. Bass calculou que o navio viajara até o Chipre para carregar cobre e sucata a caminho do mar Egeu. Mas quando havia afundado? Cerâmicas pintadas e amostras de carga datadas por radiocarbono deram uma data de 1200 a.C. O navio havia afundado durante o fim da Idade do Bronze.

Em 1967, Bass passou dos destroços relativamente simples do Cabo Quelidônia para um navio bizantino perto de Yassiada, uma ilha no oeste da Turquia. Os destroços eram essencialmente uma pilha de ânforas (grandes jarros de argila). Ele construiu duas torres subaquáticas sobre o navio para tirar fotografias. Os arqueólogos colocaram uma malha quadriculada sobre o sítio, exatamente como fariam numa escavação na terra. Mergulhadores flutuaram sobre a malha registrando a posição de cada artefato antes de transportá-lo até a superfície. Grandes mangueiras sugaram a lama e as conchas do leito marinho para serem examinadas.

Dessa vez, moedas dataram o naufrágio como sendo da primeira metade do século VII. Do casco, sobreviveram partes suficientes para que os escavadores pudessem estudar a galera (a cozinha do navio) com teto de tijolos que ficava no meio do caminho entre a proa e a popa, bem fundo no casco. Havia um fogão de tijolos, e os utensílios de mesa e de cozinha ainda estavam em seus lugares.

Alguns objetos de ferro haviam se deteriorado dentro de torrões de areia e concha que entulhavam o sítio. Um dos membros da equipe de pesquisa, Michael Katzev, serrou os torrões e depois os preencheu com um composto de borracha artificial. Quando o molde se quebrou, ele obteve a forma das ferramentas originais – machados com duas lâminas, ferramentas de marcenaria, limas e até mesmo um dispositivo para calafetar o casco do navio.

A arqueologia subaquática é mais demorada do que a escavação na costa. Foram necessários 3.575 mergulhos para investigar o navio em Yassiada. Suas tábuas eram tão leves que os mergulhadores tiveram de remover a areia que havia sobre elas e então prender cada uma delas ao leito marinho com raios de bicicleta para medi-las e registrá-las – do contrário, a madeira frágil teria flutuado para longe antes de ser levada à superfície. Um membro da equipe, Frederick van Doorninck, estudou os registros de cada fragmento de madeira, inclusive das junções e dos buracos de parafuso, para desenhar o casco do navio de 21 metros. Ele conseguiu, mas a popa e a proa ficaram bem incompletas.

A escavação em Yassiada resultou nos métodos básicos usados para estudar todos os naufrágios. A tecnologia se tornou mais refinada com a escavação de um navio grego simples do século IV a.C. na costa de Cirênia, no norte do Chipre, realizada por Katzev em 1967-1969. O navio mercante de quase quinze metros tombou sobre seu lado esquerdo e depois se partiu. Felizmente, três quartos do madeirame do casco foi preservado.

O navio teve uma vida difícil. Estava bem gasto e tinha sido consertado várias vezes. A carga estava longe de ser glamorosa: 35 toneladas de amêndoas e ânforas carregadas de azeite e vinho, além de mós. Navios como esse eram os comerciantes anônimos que passavam a vida navegando de porto em porto entre o mar Egeu e o Chipre, no leste do Mediterrâneo. O navio de Cirênia foi um achado importante porque documentou cargas que não eram riquezas da nobreza, e sim objetos de pessoas comuns cuidando de seus afazeres cotidianos no mar.

A escavação de Cirênia revelou um navio modesto que carregava produtos básicos. Mas houve outros no mar com cargas muito mais valiosas, tais como o navio abarrotado que colidiu com as rochas dos penhascos de Uluburun, no sul da Turquia, em 1305 a.C. Não sabemos por que afundou; talvez uma tempestade repentina o tenha arremessado contra as rochas. Enquanto a tripulação pulou no mar para morrer nas ondas, o navio de carga afundou em 45 metros de água.

Cerca de 3,3 mil anos depois, o mergulhador Mehmet Çakir, que se dedicava a coletar esponjas, relatou a seu capitão que avistara objetos de metal "com orelhas" no fundo, perto dos penhascos de Uluburun. Durante vários anos, os arqueólogos subaquáticos deram palestras nos portos da região, mostrando imagens de como eram os antigos naufrágios. Eles esperavam que os mergulhadores locais soubessem informar sobre a existência de um navio naufragado, caso se deparassem com um. Felizmente, o capitão assistira a uma das palestras e sabia que os objetos com orelhas podiam ser lingotes de cobre. Ele informou sobre o achado, e mergulhadores especialistas visitaram os destroços em 1982, confirmando que eram de um navio da Idade do Bronze.

Os arqueólogos Cemal Pulak e Don Frey, da Universidade Texas A&M, um importante centro de pesquisa subaquática, inspecionaram o sítio em 1996. Eles encontraram fileiras intocadas de lingotes de cobre e grandes jarros do Chipre estendendo-se por mais de nove metros por uma encosta íngreme. Bass chamou o navio de Uluburun de sonho de todo arqueólogo – não por sua carga cheia de riquezas, e sim porque era uma valiosíssima cápsula do tempo de produtos exóticos de várias terras. Os anéis das toras do navio dataram os destroços de aproximadamente 1305 a.C. Ainda mais importante: era de um período em que rotas comerciais pouco conhecidas ligavam o Egito à Síria, ao Chipre, à Turquia, a Creta e à Grécia continental.

O navio afundou numa época de intensa competição pelo comércio no leste do Mediterrâneo, extremamente lucrativo. O Egito, ao sul, era uma civilização brilhante, no auge de seu poder. Ao norte, estavam os hititas, que eram guerreiros e comerciantes exímios. A oeste, os palácios de Creta e os reis de Micenas no continente comercializavam azeite, vinho e outros produtos em todas as ilhas do mar Egeu. Centenas de navios mercantes percorreram a costa e os portos do leste do Mediterrâneo.

Com quinze metros de comprimento, o navio de Uluburun não era atípico, e seu mastro curto e vela quadrada não teriam se destacado num cais lotado. Apenas um observador atento teria notado as dezenas de lingotes sendo carregados. O navio levava uma carga tão excepcional que Bass e Pulak se perguntaram se poderia ter sido uma carga da realeza.

Eles encararam uma investigação subaquática de extraordinária complexidade que levaria anos. A profundidade em que os destroços se encontram criou sérios problemas: os mergulhadores só podiam passar um tempo limitado no fundo do mar e precisavam receber doses de oxigênio no caminho de volta à superfície para não adoecer. Entre 1984 e 1992, 18.686 mergulhos resultaram em 6 mil horas de escavação, seguidas por mais algumas nas últimas duas temporadas.

A escavação em Uluburun demandou um trabalho em equipe excepcional – muito mais coeso do que durante as escavações em terra. Bass estimou que a análise de laboratório resultante de um mês de investigações subaquáticas era o equivalente à gerada por um ano de trabalho em terra. A escavação começou com equipes de mergulhadores fazendo cortes transversais dos destroços e da fileira de lingotes. As medições de cada lingote foram essenciais para reconstruir a curvatura do casco do navio. Um sistema de alcance e posicionamento portátil registrou a localização de objetos grandes, tais como âncoras de pedra.

O navio de Uluburun continha cobre e latão suficiente para fabricar trezentos corseletes e capacetes de bronze. Mais de 6 mil armas jaziam no porão, o suficiente para um regimento de infantaria. Especialistas em metal e químicos de Harvard e de Oxford identificaram os elementos característicos no cobre para associar os lingotes com o norte do Chipre, uma importante fonte de cobre 3,5 mil anos atrás. O latão, essencial para a fabricação de bronze, era muito mais difícil de identificar, mas provavelmente se originou na região central da Turquia ou no Afeganistão. O chumbo vinha da Grécia e da Turquia.

Os metais de Uluburun vinham principalmente do leste do sítio dos destroços. Os grandes jarros a bordo carregavam cerâmica do Chipre. A ânfora vinha da costa síria e palestina, mais a leste. Parte da carga era transportada em grandes jarros minoicos e micênicos, da região do Egeu. O Egito forneceu escaravelhos (ornamentos de besouro sagrado) e uma placa de pedra inscrita com hieróglifos. Selos cilíndricos (pequenos cilindros de argila ou de pedra contendo inscrições cuneiformes) podem ter vindo da cidade portuária de Ugarit, no norte da Síria.

Muito provavelmente, o navio de Uluburun partira de um porto cananeu na Síria e navegara rumo a oeste com destino ao

Chipre, seguindo uma rota circular percorrida muitas vezes antes: um navio viajava até a Sardenha antes de atravessar o Mediterrâneo aberto para a costa da África do Norte e de volta ao Nilo. O Egito teria fornecido alguns dos itens exóticos a bordo, incluindo toras curtas de ébano – a mesma madeira negra preciosa que foi usada para a fabricação de uma cama, uma cadeira e um banco encontrados na tumba de Tutancâmon.

Objetos de ouro, incluindo um escaravelho inscrito com o nome da rainha egípcia Nefertiti, mãe do faraó Tutancâmon; contas de âmbar da costa do Báltico; até mesmo uma placa para escrita – tudo isso veio dos destroços. A julgar pelos artefatos, o navio de estrutura sólida carregava uma tripulação internacional. Era uma embarcação desajeitada, mas tinha uma vela grande que lhe permitia avançar com ventos favoráveis. Carregava 24 âncoras de pedra e provavelmente passou dias em repouso, à espera de bons ventos. Cercas de fibras densamente entrelaçadas protegiam a tripulação e a carga no deque.

A escavação do navio em Uluburun é um exemplo clássico do tipo de trabalho em equipe cuidadosamente organizado que a arqueologia subaquática requer. O navio transportava uma carga de pelo menos oito lugares diferentes. A combinação única de análise altamente tecnológica e escavação e preservação meticulosas permitiu vislumbrar uma rota de comércio internacional que existiu há mais de 3 mil anos. Os mesmos métodos aplicados em terra forneceram retratos inesperados dos primeiros colonos da América.

CAPÍTULO 33

Conhecendo os colonos

"O passado é um país estrangeiro: lá, eles fazem as coisas de um jeito diferente." Para entender as pessoas do passado, é necessário um detetive do tempo. Ivor Noël Hume (1927-2017) era exatamente isso. Ele foi um dos primeiros arqueólogos a misturar história e arqueologia na que é hoje conhecida como arqueologia histórica. Além de ser um escavador excepcional, ele era incansável em sua busca por pequenas pistas históricas que pudessem lançar luz sobre seus achados. E era um escritor interessante, que tornou a arqueologia (e a história) acessíveis a todos.

Nascido na Inglaterra, Noël Hume primeiro trabalhou no Museu Guildhall de Londres (hoje, o Museu de Londres) a partir de 1949. Ele aprendeu arqueologia do jeito difícil, trabalhando em sítios de Londres destruídos por bombas. As técnicas de radiocarbono eram inúteis para datar as diferentes camadas numa cidade histórica lotada e reconstruída várias vezes. Então, Noël Hume aprendeu, por conta própria, a identificar cerâmicas e garrafas de vinho dos séculos XVII e XVIII. Ele se tornou tão bom nisso que, em 1957, os historiadores do museu de história viva de Colonial Williamsburg, na Virgínia, o convidaram para estudar seus vidros e cerâmicas. Durante trinta anos, ele foi diretor do programa de arqueologia de Williamsburg.

Os registros históricos incompletos nos contam relativamente pouco sobre os colonos pioneiros que chegaram de navio à Virgínia a partir de 1607. Seus assentamentos muitas vezes eram temporários, e suas casas eram construídas de madeira e palha, que desapareciam rapidamente depois de abandonadas. Jamestown, na baía de Chesapeake, foi o primeiro assentamento. Serviu como a capital da Virgínia até 1698, quando uma *plantation* perto dali, logo denominada Williamsburg, tornou-se o centro do governo por 81 anos. O governo do Estado se mudou para Richmond em 1780, e Williamsburg ficou isolada e entrou em decadência. O povoado do século XVIII havia praticamente desaparecido em 1926, quando começou a restauração daquele que atualmente é chamado Colonial Williamsburg. O trabalho continua, mas agora os cientistas se apoiam firmemente em registros históricos e arqueológicos para seu trabalho. Eles percebem que sob o solo há dados invisíveis e valiosos.

Colonial Williamsburg era o lugar perfeito para Noël Hume. Trabalhos anteriores focaram totalmente na arquitetura, mas ele tinha uma perspectiva diferente – a vida das pessoas comuns que moraram lá, longe dos holofotes da história. Franco e um pouco perfeccionista, Noël Hume, em sua abordagem da arqueologia histórica, combinava as habilidades de um detetive e exímio contador de histórias com um conhecimento enciclopédico de vidros e porcelanas. O resultado era a magia arqueológica.

Uma de suas primeiras escavações foi na taberna de Wetherburn, onde ele refinou seus métodos já sofisticados. Os arquitetos conheciam o layout do edifício, mas só a arqueologia poderia revelar como havia sido a vida no interior da taberna. Cerca de 200 mil artefatos foram descobertos, incluindo 47 garrafas de vinho enterradas, cheias de cerejas. Moedas e outros achados surgiram de um poço de doze metros. A vida na taberna ganhou vida novamente.

Noël Hume também escavou uma marcenaria e várias casas, com igual sucesso. Uma de suas maiores escavações foi no Eastern State Hospital, que abrigou doentes mentais e pegou fogo em 1885. Ele escavou as fundações antes de o hospital ser reconstruído em 1985. Atualmente, é um museu.

Wolstenholme Towne, parte da colônia Martin's Hundred, na margem do rio James, apresentou um problema diferente. (*"Hundred"* é uma subdivisão de um condado norte-americano.) Fundado em 1619, era um pequeno vilarejo colonial, a pouco mais de onze quilômetros de Williamsburg. Os colonos haviam construído um forte com uma torre de vigia baixa e uma paliçada de madeira para se proteger dos índios e dos piratas espanhóis. Em 22 de março de 1622, os índios powhatans atacaram e atearam fogo no vilarejo. Os sobreviventes fugiram enquanto suas casas se incendiavam. Ninguém regressou ao assentamento, e este logo foi esquecido.

Quando as investigações começaram, só se conheciam os fatos essenciais, com base em documentos históricos. Havia apenas algumas poucas referências a este assentamento insignificante nos registros oficiais e nos registros da Virginia Company de Londres. Somente a arqueologia poderia reconstruir os edifícios e a vida dos habitantes. Wolstenholme era como um naufrágio no fundo do mar – uma fotografia instantânea de um momento do passado. Depois de suas escavações em Colonial Williamsburg, Noël Hume se tornou mestre em seguir pistas históricas com base em pequenos objetos. Ele se superou em Wolstenholme.

Noël Hume e sua esposa Audrey passaram cinco anos escavando Wolstenholme. Eles começaram em 1976 e revelaram um quebra-cabeça de túmulos, buracos de estaca e fossas de lixo. O sítio era raso, e por isso foi relativamente fácil expor quase todo o assentamento. Os buracos de estaca no subsolo traçavam o esboço do forte com seus dois portões. Um quadrado marcava a base de uma torre de vigia. Uma plataforma de armas protegia o extremo sudoeste.

Do lado de dentro, os colonos haviam cavado um poço. Havia um armazém e uma habitação. Ao sul ficava um complexo da Virginia Company com um lago, galpões e uma casa comunal de madeira, atrás de mais uma cerca de madeira. Em um local, Noël Hume escavou um fosso cheio de terra. Parecia um porão, mas não havia sinais de uma habitação acima dele. No início, ele ficou perplexo. Então tomou conhecimento de uma descrição das casas dos primeiros colonos na Nova Inglaterra que haviam sido escritas em Nova Amsterdã (hoje Nova York). Eram casas subterrâneas, cujos telhados ficavam no nível do solo. Quando os proprietários tinham os recursos econômicos para tal, mudavam-se para cima do solo e construíam casas mais convencionais. Ele havia encontrado uma dessas moradias.

Quem havia morado naquela casa subterrânea? Os escavadores encontraram, perto das fundações, um pedaço de ouro trançado e torcido – uma forma de adorno usada por aristocratas e oficiais das forças armadas. Em 1621, foi aprovada uma lei que proibia qualquer pessoa na Virgínia de usar ouro em suas roupas, exceto os membros do conselho do governo e "dirigentes de *hundreds*". O dirigente do Martin's Hundred foi Martin Harwood, um dos que haviam aprovado a lei. O achado poderia ter vindo de sua vestimenta? Outro achado no sítio – uma bala de canhão – corroborou a ideia. Mais uma vez, os arquivos forneceram uma pista: Harwood era a única pessoa no Martin's Hundred autorizada a ter um canhão.

Noël Hume também encontrou sepultamentos, entre os quais de vítimas do ataque. Um patologista que investigara um assassinato abominável na Inglaterra identificou as marcas de um dos crânios do Martin's Hundred como idênticas às encontradas na vítima moderna, um homem assassinado pela esposa com uma pá de jardim.

O arqueólogo William Kelso (nascido em 1941) aprendeu a escavar com Noël Hume. Ele ficou conhecido por seu trabalho nos alojamentos dos escravos na fazenda de Thomas Jefferson em Monticello. Em 1994, a Preservation Virginia (uma associação para a preservação histórica da região) lhe pediu para escavar na ilha de Jamestown, o mais antigo assentamento europeu na Virgínia. Kelso também encontraria o forte James original, utilizado de aproximadamente 1607 a 1624.

Três navios da Virginia Company aportaram com os primeiros colonos ingleses na baía de Chesapeake em abril de 1607. Os colonos construíram um forte numa península pantanosa cerca de oitenta quilômetros rio acima. Todos os historiadores acreditavam que as principais causas de morte dos colonos originais haviam sido febres, índios hostis e fome. Eles chegaram em busca de ouro e não encontraram o que queriam. O forte original era uma estrutura triangular, que todos presumiam ter sido engolida pelo rio. Kelso provou que eles estavam equivocados.

Em 2003, suas escavações haviam revelado o perímetro do forte. Apenas uma extremidade havia sido engolida pelo rio. Desde então, Kelso escavou várias habitações no interior do forte e recuperou milhares de artefatos e os esqueletos de alguns dos residentes. Os índios atacaram o forte em 1608. Duas vítimas – uma delas, um adulto; a outra, um menino de quinze anos – jaziam em sepulturas rasas do lado de fora da paliçada.

Kelso preencheu muitos detalhes daquele que fora um início desastroso para o assentamento. Os historiadores sempre presumiram que os colonos estavam mal equipados. Mas os arqueólogos mostraram que isso não é verdade. Eles encontraram anzóis e armas, ferramentas de marcenaria e vestígios de fabricação de vidro – aparentemente, artesãos alemães foram levados a Jamestown para fabricar vidros que seriam vendidos em Londres.

Em 1610, o porão de um edifício foi enchido com lixo por ordens do governador recém-nomeado. Continha uma quantidade surpreendente de cerâmicas e pontas de flecha de nativos americanos. Este pode ser um indício de contato pacífico entre os índios powhatans e os colonos da região – contato pacífico que não durou.

Em 1608, Jamestown estava em apuros: os colonos estavam morrendo de fome, mesmo depois de três estações de cultivo.

Mas a fome era culpa deles? Kelso e seus colegas acreditavam que não. Eles tomaram conhecimento de um estudo dos anéis de crescimento de ciprestes da região, datando de 1998, que mostra que o crescimento das árvores desacelerou drasticamente entre 1606 e 1612, exatamente quando os colonos chegaram. A seca inesperada foi a pior em oitocentos anos. Secou as fontes de água e destruiu os cultivos que alimentavam tanto os índios quanto os colonos. A escassez de alimentos pode ter desencadeado uma guerra entre os dois lados. Certamente, as relações melhoraram quando a seca deu trégua.

As descobertas de William Kelso reescreveram a história de Jamestown. Aqueles que um dia foram vistos como colonos preguiçosos eram, na verdade, pessoas trabalhadoras confrontadas com uma seca feroz que quase matou o assentamento. Pode ser que houvesse aristocratas ociosos em Jamestown, mas eles provavelmente estavam em minoria. Não que a vida fosse fácil para alguém, é claro. Setenta e dois colonos pobres jaziam em sepulturas humildes e sem adornos a oeste do forte.

Em 2010, Kelso descobriu o pote de ouro da arqueologia quando encontrou uma série de grandes buracos de estaca, marcando o sítio da primeira igreja da colônia. Havia quatro sepulturas na extremidade leste do edifício retangular, a parte mais sagrada da igreja, perto do altar. Os ossos estavam em má condição, o que tornava difícil determinar a causa da morte das quatro pessoas, embora muito provavelmente tenha sido febre ou fome.

Uma sepultura tinha um sofisticado cinturão de seda decorado com prata; outra, um bastão militar e uma pequena caixa de prata, frágil demais para ser aberta. Os investigadores usaram um equipamento de raios X para revelar uma minúscula cápsula de chumbo e alguns fragmentos de ossos dentro da caixa: era um relicário religioso, um recipiente de relíquias sagradas, usado por católicos, mas não por protestantes. Poucos católicos viveram em Jamestown, que era praticamente um assentamento protestante.

Douglas Owsley, um bioantropólogo do Instituto Smithsoniano, examinou os ossos. Ele descobriu que tinham uma alta concentração de chumbo, provavelmente uma consequência do fato de que as pessoas na época comiam e bebiam de vasilhames esmaltados de chumbo ou de peltre. (Naqueles tempos, o peltre era uma liga de latão e chumbo, que é tóxica para os humanos.) Os ossos também tinham alta concentração de nitrogênio, o que indica que os mortos tiveram uma dieta melhor do que a maioria dos colonos. Os registros funerários e a arqueologia os identificaram. Uma sepultura era do reverendo Robert Hunt, o primeiro pastor da colônia. Sir Ferdinando Wainman era um cavaleiro com coxas excepcionalmente fortes. Ele estivera a cargo da artilharia e da cavalaria. O capitão William West era um aristocrata que morreu aos 24 anos de idade combatendo índios. Era o dono do cinturão de seda adornado com prata. Finalmente, o capitão Gabriel Archer era um católico romano, o que explicava o relicário em seu túmulo.

A pesquisa arqueológica e biológica está nos permitindo conhecer os primeiros colonos ingleses na América do Norte. O trabalho de detetive de Kelso e de Noël Hume tirou das sombras os colonos da Virginia ao combinar registros históricos da América e da Europa com os dados obtidos na trincheira e no laboratório. A amplitude de conhecimento necessário para tais pesquisas é muito maior do que o geralmente requerido em uma escavação. Por exemplo, alguns dos edifícios dentro do forte usaram estilos arquitetônicos encontrados no leste da Inglaterra. Por quê? Porque um dos primeiros colonos de Jamestown foi William Laxton, um carpinteiro de Lincolnshire. É como se estivéssemos olhando por sobre os ombros dos colonos, enquanto a arqueologia, a história e a ciência contam sua história. Um magnífico museu instalado no sítio hoje conduz os visitantes pela arqueologia e seus achados, que são tecidos em uma narrativa fascinante.

Tanto em Jamestown como em Wolstenholme Towne, o passado colonial da Virginia ganhou vida. Lá, os arqueólogos estudam as pessoas como atores individuais em suas próprias histórias de maneira única. A cronologia é curta para os padrões arqueológicos, o que nos permite usar fontes históricas para completar o quadro.

Os desafios de estudar indivíduos de épocas muito anteriores são bem diferentes, especialmente se forem pessoas comuns. Raramente uma combinação de arqueologia e ciência médica moderna nos permite estudar a vida de alguém que viveu há mais de 3 mil anos. Mas foi isso que aconteceu quando um homem da Idade do Bronze foi encontrado nos Alpes.

CAPÍTULO 34

O Homem do Gelo e outros

Em setembro de 1991, os alpinistas alemães Helmut e Erika Simon avistaram algo marrom sobressaindo no gelo e na água de degelo na base de uma ravina a cerca de 3,21 mil metros de altura nos Alpes, perto de Hauslabjoch, na fronteira entre a Itália e a Áustria. Eles perceberam que eram o crânio, as costas e os ombros de um homem que tinha o rosto dentro da água.

No início, a polícia presumiu que ele fosse vítima de um acidente de escalada, e ele se tornou simplesmente o cadáver 91/619 na mesa de dissecação do médico-legista local. Mas o legista logo percebeu que o corpo era muito antigo, e chamou os arqueólogos. Uma escavação foi organizada no sítio, agora enterrado sob neve fresca. Os escavadores usaram um vaporizador e um secador de cabelo para recuperar um manto de grama, folhas, tufos de grama e fragmentos de madeira. No fim da rápida escavação, a equipe havia batizado a vítima de Ötzi, o Homem do Gelo. Ele colocara seu machado, seu arco e sua mochila sobre a saliência de uma rocha. Então, deitara sobre seu lado esquerdo, a cabeça pousada em uma pedra. Os braços e as pernas relaxados indicam que o homem, exausto, havia caído no sono e congelado no intervalo de poucas horas. Ötzi foi preservado intacto no frio, exatamente como um pedaço de carne.

Uma complexa história de detetive agora se revelava. Especialistas em radiocarbono dataram o corpo como sendo de 3350 a 3150 a.C., no início da Idade do Bronze europeia. Eles calcularam que o homem tinha 1,60 metro de altura e 47 anos de idade quando morreu, há cerca de 5 mil anos. Ötzi era um homem autossuficiente e passara seu último dia em movimento. Ele estava carregando uma mochila de couro em uma estrutura de madeira, uma adaga de sílex e um machado com lâmina de cobre e cabo de madeira. Também tinha um arco comprido feito de madeira de teixo e uma aljava de pele de corça contendo catorze flechas. Trazia consigo pontas de flecha reservas, e também fungos secos e pirita de ferro – equipamento para acender fogueiras.

Sua vestimenta era adequada para as montanhas. Ele usava um tapa-sexo de pele de ovelha atado com um cinto de couro. Suspensórios saindo do cinto sustentavam uma calça de pele de cabra. Seu casaco externo era uma vestimenta robusta feita de tiras alternadas de pele preta e marrom de vários animais diferentes. Sobre o casaco, ele usava uma capa de grama trançada – exatamente como aquelas usadas nos Alpes no século XIX. Um chapéu de pele de urso atado abaixo do queixo mantinha sua cabeça aquecida. Sapatos de pele de urso e de veado estofados com grama protegiam seus pés, a grama mantida no lugar por "meias" com cordões.

Os cálculos de idade e de altura eram uma atividade rotineira. Mas onde Ötzi vivera? Uma equipe de pesquisa usou seus ossos, intestinos e dentes para responder a essa pergunta. O esmalte dentário é fixado quando um dente se forma pela primeira vez, e os dentes que os pesquisadores examinaram continham vestígios de elementos químicos dos alimentos que Ötzi havia comido quando tinha de três a cinco anos de idade. Os ossos remineralizam (regeneram) a cada dez ou vinte anos, e assim os pesquisadores também tinham informações sobre onde o Homem do Gelo vivera quando adulto.

Ele nasceu em um dos muitos vales de rios no sul do Tirol (sendo o candidato mais provável o vale de Eisack, ao sul das montanhas). A química óssea de Ötzi mostrou que ele vivera a uma altitude superior quando adulto. Os cientistas se concentraram nos pequenos fragmentos de mica no intestino de Ötzi. Eles acreditam que esse mineral vinha das mós usadas para preparar seu alimento. A datação por potássio-argônio (ver Capítulo 27) dos pontinhos os identificou como pertencentes às formações de mica das terras baixas de Vinschgau, a oeste do vale do Eisack. A biografia de Ötzi estava completa. Ele passara seus primeiros anos na planície, e então vivera nas montanhas próximas. Nunca se afastou mais de sessenta quilômetros de seu lugar de nascimento.

O cadáver do Homem do Gelo também forneceu uma riqueza de informações médicas. Seus ossos revelaram que ele teve má nutrição aos nove, quinze e dezesseis anos. Ele padeceu com uma parasitose intestinal irritante causada por *Trichuris trichiura*, um parasita cujos ovos se encontravam em seus intestinos. Duas pulgas vieram de suas vestimentas. A fumaça que ele inalara das fogueiras em lugares fechados deixaram seus pulmões tão negros quanto os de um fumante compulsivo de tabaco de nossos dias. Suas mãos e unhas tinham golpes, cortes e cicatrizes em decorrência do trabalho manual constante. O estômago de Ötzi estava vazio, de modo que ele provavelmente estava fraco e faminto no momento em que morreu.

É quase como se estivéssemos conhecendo Ötzi cara a cara. Mas o que ele estava fazendo nas montanhas, e como morreu? Originalmente, os pesquisadores pensaram que Ötzi havia tido uma morte tranquila, talvez surpreendido pelo mau tempo. Mas eles mudaram de opinião quando descobriram uma ponta de flecha cravada bem fundo em seu ombro esquerdo. Também há uma ferida de adaga em uma de suas mãos, como se ele tivesse se defendido de um ataque a curta distância. O DNA entrou em ação novamente. As amostras revelaram que ele havia lutado com pelo menos quatro pessoas. No fim, foi a ferida de flecha que se mostrou fatal, fazendo-o sangrar até a morte. Talvez Ötzi tenha fugido para as montanhas e morrido por causa das feridas na altitude elevada.

O Homem do Gelo tinha uma biografia surpreendentemente completa, reconstruída a um custo altíssimo por equipes de cientistas de muitos países. Centenas de artigos científicos descrevem seu corpo e seu estado de saúde. Foi o congelador dos Alpes que nos permitiu estudá-lo: o frio preservou suas vestimentas, equipamentos e armas. Sabemos muito mais sobre Ötzi do que sobre milhões de outros caçadores e pescadores, agricultores e pastores pré-históricos, soldados romanos e artesãos medievais. Ele nos dá uma impressão vívida das condições difíceis em que ele e outros da época viveram. Temos sorte de saber o que sabemos desse único indivíduo humilde. O achado nos faz lembrar que a arqueologia é sobre pessoas, e não sobre coisas.

Os arqueólogos sempre foram fascinados por esqueletos humanos. Durante muito tempo, nos baseamos em bioantropólogos para obter todos os detalhes da vida como era vivida. Eles podem determinar o sexo de um esqueleto e sua idade, identificar lombares arruinadas por trabalho duro ou ossos da perna arqueados por cavalgada constante.

Recentemente, fomos além dos ossos, e hoje podemos observar o ser humano que um dia viveu. Graças a tecnologia médica de ponta, até mesmo os esqueletos podem se transformar em corpos de carne e osso a partir das pistas mais ínfimas. Os bioantropólogos usam DNA para identificar migrações humanas. E usam tecnologia de imagem médica para estudar múmias sem desenfaixá-las. A análise da química óssea nos diz onde as pessoas viveram e que dietas adotaram. Graças à ciência médica, sabemos mais sobre o Homem do Gelo do que ele próprio sabia. Corpos antigos, quer estejam bem preservados ou sejam apenas ossos, são um assunto em voga na arqueologia atual.

Milhares de indivíduos chegaram até nós, a maioria deles esqueletos, mas também alguns corpos bem preservados encontrados em pântanos. Múmias peruanas e egípcias antigas são minas de informação tanto sobre os nobres como sobre os homens comuns. A imagiologia médica examinou através de suas bandagens e revelou os dolorosos abscessos dentários sofridos pelos egípcios de 3 mil anos atrás. Eles devem ter sofrido durante meses, ou mesmo anos.

Ocasionalmente, a vítima de um sacrifício é encontrada, e então tomamos conhecimento de morte violenta. No Peru, a cerca de 6.210 metros de altura no sul dos Andes, o antropólogo norte-americano Johan Reinhard e seu assistente peruano Miguel Zárate se depararam com a múmia enfaixada de uma garota de catorze anos que foi sacrificada há cinco séculos. Ela usava um vestido de trama fina e mocassins de couro. Tomografias de seu crânio mostraram que ela morreu com um golpe rápido na cabeça: o sangue da ferida na cabeça havia empurrado seu cérebro para um lado.

As feridas infligidas em batalhas medievais corpo a corpo podiam ser horrendas. Certa vez examinei os ossos de alguns indivíduos mortos durante um desses confrontos. Em Towton Hall, no norte da Inglaterra, uma cova contendo 38 indivíduos deixou uma impressão chocante da selvageria da guerra medieval. As vítimas haviam morrido em um conflito sanguinário travado durante uma tempestade de neve em 29 de março de 1461 – um de uma série de conflitos conhecida como a Guerra das Rosas. Todos os esqueletos eram de homens que tinham entre dezesseis e cinquenta anos de idade. Eram indivíduos ativos e saudáveis cujos corpos mostravam sinais de trabalho duro desde tenra idade, como seria de se esperar de camponeses. Alguns também apresentavam lesões no cotovelo resultantes de atirar com arco longo.

A maioria dos indivíduos morreu com golpes violentos na cabeça, mas havia um cujo rosto fora cortado ao meio por uma espada. Outro homem sofrera pelo menos oito feridas de lâmina de combate a curta distância, antes de ser morto com um golpe na cabeça. Virotes, pontas de flecha e martelos de guerra infligiam ferimentos terríveis, muitos deles fatais. Os antebraços de vários homens tinham feridas sofridas enquanto tentavam se defender dos golpes dos atacantes. Os homens haviam perecido em um banho de sangue. Não que a vida na época fosse fácil para alguém: escorbuto e raquitismo, ambas doenças resultantes de deficiência de vitaminas, eram comuns.

Além de Ötzi, a pesquisa mais completa sobre indivíduos examinou figuras históricas famosas. O faraó Ramsés II (1304-1212 a.C.) é o mais conhecido de todos os reis egípcios. Ele prestou serviço militar quando jovem e teve mais de cem filhos e (literalmente) incontáveis filhas. Ramsés viveu uma vida longa: morreu aos 92 anos de idade, numa época em que a maioria das pessoas só podia esperar viver vinte ou trinta anos.

O faraó foi mumificado e enterrado no Vale dos Reis. Especialistas franceses usaram tecnologia médica de ponta para analisar sua múmia. Eles admiraram o nariz fino do rei, cuja forma foi mantida pelos grãos de pimenta enfiados pelos embalsamadores. O faraó sofrera de artrite, abscessos dentários dolorosos e má circulação – dificilmente uma surpresa, considerando sua idade.

Como faraó, Ramsés levara uma vida confortável. Mas os egípcios comuns certamente não: a deles era uma vida de labuta incessante. Um estudo recente examinou os sepultamentos de trabalhadores em um cemitério em Amarna, capital do faraó Akhenaton no século XIV a.C. (ver Capítulo 17). Quase todos eles morreram na casa dos vinte ou trinta anos. Seus ossos mostram claros sinais de desnutrição, ao passo que anos de trabalho extenuante aniquilaram colunas, quebraram ossos e causaram artrite crônica em braços e pernas.

Há governantes mais recentes cujos corpos foram recuperados por pesquisas históricas e escavações. O rei Ricardo III da Inglaterra (1452-1485) morreu combatendo seu rival, o futuro rei Henrique VII, na batalha final da Guerra das Rosas, em Leicestershire, Inglaterra central. Pouco se sabia sobre Ricardo. Os registros históricos afirmavam que ele fora deformado, embora não se pudesse ter certeza – talvez fosse uma metáfora para seu mau caráter.

O corpo de Ricardo foi despido e levado a Leicester, onde foi colocado em exibição pública. Ele então foi enterrado sem cerimônia num convento franciscano. O local de seu enterro era conhecido muito depois de o convento ser demolido, mas caiu no esquecimento no século XIX. O prolongado trabalho de detetive histórico localizou o sítio do convento sob um estacionamento no centro da cidade, onde as escavações começaram em 2012. No primeiro dia de escavação, dois ossos de perna foram revelados. Os esqueletos haviam sido amontoados em uma sepultura que era um pouco pequena. A coluna vertebral estava curvada em forma de S e as mãos estavam para trás do corpo, como se tivessem sido atadas. Tudo apontava para um enterro apressado.

O esqueleto era de um homem adulto que sofria com curvatura severa da coluna, o que tornava um ombro mais alto do que o outro. Havia ferimentos importantes no crânio. Seria o corpo do rei Ricardo? Os pesquisadores recorreram ao DNA em busca da resposta. Amostras dos ossos foram comparadas com o DNA de descendentes da monarquia ainda vivos, e confirmou-se que o esqueleto era, de fato, de um deformado Ricardo III. Seu corpo foi reenterrado na Catedral de Leicester.

A tecnologia médica de hoje está ajudando os arqueólogos a escreverem a história com o nível de detalhe que era inimaginável há apenas uma geração. Alguns médicos usaram raios X para examinar múmias egípcias no início do século XX. Mas hoje em dia podemos dizer onde algumas delas passaram sua juventude e por onde viajaram. Estamos nos tornando biógrafos, escrevendo a história de vida das pessoas.

CAPÍTULO 35

Sacerdotes-guerreiros do Moche

A cena pintada na cerâmica sobre a mesa giratória conta a história inteira. É por volta do ano 400. Um senhor moche está sentado sob um abrigo no topo de uma pirâmide na costa norte do Peru. Ele está na sombra, mas o sol de fim de tarde faz brilhar o enfeite dourado em sua cabeça. Na mão direita, ele tem um vaso de argila cheio de sangue humano. Calmo e austero, coberto de ornamentos de ouro e turquesa, ele olha para baixo, para uma fileira de prisioneiros nus, desprovidos de suas armas e armaduras.

Um sacerdote vestido de pássaro rapidamente corta as gargantas dos prisioneiros, recolhendo, em um vaso, o sangue que jorra. Os corpos são arrastados para longe, para ser cortados em pedaços por outros sacerdotes à espera. O senhor bebe mais sangue, sem mostrar emoção alguma. Sua taça é reabastecida imediatamente. Um dia, ele será enterrado exatamente onde está sentado agora, quando outro sacerdote-guerreiro tomará seu lugar.

Esta cena é uma de muitas nas cerâmicas moches de todos os tipos, que um dia foram oferendas funerárias – ou possivelmente usadas na vida cotidiana, sendo exibidas em banquetes. Algumas eram símbolos de status social. Cenas narrativas mostram guerreiros correndo em fila, caçando veado e foca, e em procissões. Os ceramistas moches eram escultores e também pintores. Seus vasos com retratos de homens proeminentes são famosos, mas eles também representavam pássaros, peixes, lhamas, veados – até mesmo aranhas. E não se esqueceram do milho, abóbora e outras plantas. Ou de seres sobrenaturais. Grande parte do que sabemos sobre os moches e seus governantes vem de suas cerâmicas esplêndidas – bem como de sepultamentos ricamente decorados.

O Estado moche surgiu por volta de 2 mil anos atrás, na costa norte do Peru. A planície costeira é uma das paisagens mais áridas do planeta, e por isso os moches viviam da abundância de anchovas pescadas no Pacífico. Os solos férteis dos vales de rios, abastecidos pela água vinda dos Andes, lhes permitiam cultivar milho, feijão e outras plantas em campos cuidadosamente irrigados.

Quando a oferta de alimentos melhorou, graças a uma agricultura mais eficiente, um pequeno número de famílias abastadas ganhou proeminência. Os governantes e suas famílias eram a elite da sociedade moche, que se tornou cada vez mais dividida entre os nobres e o povo. Os governantes construíam templos e pirâmides de tijolos de terra crua cada vez maiores. Estes forneciam o palco para cerimônias elaboradas que tinham um único propósito: mostrar ao povo que seus líderes tinham relações diretas com o mundo sobrenatural.

Ao longo dos séculos, centenas de pessoas comuns trabalharam duro nos grandes templos que se ergueram acima do rio Moche. Eles pagavam seus impostos em mão de obra – uma prática comum nos Estados peruanos antigos. A grande plataforma de tijolos de terra crua Huaca del Sol fica a mais de quarenta metros acima do rio, no continente. Quando em uso, e antes que as inundações e os saqueadores a devastassem, essa enorme huaca (um lugar sagrado) tinha a forma de uma cruz e era voltada para o norte. Foi construída em quatro seções para ter um efeito escalonado. A fachada um dia foi pintada de vermelho e outras cores vivas. A pirâmide que se encontra lá hoje é apenas uma sombra da vasta estrutura que foi o palácio real e ao mesmo tempo o lugar de enterro dos governantes moches que viveram ali.

Uma segunda pirâmide, Huaca de la Luna, fica a cerca de quinhentos metros de distância. Este era um monumento menor com três plataformas, conectadas e cercadas por três muros altos de adobe. Murais em cores vivas mostravam seres divinos que eram parte animais, parte humanos. Os especialistas acreditam que este era um lugar onde os governantes cultuavam os principais deuses que presidiam o Estado moche.

Em um pátio isolado, o arqueólogo Steve Bourget desenterrou os esqueletos de cerca de setenta guerreiros que haviam sido sacrificados. Em muitos casos, seus corpos haviam sido separados membro por membro, exatamente como mostrado no friso de cerâmica. Estatuetas de argila retratando homens nus com o corpo coberto de símbolos complexos jaziam ao lado de alguns dos restos. Pelo menos dois desses rituais de sacrifício aconteceram durante períodos de chuva torrencial, uma raridade na árida paisagem moche. Ocorreram durante eventos irregulares do El Niño, que são causados por alterações climáticas complexas no oeste do Pacífico. O El Niño levava água mais quente para a costa, perturbando a pesca de anchovas. As chuvas que produzia podiam arruinar campos inteiros em questão de horas.

Quem eram os líderes moches? Sabemos, com base nas cerâmicas pintadas, que seu poder político dependia de sucesso na guerra. Também dependia de cerimônias públicas cuidadosamente encenadas. Era aí que entravam os templos e pátios. Podemos imaginar a cena. Quando o Sol se põe no Ocidente, uma grande multidão, usando suas melhores roupas de algodão, se reúne na grande praça abaixo da Huaca del Sol. Rufam os tambores, e o cheiro de incenso sobe dos fogos sagrados enquanto um canto ressoa no ar parado. A luz do Sol, brilhante, banha a entrada da pirâmide no cume da huaca. Faz-se silêncio quando uma figura aparece na pequena porta; em sua cabeça, o enfeite dourado impecavelmente polido reflete o Sol poente com resplendor hipnótico. Quando o Sol finalmente se põe, ele desaparece no espaço escuro, como que regressando ao mundo sobrenatural.

    As cerâmicas moches mostram sacrifício humano e prisioneiros sendo mortos, mas revelam pouco sobre os senhores. Nada sabemos sobre os rituais que os cercavam. Não sabemos nem mesmo como se chamavam. Eles não eram letrados. Podemos fazer apenas conjecturas sobre as crenças poderosas que guiavam a sociedade moche. Mas podemos contemplar algumas de suas características, graças à habilidade dos ceramistas. Os vasos com retratos cerimoniais podem muito bem retratar indivíduos que um dia viveram. Que eles foram pessoas importantes é certo, pois os vasos aparecem em sepulturas ricamente decoradas. Alguns senhores sorriem, ou mesmo riem; mas quase todos são sérios e severos. Temos a impressão de que os senhores moches tinham absoluta confiança em sua própria autoridade.

    Todas essas pistas nos dão apenas uma vaga impressão dos senhores moches. Foram poucos os sepultamentos que sobreviveram à atenção de saqueadores e soldados espanhóis. Os espanhóis inclusive desviaram as águas do rio Moche para lavar partes da Huaca del Sol em uma busca impiedosa por ouro. Afirma-se que encontraram um pouco, o que os teria incentivado a lavar ainda mais a huaca. Isto fez das tumbas magníficas dos chamados Senhores de Sipán um achado arqueológico de importância excepcional – uma das principais descobertas da arqueologia de fins do século XX.

    Em 1987, ladrões de tumbas entraram no sepulcro coberto de ouro – e até então intacto – de um senhor moche, no interior das pirâmides de Sipán, no vale de Lambayeque, um importante centro de poder dos moches. Felizmente, o arqueólogo peruano Walter Alva, especialista em moches, visitou o sítio quase imediatamente. Suas escavações posteriores, realizadas por uma equipe de arqueólogos e restauradores, montaram uma imagem dos misteriosos governantes do reino moche.

Em 2004, catorze tumbas haviam sido identificadas nessa importante huaca, que foi construída em algum momento antes do ano 300. Conhecida como a Huaca Rajada, suas câmaras funerárias consistem de duas pequenas pirâmides de adobe e uma pequena plataforma. As sepulturas de três senhores de Sipán surgiram das escavações de Alva, cada um deles usando ricos ornamentos acompanhados de oferendas.

O primeiro senhor a ser escavado tinha apenas 1,50 metro de altura e entre 35 e 45 anos de idade. Ele jazia em traje cerimonial numa câmara de adobe, com bancos sólidos nas laterais e na cabeceira. Os enlutados colocaram centenas de utensílios de argila fina em pequenos nichos nos bancos. Então, colocaram o senhor em um caixão de tábuas no centro da câmara, com a tampa sustentada por tiras de cobre. Havia vasos de gargalo na cabeceira e no pé. Ele jazia com todas as suas regalias (vestimentas distintivas), adornadas com enfeites dourados na cabeça e no peito, máscara dourada e brincos e outras joias da mais alta qualidade. Usava dois colares de ouro e contas de prata na forma de amendoins, um alimento importante para os moches.

Ele não estava sozinho. Cinco caixões de vime continham corpos de adultos. Três eram mulheres, talvez esposas ou concubinas, que haviam morrido um pouco antes. Dois homens, um deles acompanhado de um porrete, possivelmente foram guerreiros. Um terceiro homem com as pernas cruzadas encontrava-se em um nicho que dava para o túmulo. Os pés dos guerreiros haviam sido amputados, supostamente para evitar que eles fugissem. Um cachorro e duas lhamas também jaziam no sepulcro. Depois de acomodado o caixão, um teto baixo de viga foi colocado sobre ele. Então tudo foi tapado.

Uma segunda tumba foi descoberta em 1988, perto da tumba do primeiro senhor. O homem neste sepulcro era contemporâneo dele. Suas regalias incluíam uma tigela sacrificial e artefatos associados com o culto à Lua. Ele talvez tenha sido um sacerdote.

Uma terceira câmara era um pouco mais antiga, mas os ornamentos e as vestimentas mostraram que o ocupante era uma pessoa da mesma posição elevada que o primeiro senhor. Testes de DNA revelaram que os dois tinham parentesco por parte de mãe. Uma mulher jovem e um guerreiro com os pés amputados, supostamente o guarda-costas do senhor, também jaziam na tumba.

Três senhores em trajes elaborados e muito similares foram para a eternidade acompanhados de objetos rituais. Quem exatamente eram esses indivíduos? Os chocalhos cerimoniais, os ornamentos primorosos no nariz e nas orelhas, as sandálias de cobre e os braceletes finos indicam claramente que eram homens poderosos.

Há uma única fonte possível de informação disponível – as pinturas nos vasos moches. O arqueólogo Christopher Donnan fotografou as cerâmicas pintadas enquanto elas revolviam sobre uma mesa giratória, "desenrolando", assim, frisos completos das cenas. Há centenas de cenas que retratam dois homens em combate, um derrotando e capturando o outro. Em cada uma delas, o vitorioso arranca as roupas do inimigo, embala suas armas e coloca uma corda em volta de seu pescoço. Então, o prisioneiro amarrado é forçado a caminhar na frente de seu captor. Outras cenas mostram fileiras de cativos sendo exibidos diante de um indivíduo importante, que às vezes está sentado no alto de uma pirâmide. Então as gargantas dos cativos são cortadas. Sacerdotes, participantes e o indivíduo que preside a cerimônia bebem o sangue fresco.

Os participantes mais importantes nessas cerimônias usam um capacete cônico com um enfeite em forma de crescente, ornamentos circulares na orelha e um adorno em forma de crescente no nariz – como fazem os Senhores de Sipán. Donnan chama esses senhores de sacerdotes-guerreiros – homens que supervisionavam as cerimônias mais importantes na sociedade moche. Ele assinala que as regalias dos senhores pouco mudaram de uma geração à seguinte. Praticamente todos os artefatos enterrados com eles tinham um significado. Por exemplo, eles usavam ouro do lado direito e prata do lado esquerdo, representando os opostos de Sol e Lua, dia e noite. A julgar pelas oferendas nas sepulturas, acreditava-se que os Senhores de Sipán tinham poderes sobrenaturais. Eles devem ter sido guerreiros competitivos e agressivos, que organizavam incursões e guerras de conquista na busca constante por vítimas.

As sepulturas dos senhores moches eram tão ricas em ouro que poucas sobreviveram ao ataque dos saqueadores. Isso significa que sabemos pouco sobre os sacerdotes-guerreiros além daqueles em Sipán. Três sepulturas nobres surgiram da pirâmide Dos Cabezas, de 32 metros de altura, perto da foz do rio Jequetepeque. Elas datam de algo entre 450 e 550. Os três senhores eram notáveis por sua altura: cada um deles media aproximadamente 2 metros. Os bioantropólogos suspeitam que eles podem ter sofrido de um distúrbio genético conhecido como síndrome de Marfan, que causa braços e pernas finos e compridos.

O indivíduo mais importante usava um enfeite de cabeça decorado com morcegos de cobre folheados a ouro. Ele usava um ornamento no nariz confeccionado de forma similar. Aparentemente, os morcegos eram proeminentes no ritual moche: eles aparecem em cerâmicas pintadas, em cenas de sacrifício humano e no consumo ritual de sangue. O homem talvez não tenha sido um sacerdote-guerreiro, e sim um ferreiro, uma ocupação respeitável na sociedade moche.

Líderes como os sacerdotes-guerreiros moches sabiam que o governo dependia de sua capacidade de convencer as pessoas de que eles tinham uma relação especial com forças sobrenaturais poderosas. Sua vestimenta e seus ornamentos elaborados, as cerimônias e os rituais públicos cuidadosamente encenados e os cantos infindáveis eram maneiras pelas quais eles faziam isso. Um pouco de sacrifício humano pelo caminho reforçava a mensagem.

A revelação arqueológica da relação entre governantes e governados envolveu trabalho de campo em ritmo lento, uma paixão por trabalho detalhista de detetive e a preservação meticulosa dos achados. Até mesmo pequenos ornamentos como brincos decorados revelavam a oposição espiritual entre o Sol e a Lua, entre o dia e a noite, que era uma parte central da crença moche. Os sacerdotes-guerreiros acreditavam que tinham uma relação especial com o sobrenatural que lhes dava poder. Para entender seu mundo complexo, os arqueólogos tiveram de montar um quebra-cabeça a partir de dezenas de pequenas pistas. Graças a Alva e seus colegas, hoje temos um cenário fascinante dos governantes moches, por muito tempo esquecidos – homens cuja riqueza se equiparava à do faraó egípcio Tutancâmon.

CAPÍTULO 36

Túneis para o cosmos

Cerca de 48 quilômetros ao norte da Cidade do México, na bacia do México, eleva-se a Pirâmide do Sol, em Teotihuacán. Essa estrutura gigantesca de 71 metros de altura nos faz sentir como um grão de poeira na presença dos deuses. E é exatamente isso o que os construtores pretendiam. Aqueles que moraram em Teotihuacán viviam no coração de uma vasta paisagem sagrada. A própria cidade cobria mais de 21 quilômetros quadrados, e dominava a bacia e os planaltos ao redor. No ano 100, pelo menos 80 mil pessoas viviam ali. Entre 200 e 750, a população de Teotihuacán aumentou para mais de 150 mil. Na época, era superada somente pelas maiores cidades da China e do Oriente Médio.

    Os arqueólogos trabalharam na região durante quase um século. Eles descobriram que Teotihuacán era uma vasta paisagem simbólica de espaços abertos, cavernas, encostas e montanhas artificiais que reproduziam o mundo espiritual. Ao longo de um período de mais de oito séculos, os teotihuacanos construíram seiscentas pirâmides, quinhentas áreas de oficinas, um grande mercado, 2 mil complexos de apartamentos e várias praças.

    Em algum momento, os governantes da cidade decidiram reconstruir grande parte dela. Eles construíram complexos murados e padronizados, provavelmente para substituir áreas urbanas lotadas. Alguns destes abrigavam artesãos e suas oficinas. Outros eram quartéis militares. Os forasteiros vindos do vale de Oaxaca e da planície de Veracruz, na costa do Golfo do México, viviam em seus próprios bairros, que são identificados por estilos de cerâmica característicos.

Tudo seguia um plano quadriculado, com todas as ruas correndo em ângulo reto umas em relação às outras. Dividindo a cidade de norte a sul havia uma avenida larga, conhecida desde a conquista espanhola como a Avenida dos Mortos.

As grandes Pirâmides do Sol e da Lua dominam a extremidade norte da avenida. Entre 150 e 325, os governantes da cidade remodelaram a Pirâmide do Sol em sua forma atual, aumentaram a Pirâmide da Lua e prolongaram a Avenida dos Mortos em mais de um quilômetro para o sul, para incluir a Cidadela – o novo centro político e religioso da cidade. Até recentemente, pouco se sabia sobre essa estrutura impressionante, mas, em 2003, o Instituto Nacional de Antropologia e História, na Cidade do México, embarcou em um ambicioso programa de longo prazo para investigar e preservar os templos da Cidadela. Nos últimos anos, o projeto fez algumas descobertas espetaculares.

O complexo da Cidadela é enorme, com muros altos e uma esplanada grande, com capacidade para reunir 100 mil pessoas em cerimônias públicas importantes. O Templo de Quetzalcóatl, a antiga serpente emplumada da civilização centro-americana, fica no interior da área murada, de frente para o espaço aberto. É uma pirâmide escalonada em seis níveis, com uma grande escadaria que leva até o topo, cujos degraus formam pequenos terraços. Cabeças de serpentes emplumadas e uma criatura que parece uma cobra, talvez uma serpente de guerra, decoram as superfícies desses terraços. Relevos da serpente emplumada também aparecem sob cada fileira de cabeças, junto com uma representação da água. O templo inteiro foi pintado de azul e decorado com entalhes de conchas marinhas. Não sabemos o que significam a cor e as cabeças e as demais decorações, mas parece possível que representassem o cosmos no momento da criação – um oceano calmo.

Os escavadores começaram do zero, trabalhando em um templo que havia sido muito danificado, em parte pela chuva e pelo alto nível das águas subterrâneas, e em parte pelo grande número de turistas. Em 2004, o Fundo Mundial de Monumentos forneceu dinheiro e assistência técnica para a preservação dessa estrutura única.

As escavações realizadas por arqueólogos mexicanos na grande praça dentro do Templo da Serpente Emplumada descobriram os restos de várias estruturas que, no ano 200, haviam sido construídas sobre o que originalmente eram terras cultivadas. Estas formaram o primeiro complexo religioso. Uma das estruturas tinha mais de 120 metros de comprimento e pode ter servido como quadra para jogos de bola cerimoniais (um antigo ritual que podia incluir o sacrifício dos perdedores). Os arquitetos do templo de Quetzalcóatl destruíram esse edifício quando erigiram a Cidadela em sua forma atual.

O espaço aberto em frente ao templo na Cidadela foi projetado para ser inundado de água a fim de formar uma superfície reflexiva. Era uma espécie de espelho d'água, um reflexo simbólico do mar calmo que existiu antes da criação do mundo e dos humanos. De acordo com antigos mitos de origem, uma Montanha Sagrada se ergueu dessa massa de água no início dos tempos. Tudo isso indica que a Cidadela foi o palco de rituais em que se encenavam mitos sobre a criação do mundo.

Chuvas torrenciais em 2003 revelaram uma depressão e um buraco profundo no solo em frente aos degraus da plataforma do templo de Quetzalcóatl. Hoje, depois de anos de trabalho, os arqueólogos exploraram debaixo do templo pela primeira vez. Um deles – Sergio Gómez Chávez – desceu pela pequena abertura pendurado em uma corda. Ele chegou ao solo, quase catorze metros abaixo, e encontrou um túnel subterrâneo que levava até o Templo da Serpente Emplumada, a leste, e até o centro da grande praça, a oeste. O túnel estava quase totalmente preenchido com terra e com blocos de pedra esculpida, colocados ali pelos teotihuacanos.

Esvaziar e explorar a passagem subterrânea requeria planejamento cuidadoso. Em 2004, 2005 e 2010, antes de ir ao subterrâneo, Chávez e seus colegas usaram um radar de penetração no solo para assinalar a passagem da superfície. Este indicou que o túnel tinha de 100 a 120 metros de comprimento, com a extremidade oriental no centro do Templo da Serpente Emplumada. Os gráficos do radar insinuavam uma grande câmara no meio do túnel e uma ainda maior na extremidade oriental. Eles também forneceram uma maneira de planejar a exploração subterrânea.

A investigação se baseou em uma série de pressupostos cuidadosamente avaliados. Em primeiro lugar, os pesquisadores presumiram que Teotihuacán fosse uma reprodução da visão do universo de seus habitantes, com três níveis formados pelos deuses – os céus, a terra e o submundo. O plano horizontal representava norte, sul, leste e oeste. E os cantos do plano eram os cantos do mundo.

Em segundo lugar, os escavadores presumiram que o Templo da Serpente Emplumada simbolizasse a Montanha Sagrada da criação, que teria surgido do mar calmo no início dos tempos. O templo ficava em um local sagrado, o centro do mundo. Ali era possível se comunicar com as diferentes camadas do cosmos.

Em terceiro lugar, eles presumiram que uma caverna sagrada, que estaria abaixo da Montanha Sagrada, fosse o lugar de entrada para o submundo. Este era habitado pelos deuses e pelas forças criativas que mantinham o cosmos. O túnel, que foi parcialmente explorado por Chávez com radar, era uma representação simbólica desse submundo. De acordo com a antiga cosmologia (crenças ou mitos sobre a origem do universo), o submundo tinha sua própria geografia sagrada.

Por fim, eles presumiram que a passagem para o submundo fosse visitada com frequência, mas apenas por aqueles indivíduos envolvidos em rituais que sustentassem sua influência. Era lá que essas pessoas adquiriam poderes espirituais ao desempenhar atos rituais. Alguns objetos dos rituais, talvez até mesmo os restos daqueles que deram e receberam oferendas, possivelmente estavam presentes no túnel.

As escavações no subterrâneo começaram em 2006 e continuam até hoje. Chávez começou numa área de aproximadamente cem metros quadrados, onde, segundo pensou, um dia se encontrava a principal entrada para o túnel. Um fosso cobrindo cinco metros quadrados encontra-se a cerca de dois metros abaixo da superfície. Este dava acesso a um túnel que leva à pirâmide.

Artefatos e blocos de pedra enchiam a passagem estreita, o que torna difícil planejar a escavação. Chávez recorreu novamente ao sensoriamento remoto, desta vez no subterrâneo. Então ele usou um scanner a laser – um dispositivo de medição altamente preciso – para planejar a etapa seguinte do trabalho. Uma primeira tentativa registrou 37 metros do túnel. Outro escaneamento em 2011 chegou a 73 metros. Essas medições confirmaram que havia, de fato, um túnel comprido que levava à pirâmide, mas seu comprimento exato ainda era incerto.

Em seguida, Chávez usou um pequeno robô guiado por controle remoto e equipado com câmeras de vídeo. Este penetrou o túnel por 37 metros para testar a estabilidade e as possíveis condições de trabalho, e ajudou a escavação do segmento da passagem previamente escaneada a laser. Em 2013, um robô mais sofisticado, com uma câmera infravermelha e um scanner a laser em miniatura, conseguiu chegar aos últimos trinta metros do túnel, até então inacessíveis. Não foi uma tarefa fácil. Os antigos astecas haviam visitado o túnel em muitas ocasiões para deixar oferendas ali. Para isso, eles tiveram que abrir caminho por mais de vinte muros espessos que bloqueavam o túnel – e, muitas vezes, demoli-los parcialmente. No fim, o espaço inteiro estava cheio de oferendas. Chávez e seus colegas foram as primeiras pessoas a entrarem no túnel em 1,8 mil anos.

Em 2013, as escavações no interior do túnel já se estendiam por 65 metros. Duas câmaras laterais foram reveladas. Suas paredes e tetos receberam o acabamento de um pó criado a partir de um mineral metálico, e brilhavam como uma noite estrelada ou água corrente cintilante. Uma das câmaras continha mais de quatrocentas bolas de minerais metálicos. Esses objetos continuam sendo um completo mistério. Depois das duas câmaras, a profundidade do túnel aumentou gradualmente por mais dois metros e continuou por 35 metros para o leste. No fim havia três câmaras, voltadas para o norte, o sul e o leste.

Mais de 75 mil objetos surgiram da escavação, que hoje se estende por mais de 103 metros do túnel a uma profundidade de dezessete metros abaixo da superfície. Milhares de oferendas foram coletadas, entre elas minerais como jade, serpentina e turquesa, obsidiana (vidro vulcânico) e mercúrio líquido. Centenas de vasos de argila e espelhos feitos de pirita polida (um mineral reluzente muitas vezes confundido com ouro) encontram-se ao lado de conchas marinhas. Dezenas de vasos de argila extraordinários foram descobertos, bem como bolas de borracha, colares, objetos de madeira e fragmentos de pele humana.

O que todos esses achados significam? Chávez e sua equipe afirmam que a Cidadela recriava a geografia sagrada do cosmos e a obra dos deuses. A Pirâmide da Serpente Emplumada simbolizava a Montanha Sagrada, que servia como um elo entre as várias camadas e regiões do cosmos. O túnel subterrâneo e as cavernas abaixo do templo transformavam o espaço na terra em um submundo frio, úmido e escuro. Era lá que os governantes adquiriam o poder sobrenatural para governar. O túnel sob a pirâmide levava os governantes da cidade ao submundo. Desaparecer debaixo da terra indicava que eles podiam visitar esse mundo desconhecido, um ato que lhes dava a capacidade de se comunicar com as forças do reino sobrenatural. A Cidadela era onde todos na grande cidade participavam de cerimônias públicas que marcavam eventos importantes no calendário ritual. Foi lá, também, que os arquitetos tentaram criar a entrada para o submundo.

O projeto Cidadela, atualmente em andamento, não é uma busca acelerada por objetos preciosos, e sim uma análise sistemática e meticulosa do significado dos objetos no túnel. Tudo tinha um significado ritual – incluindo o modo como o túnel havia sido escavado abaixo do lençol freático a fim de recriar o ambiente aquático do submundo. Os últimos trinta metros do túnel foram cavados ainda mais fundo, para que pudessem estar sempre cheios de água, representando a água sagrada da criação.

As pesquisas em Teotihuacán começaram há um século, mas a cidade é tão gigantesca que os arqueólogos mal arranharam a superfície. A ênfase atual é na abertura de túneis – não só na Cidadela, como também sob as Pirâmides do Sol e da Lua, onde outros túneis e ricas oferendas, bem como vítimas sacrificiais, ajudarão a decifrar o complexo simbolismo de uma das cidades mais incríveis do mundo.

CAPÍTULO 37

Çatalhöyük

Da vitrine do museu, as estatuetas de argila olhavam para mim, encarando-me de frente. Algumas tinham duas cabeças, talvez fossem marido e mulher. Enquanto caminhava pela sala, eu sentia seus olhos contornados de preto me seguindo. Cheguei o mais perto que pude de uma estatueta e fitei os olhos de búzios. Os pontos de betume preto das pupilas pareciam queimar fundo em minha alma. Fiquei hipnotizado pelo poder de uma estatueta que, junto com outras trinta, foi enterrada numa cova em torno de 8000 a.C.

    Este foi um dos raros momentos em que fui confrontado pela força de antigas crenças. Houve outros: com as pinturas da Era do Gelo nas cavernas francesas e em Altamira, na Espanha (ver Capítulo 14); em alguns minutos sozinho na completa escuridão na tumba de um faraó no Vale dos Reis, no Egito; identificando a antiga lenda da criação maia na pintura de uma tigela de cerâmica... Mas poucos foram tão poderosos quanto o tempo que passei com essas estatuetas de 'Ain Ghazal, na Jordânia – a argila modelada em torno de punhados de galhos, a roupa pintada e o cabelo e as tatuagens. Eu me senti na presença de ancestrais.

Como outros dos primeiros agricultores, as pessoas em 'Ain Ghazal enterravam a cabeça decorada de seus antepassados sob o chão de suas cabanas. Kathleen Kenyon havia encontrado crânios de gesso sob casas de 7000 a.C. em Jericó (ver Capítulo 3). Em 'Ain Ghazal, as pessoas também faziam modelos de seus ancestrais, que ficavam em santuários domésticos. Mesmo olhando para eles em um museu, sentimos como se gerações anteriores de nossa família estivessem nos fitando, vigiando seus descendentes. Quanto mais aprendemos sobre os primeiros habitantes do Oriente Médio, mais descobrimos indícios de que o respeito por aqueles que vieram antes era uma força poderosa na sociedade. Por que havia tanto interesse pelas gerações anteriores?

Sabemos, com base nas sociedades tradicionais de hoje, que os ancestrais são muitas vezes considerados guardiães da terra: eles garantem que as plantações cresçam e que a vida continue como antes. Certamente, o mesmo acontecia no passado. Um profundo respeito pelos ancestrais tem sido parte da crença humana desde que a agricultura começou – e provavelmente desde muito antes na Pré-História. Os crânios de Jericó e as estatuetas de 'Ain Ghazal mostram que o culto aos ancestrais era parte de sociedades que viviam de colheita em colheita. Safra ruim, fome e desnutrição foram a dura realidade de gerações anteriores e posteriores. Uma preocupação com a continuidade da vida foi central às primeiras sociedades agrícolas, e é por isso que os ancestrais eram importantes. As crenças sobre os ancestrais tidas pelas sociedades tradicionais chegaram até nós na forma de narrativas orais ou canções, transmitidas ao longo de gerações. Mas e quanto às crenças de sociedades muito anteriores, tais como os primeiros agricultores? Só podemos contar com a arqueologia e os restos materiais do passado para contar a história. Felizmente, um assentamento agrícola turco chamado Çatalhöyük e uma escavação planejada de longo prazo lançaram mais luz sobre o poder dos ancestrais.

James Mellaart (1925-2012) foi o arqueólogo britânico que descobriu Çatalhöyük. Ele aprendera a escavar com Kathleen

Kenyon em Jericó, e, por isso, sabia reconhecer o sítio de um povoado quando via um. Durante o fim dos anos 1950, ele explorou a planície de Cônia, no centro da Turquia, em busca de sítios da Idade do Bronze. Em vez disso, deparou-se com os dois montículos de Çatalhöyük, o maior deles com vinte metros de altura.

Mellaart escavou Çatalhöyük de 1961 a 1963, descobrindo treze níveis de ocupação de um assentamento que datava de 6000 ou 5500 a.C. Ele acreditava que até 8 mil pessoas podem ter vivido lá no auge de seu poder. As escavações investigaram mais de 150 cômodos e edificações. Era um lugar lotado: as casas ficavam tão próximas umas das outras que não tinham porta da frente – entrava-se pelo telhado.

Os cômodos incluíam santuários com cabeças de touro feitas de argila, relevos de gesso e murais. Havia também estatuetas femininas. Mellaart acreditava que as pessoas cultuavam uma deusa-mãe, um símbolo de fertilidade. Ele inclusive propôs que alguns dos murais se baseavam em têxteis, antigos protótipos para os desenhos dos atuais tapetes turcos. Mas, por várias razões controversas, Mellaart precisou encurtar seu trabalho, e sua escavação foi encerrada.

As escavações de Mellaart causaram comoção. Çatalhöyük abrangia treze hectares, era dez vezes maior do que a maioria dos assentamentos do período. Muitas perguntas continuaram sem resposta, mas as autoridades turcas não permitiram novas escavações até 1993, quando outro inglês, Ian Hodder (nascido em 1948), iniciou um projeto de pesquisa longo e ambicioso que continua desde então. Graças à sua equipe de trabalho concebida cuidadosamente, os ancestrais estão saindo das sombras.

Hodder é um arqueólogo experiente e imaginativo, um dos poucos com a visão e as habilidades necessárias para assumir um trabalho como esse. Ele envolveu, nas escavações, não só arqueólogos, como também especialistas em todos os tipos de disciplinas. Todos tinham de partilhar informações livremente, incluindo notas de pesquisa. Desde o começo, a equipe trabalhou em parceria com as autoridades turcas, que desenvolveram o sítio como um possível destino turístico.

Desde o início, Hodder concebeu o projeto em Çatalhöyük como uma escavação interessada em pessoas. Ele acredita que o passado foi criado por pessoas, tanto como indivíduos quanto como membros de grupos grandes e pequenos. Assim como fazemos hoje, as pessoas de então interagiam umas com as outras, com sua sociedade e com seus ancestrais. Hodder percebeu que Çatalhöyük tinha o potencial de revelar essas interações. Crenças ancestrais por muito tempo esquecidas viriam até nós na forma de objetos materiais encontrados durante a escavação: em santuários, templos e outros lugares.

Hodder estabeleceu três princípios básicos. Em primeiro lugar, não podemos olhar para o passado puramente através da ecologia (a relação entre os organismos vivos e seu ambiente), a tecnologia ou o modo como as pessoas se alimentavam. Em segundo lugar, devemos focar em aspectos negligenciados de sociedades antigas, entre eles as minorias étnicas, as mulheres e as pessoas anônimas, muitas vezes iletradas. Em terceiro lugar, devemos sempre considerar o significado maior da pesquisa para o público. Muitos arqueólogos deram voz a alguns desses princípios, ou mesmo a todos. Mas nenhum havia abraçado todos eles desde o início.

Tudo dependia, é claro, de escavação. A equipe abordou duas questões básicas logo de cara: quando Çatalhöyük surgiu e como era o primeiro assentamento. Trincheiras escavadas até a base do Montículo Oriental revelaram um pequeno assentamento que se desenvolveu perto de um pântano por volta de 7400 a.C. Ossos de animais e sementes provaram que os indivíduos foram agricultores. Eles também contaram com peixe, aves aquáticas e animais de caça da paisagem ao redor.

Esse pequeno povoado floresceu por mil anos graças a solos férteis, água em abundância e uma combinação de agricultura e pastoreio. No início, apenas algumas centenas de pessoas viviam em Çatalhöyük. Mas, à medida que a criação de gado se tornou mais importante, a população cresceu para entre 3,5 mil e 8 mil pessoas. Foi então que o povoado se tornou a pequena cidade com casas apinhadas que Mellaart encontrou. Era agora um lugar importante, conhecido a quilômetros dali.

Os habitantes tinham sorte, pois viviam ao alcance dos fluxos de lava vulcânica, onde era possível obter obsidiana (vidro vulcânico) com pouco esforço. Obsidiana fina e brilhante é ideal para fabricar ferramentas de pedra. Os habitantes de Çatalhöyük aproveitaram a oportunidade para modelar milhares de blocos padronizados do material, que podiam facilmente ser transportados e então usados para fabricar pequenas ferramentas afiadas. O comércio de obsidiana foi imenso, se estendeu até a Síria e além.

Çatalhöyük prosperou, tanto que os que lá viviam reconstruíram suas casas pelo menos dezoito vezes num intervalo de 1,4 mil anos, até que a ocupação cessou por volta de 6000 a.C. Agora Hodder e seus colegas podiam focar verdadeiramente nas pessoas e em suas "vozes". Para isso, escavaram mais de 166 casas – não só moradias individuais, como também sequências de casas, todas construídas no mesmo local.

O assentamento consistia de grupos abarrotados de casas de telhado plano, separadas umas das outras por vielas estreitas. Os mesmos grupos de pessoas ocuparam e reconstruíram as casas no mesmo local por gerações, o que sugere fortes laços de parentesco entre vizinhos e aqueles que viveram lá em tempos anteriores. O cimento que mantinha a comunidade unida eram as íntimas relações entre os indivíduos e suas famílias, e com outros parentes que viviam por perto ou mais longe. Essas relações também vinculavam as pessoas vivas a seus ancestrais, que era um motivo pelo qual os laços de parentesco eram tão importantes em Çatalhöyük.

Os habitantes da cidade nunca construíram grandes edifícios públicos, templos ou centros cerimoniais. Tudo acontecia dentro de suas casas: comer, dormir, fabricar ferramentas e praticar rituais de todos os tipos. A vida cotidiana e as crenças espirituais se misturavam. Sabemos disso porque as paredes de muitas casas têm pinturas de humanos e animais, tais como leopardos e abutres. É como se os ancestrais, animais e humanos, estivessem vigiando os vivos. E muitas das casas continham sepulturas, bem como crânios de touros selvagens. Às vezes, as cabeças dos mortos eram arrancadas e sua face era reconstruída com gesso. As cabeças, então, eram expostas e passadas de geração em geração. Tudo isso denota um complexo mundo de mitos que dava significado à vida cotidiana.

Sabemos mais sobre esse significado com base em um pequeno número de casas que aparentemente nunca foram habitadas. Eram ocupadas pelos mortos. As casas habitadas contêm, em média, de cinco a oito sepulturas. Mas essas casas especiais continham muito mais: 62 corpos foram depositados em uma delas em um período de quarenta anos. A mobília incluía crânios de bois selvagens sagrados e cabeças de touro feitas de argila. As paredes continham pinturas de touros, pessoas sem cabeça e aves de rapina, claramente atores em rituais realizados nos santuários.

Cada uma das casas desabitadas tinha uma história para aqueles que as construíram e ocuparam. Às vezes, as pessoas inclusive cavavam o chão para recuperar os estimados crânios de touro deixados por gerações anteriores. Também tinham uma prática de colocar dentes de sepultamentos anteriores em enterramentos. Hodder chama essas poucas estruturas desabitadas de "Casas de História". Eram lugares onde as pessoas podiam se comunicar com seus ancestrais e com sua história, usando rituais familiares empregados por aqueles que viveram antes. As Casas de História também podem ter testemunhado banquetes cerimoniais que celebravam touros selvagens. Esses animais perigosos tinham imenso poder espiritual nas sociedades agrícolas de vastas áreas do antigo Oriente Médio.

As pessoas criavam e mantinham sua história ao viver a dos (e sobre os) mortos e reciclar partes de seu corpo, tais como crânios ancestrais. Os ancestrais – animais e humanos – protegiam os mortos, a casa e seus habitantes. A associação entre animais perigosos, humanos sem cabeça e aves de rapina mostrada nas pinturas das paredes reforçava a continuidade da vida antes e após a morte.

Os agricultores de Çatalhöyük viviam segundo um calendário de estações cambiantes: primavera e plantio (nascimento), verão (crescimento), outono (colheita) e então inverno (morte). Esta era a realidade última da vida humana – a razão pela qual as pessoas reverenciavam e respeitavam seus ancestrais. Sabiam que um dia seriam elas os ancestrais. É por isso, também, que as estatuetas femininas e possíveis deusas da fertilidade eram respeitadas: elas renovavam a vida.

O projeto de Çatalhöyük é muito mais do que arqueologia. Hodder usou as escavações e a pesquisa de dezenas de especialistas para criar uma história complexa de uma comunidade profundamente envolvida com seus ancestrais. Era um lugar cheio de tensões e relações complicadas. Nós rememoramos uma comunidade com muitas vozes ruidosas.

Há também outra voz: a dos atuais habitantes da região. Çatalhöyük é parte de sua história. Mas é muito mais. Muitos dos agricultores locais trabalharam nas escavações. O sítio está se tornando um museu arqueológico, visitado por turistas de muitos países. Hodder e seus colegas falaram sobre suas descobertas aos habitantes de povoados próximos dali. Eles treinaram guardas e atendentes de museus com a ajuda de arqueólogos turcos. Hodder inclusive escreveu a história de vida de um dos guardas do sítio.

Os arqueólogos de muitas terras – e seu trabalho – tornaram-se parte da paisagem local. Isso é o que chamamos de "arqueologia participativa" – arqueologia que está envolvida com o passado e com o mundo moderno. A pesquisa arqueológica e a proteção do que é encontrado andam de mãos dadas.

Os arqueólogos geralmente se referem a pessoas com um interesse num sítio como "partes interessadas". Em Çatalhöyük, as partes interessadas incluem as pessoas das comunidades das redondezas. Também os arqueólogos turcos e estrangeiros que trabalham no sítio e as pessoas que procuram pelo museu. Os turistas também são uma parte interessada, pois Çatalhöyük é parte do patrimônio cultural de toda a humanidade. E, quando falamos de partes interessadas, não devemos nos esquecer dos ancestrais.

CAPÍTULO 38

Observando a paisagem

O antiquário, advogado e médico William Stukeley (1687-1765) era obcecado pelos círculos de pedra de Stonehenge, no sul da Inglaterra. Ele tinha uma atitude alegre perante a vida e uma curiosidade insaciável pelo passado. Era disparatado, engenhoso e brincalhão. Em 1723, Stukeley e seu patrono, o lorde Winchelsea, caminharam pelo topo dos trilitos de Stonehenge (duas pedras verticais sustentando um "lintel" – uma terceira pedra que as une). Depois jantaram no topo de um deles. Stukeley observaria que alguém com uma "cabeça sóbria" e "pés ágeis" teria espaço para dançar um minueto lá em cima.

Apesar de todas as suas brincadeiras, Stukeley era um estudioso sério que estava interessado nos povos antigos. Ele via Stonehenge não meramente como uma maravilha, e sim como um lugar sagrado em um cenário mais amplo. Ele concluiu a primeira medição dos círculos de pedra e escavou alguns túmulos na região; mas, o mais importante: ele caminhou pela paisagem.

Seu olhar perspicaz avistou monumentos de terra havia muito esquecidos, incluindo o que chamou de uma "avenida" marcada por valas e bancos de terra. Dois séculos depois, fotografias aéreas identificaram que aquilo ficava a cerca de três quilômetros do rio Avon, perto da cidade de Amesbury. Stukeley também descobriu um par de valas paralelas marcando o que ele acreditava ter sido uma pista de corrida (e que ele chamou de "Cursus"), complementada por uma arquibancada de terra na extremidade leste.

O trabalho de campo de William Stukeley foi notável por sua perspicácia e precisão. Visitantes anteriores haviam feito pouco mais do que descrever Stonehenge em poucas palavras. Ao caminhar pelo campo, Stukeley fundou um dos métodos básicos da arqueologia de hoje – o estudo sistemático de paisagens antigas.

Os arqueólogos sempre foram obcecados por monumentos grandes e notáveis. E, até recentemente, no caso de Stonehenge, a pesquisa espelhava essa preocupação. As escavações no interior e ao redor dos círculos de pedra produziram uma cronologia provisória, junto com muita especulação sobre o significado do sítio. Somente nos últimos anos os investigadores ergueram os olhos – como fez Stukeley – e observaram com a devida atenção a paisagem ao redor. Ao passo que Stukeley atravessava o campo a pé ou a cavalo, os arqueólogos de hoje examinam a paisagem eletronicamente e do espaço.

Por gerações, sonhamos com maneiras de explorar sítios sem o esforço caro e extenuante de escavá-los. A "arqueologia não invasiva" – comumente conhecida como "sensoriamento remoto" – estuda sítios e seus arredores sem perturbá-los ou destruí-los pela escavação. O sensoriamento remoto começou com fotografia aérea, que se tornou uma ferramenta arqueológica importante depois da Primeira Guerra Mundial. Hoje em dia, temos o Google Earth, as imagens por satélite, o radar aéreo e tecnologias como radar de penetração no solo e outras técnicas para examinar abaixo da superfície da Terra. Elas nos permitem explorar paisagens inteiras.

Alguns dos melhores arqueólogos no ramo já não querem escavar, pois sabem que a escavação destrói sítios arqueológicos. É claro, a escavação seletiva é necessária para fornecer evidências para datação ou para responder a perguntas específicas. Mas as escavações de hoje são menores, mais lentas e cuidadosamente planejadas – completamente diferentes da de Leonard Woolley em Ur nos anos 1920 e 1930.

Graças à datação por radiocarbono e a escavações limitadas, sabemos muito mais do que Stukeley sobre Stonehenge. Os grandes círculos de pedra foram erigidos em torno de 2500 a.C., embora houvesse atividade ritual na região pelo menos mil anos antes. Mas sempre estivemos mais interessados nos círculos de pedra propriamente ditos do que na paisagem ao redor. Esta é a história do que aprendemos sobre Stonehenge quando o sensoriamento remoto entrou em cena.

Vincent Gaffney é especialista em sensoriamento remoto. Seu trabalho em Doggerland, a paisagem da Era do Gelo sob o Mar do Norte (ver Capítulo 40), foi pioneiro no uso dessa tecnologia. Em 2010, ele embarcou num estudo sobre Stonehenge que durou quatro anos, usando magnetômetros e radar de penetração no solo para produzir imagens tridimensionais dos sítios abaixo da superfície. Sua equipe usou as tecnologias mais avançadas, montada em quadriciclos e minitratores, para mapear catorze quilômetros quadrados da paisagem onde se encontra Stonehenge. O projeto revelou quinze círculos de pedra, túmulos, valas e fossos até então desconhecidos. Descobriu-se que Stonehenge fica em uma paisagem cheia e elaborada, habitada pelos vivos e pelos mortos.

Gaffney examinou o Cursus de Stukeley, logo ao norte de Stonehenge – uma longa faixa, marcada por valas, que corre de leste a oeste por pouco mais de três quilômetros. Longe de ser uma pista de corrida, como Stukeley acreditara, o Cursus provavelmente foi disposto como um caminho sagrado, vários séculos antes de as obras de construção começarem em Stonehenge. Gaffney e seus colegas encontraram várias lacunas nas valas, que podem ter sido "canais" para guiar as pessoas vindas do norte e do sul rumo ao eixo leste-oeste.

Todos os tipos de achados misteriosos encontrados no levantamento feito por Gaffney estão à espera de escavações. Sabemos que muitos desses achados se alinham com o nascer do Sol nos dias mais longo e mais curto do ano – os chamados solstícios de verão e de inverno. A paisagem de Stonehenge tinha um intenso significado espiritual. O que significava para aqueles que construíram os círculos de pedra e os monumentos de terra, e que emoções a visão dramática de Stonehenge provocava neles, continua sendo objeto de especulação. Mas há algumas perguntas que agora talvez sejamos capazes de responder.

Os agricultores que construíram Stonehenge viveram em um ambiente inóspito, e a passagem das estações governava suas vidas. Os ciclos eternos de plantio, crescimento e colheita – de vida e morte simbólica – se repetiam incessantemente por anos bons e ruins. Esta era a realidade que governava a vida humana na paisagem de Stonehenge, como em muitas outras comunidades, grandes e pequenas, incluindo Çatalhöyük na Turquia (ver Capítulo 37). Felizmente, as escavações em Durrington Walls, um monumento de terra a pouco mais de três quilômetros a nordeste de Stonehenge, revelaram alguns dos rituais complexos da vida antiga na região.

Durrington Walls é uma grande obra de terra circular, comumente conhecida como "henge". Já teve mais de três metros de altura e uma vala de três metros em seu interior. O monumento de terra cobre dezessete hectares, mas há pouco para ver na superfície atualmente. Próximo dali, no lado sul, um dia houve um círculo de troncos conhecido como Woodhenge. Dois círculos de troncos do tamanho de Stonehenge, conhecidos como o Círculo Norte e o Círculo Sul, ficavam dentro da obra.

Entre aproximadamente 2525 e 2470 a.C., antes de a obra de terra ser construída, se desenvolveu na região um dos maiores assentamentos humanos da Europa. Em torno de 4 mil pessoas viveram em cerca de mil casas com paredes de pau a pique (ripas de madeira rebocadas com barro). Os habitantes podem ter sido as pessoas que construíram Durrington Walls e Stonehenge. Não há sinais de uma vila de construtores perto deste último.

Até recentemente, todos presumiam que os dois sítios tinham sido construídos em momentos diferentes, Durrington

Walls alguns séculos antes. No entanto, as novas datações por radiocarbono mostram que os dois estiveram em uso ao mesmo tempo. Mas por que Stonehenge foi construído com pedras, ao passo que Durrington Walls e Woodhenge foram construídos com troncos? Os lintéis dos trilitos de Stonehenge têm junções similares aos encontrados em estruturas de madeira, o que leva a pensar que os construtores fossem também carpinteiros.

Michael Parker Pearson é um arqueólogo inglês com vasta experiência. Entre outros lugares, ele trabalhou em Madagascar, onde visitou muitas tumbas e menires com o arqueólogo madagascarense Ramilisonina. Parker Pearson escavara em Avebury e Stonehenge e arranjou para que Ramilisonina visitasse os sítios. Ramilisonina deu uma olhada neles e concluiu que Stonehenge, feito de pedra, era para os ancestrais – os mortos – ao passo que Durrington Walls, com seus monumentos verticais de madeira, era para os vivos. Teria sido isso? Havia, afinal, crematórios em Stonehenge e túmulos nas proximidades, mas nenhum em Durrington Walls.

Parker Pearson e sua equipe trabalham com quantidades imensas de dados. Eles gostam de adotar uma perspectiva ampla. Por que, por exemplo, as famosas "pedras azuis" em Stonehenge haviam sido transportadas por uma longa distância desde as colinas de Preseli, no País de Gales, a cerca de 290 quilômetros dos círculos de pedra? Talvez ainda mais importante, por que Stonehenge foi erigido onde estava, a cerca de dois quilômetros da fonte de água mais próxima, no topo de um espinhaço um tanto desolado? E por que se dar o trabalho de transportar pedras e usá-las para formar um círculo de pedras que imitavam madeira?

O trabalho em equipe é a única maneira de tentar responder a essas perguntas complexas. Parker Pearson e alguns de seus amigos arqueólogos criaram um talentoso grupo de pesquisa para o projeto Stonehenge Riverside, com duração de vários anos. Cada estágio do trabalho foi debatido cuidadosamente. Questões espinhosas foram discutidas no campo, no bar e no laboratório. O que se seguiu foi uma série de escavações e prospecções cuidadosamente organizadas, combinada com a análise até mesmo dos menores artefatos. Em Durrington Walls, as escavações identificaram uma avenida de cerca de cem metros de largura, com margens paralelas que levavam da entrada sul do monumento de terra até o rio Avon. A avenida estava alinhada com a entrada para o círculo sul. Como isso se encaixava na paisagem mais ampla de Stonehenge?

Um membro da equipe, Christopher Tilley, havia desenvolvido um novo método para explorar paisagens pré-históricas chamado "fenomenologia". Isso envolve tentar se mover pelas paisagens da mesma maneira que os antigos teriam feito. Radar de penetração no solo, mapas e outros dispositivos de levantamento bem estabelecidos são todos muito bons, mas uma paisagem é mais do que isso. Para começar, o pesquisador tem de ignorar rodovias, campos, cercas vivas e caminhos modernos. Como, por exemplo, os construtores de Stonehenge usaram a paisagem natural para se aproximar dos círculos de pedra? Tilley caminhou pela avenida e por outras estruturas antigas, e explorou o curso do rio Avon, visto que essas sociedades faziam uso de canoas que cobriam longas distâncias por rios e riachos.

Enquanto Tilley se pôs a trabalhar, Parker Pearson e sua equipe escavaram em Durrington Walls. Eles removeram mecanicamente o solo arável das trincheiras, expondo o calcário. Uma casa com chão de calcário media cerca de 25 metros quadrados. A escavação manual meticulosa expôs os buracos de estaca em que um dia estiveram as paredes rebocadas com argila. Entre a parede e o limite do chão de calcário, a equipe encontrou sulcos rasos nos quais um dia estiveram camas e armários. O solo na superfície do piso de cinco casas foi passado por peneiras muito finas no laboratório.

Não podemos entender Durrington Walls sem olhar para Stonehenge, sobre o qual sabemos bastante. Durante muito tempo, Stonehenge serviu como lugar de enterro. Seus construtores o erigiram na extremidade de uma estrutura geológica natural que se estendia ao longo do eixo do solstício. A primeira versão de Stonehenge foi construída em 3000 a.C. O segundo estágio da construção, quando os trilitos e as pedras de sarsen (feitas de arenito) foram erigidos, aconteceu por volta de 2500 a.C., quando círculos de troncos comparáveis estavam sendo construídos em Durrington Walls. Aqueles foram erigidos em um assentamento que abrigava pessoas vindas de longe com seus rebanhos para o banquete sazonal no verão e no inverno.

Muito provavelmente, Stonehenge era o lugar dos mortos; Durrington Walls era para os vivos. Sabemos isso com base no alinhamento dos dois sítios. A paisagem ao redor era quase como um observatório astronômico gigante. No solstício do verão, Stonehenge fica alinhado com o Sol quando este nasce; a avenida de Durrington Walls e o círculo sul do sítio ficam alinhados com o Sol quando este se põe.

O projeto Stonehenge Riverside é um exemplo maravilhoso de uma equipe de pesquisa coesa que trabalha com base em hipóteses e objetivos cuidadosamente definidos. Os especialistas na equipe vêm de muitas áreas diferentes – algumas delas, bem distantes da arqueologia. Os membros da equipe assumem riscos, fazem perguntas ousadas e mostram ter ciência de que o conhecimento é cumulativo – é construído gradualmente. Como tal, o projeto fornece um esquema para compreendermos melhor Stonehenge no futuro.

Em muitos aspectos, os arqueólogos que trabalham na paisagem de Stonehenge representam o futuro da arqueologia. Em vez de simplesmente escavar sítios individuais, nós os consideramos parte de paisagens muito maiores. Demos a volta completa – e retornamos ao que William Stukeley estava fazendo em Stonehenge nos anos 1720.

CAPÍTULO 39

Uma luz sobre o invisível

A pesquisa em Stonehenge revelou o poder do sensoriamento remoto ao estudarmos o passado. Em poucos anos, teremos uma compreensão muito melhor da paisagem sagrada ao redor dos círculos de pedra. Isso é arqueologia numa escala jamais vista. Mas Stonehenge e Durrington Walls são eclipsados por um projeto diferente de sensoriamento remoto do outro lado do mundo.

Quando visitei pela primeira vez o Angkor Wat em Camboja, num dia quente e úmido, só o seu tamanho já me deixou sem fôlego. Você se depara com ele de repente, na floresta densa, com suas torres se estendendo para o céu. No crepúsculo, o cor-de-rosa do pôr do sol lança uma luz suave sobre os pináculos ricamente decorados. O imenso santuário é um espetáculo de beleza, assombro e magnificência numa escala quase inimaginável. Eu só pude admirar a visão do arquiteto anônimo que o construiu. É uma das grandes maravilhas arqueológicas do mundo, cujas raízes históricas remontam a mais de mil anos atrás. Mas as ruínas encontram-se em uma floresta densa, o que torna a paisagem ao redor quase invisível – isto é, até agora.

Antes de abordarmos o sensoriamento remoto, devemos oferecer um pouco de contexto. Angkor Wat fica perto do rio

Mekong e de um lago gigante chamado Tonlé Sap. O lago é incomum: quando o Mekong transborda entre agosto e outubro, o lago aumenta para 160 quilômetros de extensão e tem uma profundidade de até dezesseis metros. Quando as águas do Mekong recuam e o nível do lago diminui, milhões de bagres e outras espécies ficam presos nos bancos de areia.

Uma combinação de solos férteis (ideais para cultivar arroz) e isso, uma das áreas de pesca mais ricas do planeta, criou um ambiente muito produtivo que sustentou milhares de agricultores. Reservatórios e canais bem administrados distribuíam água por milhares de hectares de terras cultiváveis e abasteciam a rica civilização khmer, que se desenvolveu entre 802 e 1430.

No início, Tonlé Sap e seus arredores sustentaram numerosos reinos concorrentes cujas histórias são praticamente desconhecidas. Então, uma série de reis khmers ambiciosos criaram um império poderoso e mais estável. Eles se consideravam governantes divinos e – a um grande custo – construíram santuários honrando a si próprios. Angkor Wat e um punhado de outros palácios e santuários magníficos dominam a paisagem. Angkor Wat e Angkor Thom, próximo dali, são vastos: eles eclipsariam os antigos templos egípcios e o centro maia em Copán, Honduras, visitado por Catherwood e Stephens (Capítulo 6).

Os governantes do império khmer criaram um culto de reinado divino, luxo e riqueza. Tudo, incluindo o trabalho de milhares de pessoas comuns, era em benefício do rei. Em 1113, o rei Suryavarman II começou a construir sua obra-prima, Angkor Wat.

Cada detalhe dessa estrutura notável reflete algum elemento da mitologia khmer. De acordo com a cosmologia dos khmers, o mundo consistia de um continente central, Jambudvipa, com uma montanha, o monte Meru, erguendo-se do meio. A torre central de Angkor Wat se eleva sessenta metros acima da paisagem ao redor em uma imitação do pico principal de Meru; quatro outras torres representam os picos mais baixos. Uma muralha imponente retrata a cadeia montanhosa que cercava o continente, ao passo que o fosso ao redor da muralha representa o oceano mítico.

A obra-prima de Suryavarman II não durou muito depois de sua morte. Logo foi abandonada durante um período de levante político. Outro monarca, o rei Suryavarman VII, budista em vez de hindu, ascendeu ao trono em 1151. Ele construiu o vizinho Angkor Thom, que era ao mesmo tempo uma cidade capital e um santuário.

Podemos facilmente nos tornar obcecados por Angkor Wat. É, afinal, um dos sítios arqueológicos mais espetaculares do planeta. É também um pesadelo para os arqueólogos: as ruínas são tão vastas e elaboradas que ainda não foram totalmente documentadas. Com sua escala e complexidade, elas desafiam os métodos de escavação convencionais.

O santuário de Suryavarman mede 1,5 mil metros por 1,2 mil metros e está protegido por um grande fosso. Somente o bloco central mede 215 metros por 186 metros. O acesso se dá por uma ponte de 1,5 mil metros sobre o fosso. É protegido por muros baixos adornados com cobras míticas de várias cabeças. Três níveis de praças, galerias e câmaras cercam a torre central. Os entalhes nas paredes mostram o rei recebendo oficiais e em procissão. Cenas de batalhas comemoram conquistas. Belas donzelas dançam, prometendo vida eterna no paraíso.

Observatório astronômico, túmulo da realeza e templo: tudo em Angkor Wat tinha profundo simbolismo cósmico e religioso. Tudo é em uma escala gigantesca. O sítio é tão avassalador em sua complexidade e magnificência que é fácil esquecer a paisagem ao redor. No passado, até mesmo os arqueólogos esqueceram.

As pesquisas estavam num impasse quando o sensoriamento remoto entrou em cena. Treinados em tecnologias de sensoriamento remoto que fazem uso de satélites espaciais, os pesquisadores de hoje fazem perguntas sobre a paisagem ao redor. Sabia-se que Angkor Wat fica no coração de um ambiente imenso e densamente povoado que abrigara e alimentara até 750 mil pessoas. Mas a paisagem ao redor está sob uma densa capa florestal, e é difícil mapear florestas tropicais e vegetação espessa porque os agrimensores precisam de "linhas de visão" diretas.

A não ser que use um pequeno exército de trabalhadores com machados e machetes para derrubar dezenas de árvores, não há muito a se fazer. Felizmente, os pesquisadores puderam recorrer à tecnologia LIDAR.

LIDAR – Light Detection and Ranging – é uma forma de detecção por laser que foi originalmente desenvolvida nos anos 1960 para ser usada na meteorologia. Funciona enviando um feixe de luz que bate em um objeto-alvo e retorna à origem; mede-se o tempo que leva para a luz viajar até o objeto e voltar, e assim pode-se calcular a distância precisa até o objeto-alvo. Desse modo, o sistema LIDAR coleta dados extremamente precisos, tridimensionais e em alta resolução. Um levantamento produz milhões de pontos, que um computador pode então converter em uma malha tridimensional.

Do ponto de vista dos arqueólogos, a tecnologia LIDAR tem um custo-benefício melhor do que os métodos de levantamento tradicionais. Pode inclusive ser usada no solo para registrar estruturas individuais em detalhes extremamente finos. Essa tecnologia de ponta é perfeita para a exploração aérea de grandes sítios que se encontram em paisagens florestadas, tais como Angkor Wat. O dispositivo emite até 600 mil pulsos por segundo, o que lhe permite penetrar folhas e outra vegetação e chegar ao solo. É capaz de registrar casas, templos e outras estruturas sob o espesso dossel da floresta. As florestas tropicais já não têm segredos.

Antes de 2012, os arqueólogos Christophe Pottier, Roland Fletcher e Damian Evans combinaram uma série de projetos de pequena escala baseados em radares de penetração no solo com pesquisa de campo. Para surpresa deles, revelou-se que houve um momento em que Angkor Wat não era rodeado de floresta densa, e sim próximo do centro de um imenso complexo urbano que cobria pelo menos mil quilômetros quadrados, e com aproximadamente 750 mil habitantes. Os arqueólogos encontraram vestígios de canais e lagos, milhares de campos de arroz cercados por bancos de terra baixos, montículos habitacionais e centenas de pequenos santuários. Mas, apesar de todo o novo conhecimento que eles adquiriram, a densa cobertura florestada de hoje, especialmente ao redor do próprio Angkor Wat, tornava quase impossível realizar o levantamento a pé.

Em 2012, frustrados com a falta de progresso, eles recorreram a LIDAR, já que essa tecnologia é capaz de "enxergar" através da floresta densa. Evans trabalhou em estreita parceria com a organização cambojana responsável por Angkor. Enquanto isso, uma equipe de pesquisadores especialistas da Austrália, Europa, Camboja e Estados Unidos uniu forças para trabalhar com radar de penetração no solo a pé. Eles combinaram os resultados com escavações cuidadosamente planejadas no solo do próprio Angkor Wat. Uma paisagem urbana completa emergiu da pesquisa.

Durante bem mais de um século, a visão tradicional era de que Angkor Wat havia sido um templo e uma cidade, a capital do império khmer, durante o século XII. A grande área murada parecia ter abrigado uma densa população urbana, especialmente a elite da corte de governantes. Pensava-se que povoados isolados fossem parte de um interior agrícola densamente florestado. A quase "remoção" da capa de floresta possibilitou que os pesquisadores mapeassem Angkor Wat e seu interior, bem como grandes extensões da área urbana ao redor do templo.

As novas descobertas foram extraordinárias. O complexo do templo era muito maior e mais elaborado do que os arqueólogos imaginaram. Uma malha rodoviária bem desenvolvida se originara em Agnkor Wat meio século antes de Angkor Thom ser construído, e se estendera muito além dos dois grandes santuários para abrigar todos os templos ao redor de Angkor. Uma estrada e uma rede de canais corriam pelos extensos conjuntos residenciais (os subúrbios) da área maior de Angkor. Era aí que a maioria das pessoas morava.

Por gerações, os arqueólogos presumiram que as cidades antigas fossem compactas, entidades densamente povoadas como a Ur suméria ou Atenas. Mas os primeiros estudos de Gordon Willey sobre as paisagens maias, e agora esses achados em Angkor, revelaram cidades espalhadas e sem muros em regiões tropicais. A palavra "cidade", tradicionalmente associada com antigos lugares murados, tem muitos mais significados do que pensávamos.

Aqueles que trabalhavam em Angkor Wat costumavam acreditar que a elite morava ali, na sombra do lugar mais sagrado. Mas o levantamento realizado por LIDAR contradiz esse pressuposto. O grande templo era parte de uma paisagem complexa e interconectada que era quase invisível até que os scanners a laser apareceram. Enquanto Evans e Fletcher examinaram os dados de LIDAR, a equipe de pesquisa que trabalhava no solo utilizou um radar e uma escavação cuidadosa para tentar determinar quantas pessoas viveram perto do templo, e quem eram essas pessoas. Eles estavam interessados em descobrir que essas pessoas moraram em habitações modestas, construídas principalmente com materiais que se deterioravam depressa. Os pesquisadores hoje propõem que talvez não tenha sido a elite rica que morou perto do templo, e sim funcionários do templo, como sacerdotes, dançarinos e oficiais.

Mais uma vez, o sensoriamento remoto forneceu uma visão geral. O radar do solo – combinado com a tecnologia LIDAR, a coleta de amostras de solo, o levantamento do solo e a escavação seletiva – identificou uma malha de aproximadamente trezentos pequenos reservatórios de água domésticos do lado de dentro dos muros. Isso era muito mais do que os conhecidos até então. Usando os tanques de água recém-descobertos e uma descrição de um visitante chinês em 1295-1296, eles estimaram que cerca de 4 mil pessoas haviam morado no recinto principal de Angkor Wat.

Quantas pessoas administraram o templo? A equipe usou uma inscrição khmer para calcular que o templo tinha cerca de 25 mil funcionários. Mas a maioria deles vivia fora do recinto principal, provavelmente bem perto do templo. A mesma inscrição registra que cinco vezes mais pessoas estavam envolvidas na entrega de alimentos e outros produtos. Quase todos eles possivelmente viviam nos subúrbios.

O sensoriamento remoto nos fornece uma compreensão totalmente inesperada da escala da logística de Angkor Wat.

Graças, mais uma vez, a LIDAR e a esforços anteriores de sensoriamento remoto, sabemos que os principais templos de Angkor ficam no meio de uma grande rede de canais, tanques e reservatórios. Estes gerenciavam, armazenavam e distribuíam água de três pequenos rios pela cidade e até o Tonlé Sap. Um dos reservatórios sozinho, o chamado Baray Ocidental, tem oito quilômetros de comprimento e dois quilômetros de largura.

A tecnologia LIDAR está se tornando mais barata, à medida que os pesquisadores fazem experimentos com drones equipados com ela. Hoje, podemos olhar para as paisagens que cercaram cidades antigas de maneiras inimagináveis há uma geração. Fossem compactas ou mais espalhadas, essas cidades dependiam das comunidades e das paisagens agrícolas à sua volta. Damian Evans, Roland Fletcher e seus colegas transformaram completamente nossas percepções da civilização khmer.

A tecnologia LIDAR está sendo usada em outros lugares também, revelando os padrões de assentamentos dispersos de antigos centros maias como El Mirador, na Guatemala. Foi usada para registrar uma fazenda da era colonial perto de Anápolis, Maryland, nos Estados Unidos.

No intervalo de uma geração, ao símbolo tradicional dos arqueólogos, o colherim, poderíamos acrescentar vários dispositivos de sensoriamento remoto, operados a partir de balões, drones ou satélites.

CAPÍTULO 40

Arqueologia hoje e amanhã

Imagine uma paisagem pantanosa com algumas poucas cumeadas e colinas baixas, atravessada por riachos e rios. Agora imagine-a 9 mil anos atrás, com uma canoa percorrendo um canal estreito nos juncos altos. Sopra um vento forte carregando uma chuva fina, mas a água negra está parada. A mulher rema tranquilamente, enquanto o marido está à frente, a lança farpada de prontidão. Um ataque rápido como um relâmpago e uma lança longa perturbam a superfície. Pássaros assustados se alvoroçam. Em segundos, o pescador joga sua presa na canoa, onde a esposa a mata rapidamente com um porrete de madeira. A água está calma novamente, e a pesca continua.

    A história pode ser ficção, mas não é uma paisagem imaginária: baseia-se em indícios climáticos e arqueológicos reunidos do fundo do Mar do Norte. Hoje, uma faixa de água gelada e muitas vezes turbulenta separa o Reino Unido da Europa continental. Mas, há 9 mil anos, quando os níveis do mar em todo o mundo eram muito mais baixos, isso era terra seca.

    Atualmente conhecida pelos geólogos como Doggerland, a área ficava poucos metros acima do nível do mar. Em sua maior parte, era um mundo alagado, cujos habitantes passavam grande parte do tempo flutuando. Conhecemos detalhes dessa paisagem natural com base em sensoriamento remoto. Mas sabemos pouco de seus habitantes humanos, com a exceção do que podemos captar com base em achados fortuitos como arpões feitos de ossos dragados do leito marítimo raso. Sabemos que esses indivíduos eram caçadores e pescadores, pois a agricultura ainda era desconhecida. Também sabemos que viveram num ambiente em constante transformação, tão plano que um aumento de alguns meros centímetros no nível do mar podia submergir acampamentos ou docas de canoas no decurso de uma geração ou até menos.

Doggerland por fim desapareceu por volta de 550 a.C. durante uma época de aquecimento global significativo, depois da Era do Gelo. Graças à arqueologia, sabemos cada vez mais sobre como as pessoas se adaptaram às mudanças climáticas (grandes e pequenas) – fossem pequenos bandos de caçadores em Doggerland ou civilizações magníficas em risco de colapsar durante uma grande seca. Vivemos em uma época de aquecimento global, de mudança climática desencadeada pela atividade humana (grande parte dela, desde os anos 1860). Nós, arqueólogos, apresentamos uma visão histórica de longo prazo da mudança climática, e isso oferece um contexto único para as preocupações de hoje.

Gostemos ou não, teremos de nos adaptar a "eventos meteorológicos extremos", como furacões ou secas, mais frequentes. Somos como os habitantes há muito desaparecidos de Doggerland, mas numa escala global. Seus pequenos bandos se mudavam face aos níveis crescentes do mar. Mas as populações das grandes cidades de hoje não podem fazer o mesmo.

Muito antes das cidades de um milhão de pessoas, as primeiras civilizações eram vulneráveis à mudança climática. A antiga civilização egípcia quase ruiu quando as cheias do Nilo foram interrompidas por uma seca em 2100 a.C. Felizmente, os faraós foram sagazes o bastante para investir em um extenso sistema de canais de irrigação agrícola e instalações para armazenamento de grãos. Sua civilização durou mais 2 mil anos.

Enquanto isso, grandes cidades maias caíram no caos e na desordem social, em parte por causa de secas importantes. Sabemos, com base na arqueologia, que a vulnerabilidade à mudança climática não é nada nova. Neste e em outros aspectos, a arqueologia nos diz muito sobre nós mesmos e sobre como enfrentamos os desafios de hoje – muitos dos quais também não são nada novos.

O estudo da arqueologia sempre foi sobre pessoas. O que mudou não foram as pessoas, e sim as camadas de indícios que usamos para estudá-las. Começamos puramente como escavadores, em busca de achados espetaculares e (às vezes) conhecimento. Preferimos, na maioria das vezes, civilizações. Hoje, estamos interessados em tudo, das origens humanas à Revolução Industrial e às trincheiras da Primeira Guerra Mundial. É claro, ainda escavamos estátuas e edificações – ou o regimento de terracota de um imperador; mas estamos igualmente confortáveis no laboratório estudando fragmentos de cerâmica ou ossos de animais, ou discutindo as crenças religiosas dos governantes maias. A arqueologia está sendo transformada por novos métodos tecnológicos, como o sistema LIDAR, capazes de expor paisagens e sítios inteiros sob densas florestas tropicais (ver Capítulo 39). Tornamo-nos tão especializados que, às vezes, há uma tendência a esquecer as pessoas.

Hoje, é raro fazer uma descoberta verdadeiramente "espetacular", como uma tumba ricamente decorada. De maneira trágica, os preciosos arquivos da arqueologia estão desaparecendo diante de nossos olhos. Sítios arqueológicos em toda parte estão sob ameaça de aração profunda, desenvolvimento industrial e saqueadores.

Sem ter ciência disso, milhares de turistas – fascinados por sítios arqueológicos e pelos vestígios de sociedades humanas – estão erodindo as pedras de pirâmides e do antigo Angkor Wat no Camboja. Ao mesmo tempo, a organização terrorista ISIS (Estado Islâmico do Iraque e da Síria) e outros criminosos destruíram deliberadamente as antigas Palmira e Nínive com pólvora e venderam artefatos saqueados de museus devastados.

Felizmente, também há heróis – comunidades que valorizam a história e percebem que são partes interessadas no passado. Arqueólogos em diversos países uniram forças com não profissionais que usam detectores de metais. Isso resultou em descobertas impressionantes, incluindo coleções de ouro vikings e anglo-saxãs.

Muitas empresas comerciais também ajudaram a salvar sítios ameaçados por seus planos de desenvolvimento. O Crossrail Project, que está construindo uma linha ferroviária subterrânea em Londres, uniu arqueólogos e empreiteiros desde o início. Eles recuperaram mais de 10 mil artefatos de mais de quarenta sítios de trabalho ao longo da linha de cem quilômetros. Os achados notáveis incluem aproximadamente 3 mil esqueletos humanos encontrados debaixo da estação Liverpool Street, um importante terminal de Londres. Destes, 42 vinham de um único cemitério usado durante a Grande Peste de 1665, a Peste Negra. Cem mil londrinos pereceram na praga que varreu a Europa desde o Leste. As vítimas morriam em questão de dias, às vezes horas. Surgiam erupções negras no corpo e elas geralmente morriam nas ruas. Na época, ninguém sabia o que era a doença assassina ou de onde viera.

A natureza exata da doença continuou um tanto incerta até que os pesquisadores do Crossrail pegaram amostras de DNA do esmalte dentário das vítimas de Liverpool Street. Estes revelaram vestígios de um tipo de bactéria associada com a peste bubônica, que é disseminada por ratos. O DNA determinou, de uma vez por todas, qual era a doença que havia matado tantos londrinos.

O Crossrail explorou séculos de história londrina desaparecida. Em outros lugares, outros sítios expostos pela atividade industrial, e então escavados com o apoio da empresa que os descobriu, revelam momentos dramáticos do passado. Por exemplo, há cerca de 3 mil anos, um incêndio começou em um pequeno povoado que ficava em uma região pantanosa em Must Farm, perto de Peterborough, nas planícies pantanosas no leste da Inglaterra. As chamas avançaram pelo pequeno assentamento cercado, construído sobre palafitas acima do pântano. Os moradores fugiram do incêndio, deixando tudo para trás. Em questão de minutos, cinco cabanas haviam deslizado para a água.

É aí que a arqueologia está em seu melhor: uma catástrofe há muito esquecida que congelou um momento no tempo; condições de preservação quase perfeitas em solo alagado; e moradias arruinadas, onde tudo está praticamente intacto. Graças à cooperação do prestimoso proprietário de um barreiro, a história trágica e fascinante pôde ser reconstruída.

O sítio estava tão alagado que os arqueólogos puderam examinar cuidadosamente a lama úmida e o lodo fino nas cabanas, preservadas de uma forma tão completa que era como se os pesquisadores tivessem simplesmente entrado nelas. Partes das paredes de madeira entrelaçada ainda estavam no lugar sob vestígios dos tetos que ruíram. Os pertences estavam no chão e ao lado da lareira – inclusive panelas de argila com comida dentro. Havia vestígios de carcaças de cordeiro abatido que um dia penderam das vigas.

Os proprietários das cabanas tinham uma excelente coleção de espadas e machados de bronze, bem como lanças com ponta de bronze (duas foram encontradas ainda completas com suas hastes de madeira – uma descoberta rara). A lama preservou perfeitamente os têxteis feitos do casco de limoeiros – algumas das fibras eram mais finas do que cabelo humano. Essa foi uma comunidade que passou grande parte de seu tempo flutuando: nada menos do que oito canoas de madeira foram encontradas nas proximidades. Must Farm é a Pompeia do Reino Unido.

Nos últimos anos, alguns achados surpreendentes revelaram desastres naturais durante muito tempo esquecidos. Cerén, um povoado maia em El Salvador, na América Central, foi enterrado por uma erupção vulcânica por volta de 580. As pessoas tinham acabado de jantar, mas ainda não haviam se deitado. Elas abandonaram suas casas e seus pertences e fugiram tentando salvar a própria vida.

O arqueólogo norte-americano Payson Sheets e sua equipe trabalham no sítio desde 1976. Eles desenterraram duas casas, alguns edifícios públicos e três armazéns. A preservação é tão boa que eles recuperaram panelas cheias de feijão, colchonetes e ferramentas de jardinagem, carbonizadas ou preservadas como moldes na cinza. A erupção enterrou campos com plantações de milho jovens e maduras, e várias árvores frutíferas, incluindo goiabeiras.

Como Herculano e Pompeia, Cerén e Must Farm são lugares onde podemos nos aproximar das pessoas do passado. E, no fim das contas, este é o objetivo da arqueologia.

A arqueologia trata de descoberta – mas descoberta, hoje, significa algo muito diferente do que até mesmo meio século atrás. Nós seguimos a história da arqueologia desde seus primeiros dias graças a antiquários como John Aubrey, William Stukeley e John Frere. Então vieram os primeiros escavadores, que desenterraram um amontoado de artefatos dos túmulos europeus. Pompeia e Herculano renderam achados surpreendentes. Os cientistas do general Napoleão Bonaparte colocaram o Egito Antigo sob os holofotes em 1800. Jean-François Champollion decifrou hieróglifos em 1822 e fundou a egiptologia.

Então vieram os aventureiros, como Paul-Émile Botta, Austen Henry Layard, Frederick Catherwood, John Lloyd Stephens e Heinrich Schliemann. Foram os dias heroicos da arqueologia, quando os arqueólogos revelaram civilizações antigas desconhecidas. Enquanto isso, Christian Jürgensen Thomsen e J.J.A. Worsaae trouxeram certa ordem aos tempos pré-históricos com o Sistema das Três Idades durante o início do século XIX.

A era dos aventureiros e dos colecionadores começou a desvanecer nos anos 1870, com as escavações alemãs em Olímpia e na Babilônia. Pouco a pouco, a arqueologia deixou de ser uma atividade amadora. Em 1900, quase todos os arqueólogos eram homens. Mas havia um pequeno número de mulheres no campo, entre elas Gertrude Bell e Harriet Hawes. O começo do século XX foi uma época de profissionalismo crescente e descobertas verdadeiramente magníficas. Uma delas foi a tumba intacta de Tutancâmon, aberta em 1922. As escavações de Leonard Woolley em Ur, no Iraque, foram algumas das últimas grandes escavações clássicas; a limpeza das tumbas da realeza da cidade se equiparou à escavação na tumba de Tutancâmon. Nos anos 1930, um número cada vez maior de arqueólogos profissionais lecionava em faculdades e universidades.

De forma lenta, mas certeira, a arqueologia se tornou global – não apenas confinada à Europa e ao Oriente Médio. As escavações de Gertrude Caton-Thompson no Grande Zimbábue abriram os olhos do mundo para os primeiros Estados africanos. As escavações no Pueblo de Pecos elevaram a arqueologia do Sudoeste norte-americano (e, de fato, da América do Norte de modo geral) a um patamar científico.

Nós recapitulamos o lento desenvolvimento da Pré--História mundial, os debates sobre o início da agricultura, e nos unimos aos Leakey e outros enquanto eles procuravam os primeiros humanos na África Oriental. A arqueologia se tornou um esforço internacional, em que projetos lentos e de longo prazo lidam com questões como sustentabilidade, em vez de meramente encontrar e datar sítios.

A escavação propriamente dita saiu de moda, conforme o sensoriamento remoto passou a alimentar o sonho dos arqueólogos de serem capazes de enxergar no subterrâneo sem escavar. A arqueologia continua sendo fascinante. Hoje, é extremamente técnica, mas isso nos permite decifrar o histórico médico de faraós e determinar, com base no esmalte dentário de esqueletos, onde as pessoas nasceram e viveram. A arqueologia ajuda a explicar por que somos similares e por que somos diferentes. Explica as maneiras pelas quais nos adaptamos. Ao olhar para o passado, nos ajuda a antever o futuro. E, todos os anos, novas descobertas e avanços tecnológicos tornam mais fácil olhar por sobre os ombros dos povos antigos – às vezes, quase conversamos com eles.

Eu me lembro de estar em uma das muralhas de um castro de 2 mil anos na Inglaterra, num dia nublado. Fechei os olhos e imaginei a batalha acontecendo logo, no ano 43, entre uma legião romana e os habitantes locais – os berros dos agressores, o barulho de espadas se chocando com escudos, os gritos dos feridos... Por um instante, fui um espectador. Então a imagem desapareceu e eu senti um calafrio no frio cinzento.

O passado está à nossa volta para todos vivenciarem e apreciarem – não só os arqueólogos. Então, da próxima vez que você visitar um sítio arqueológico, dê asas à sua imaginação.

Índice remissivo

Abu Hureyra (Síria) 230-232
Abu Simbel, templo de (Egito) 22, 25
Academia Britânica 194
Acosta, José de 91
África
   e arte rupestre dos sãs 110-111
   e origens humanas 15, 62, 64, 218-222, 224-225
   ver também Grande Zimbábue
Agassiz, Louis 78
agricultura primitiva
   ver também Çatalhöyük
'Ain Ghazal (Jordão), estatuetas de argila 277-278
Akhenaton, faraó 132, 260
Alcubierre, Roque Joaquín de 11
Altamira, caverna de (Espanha) 106-108, 110-111, 277
Alva, Walter 265-266, 269
amadores, papel dos 13-14
Amarna (Egito), escavação em 132, 153, 159, 260
Amenemés, faraó 130
Amenófis II, faraó 162
América
   construtores de montículos 91-93, 95-96
   e cronologia 197
   nativos americanos 89-92, 96, 180-186, 195-201
   primeiros colonos 247-249, 251-253
   Sudoeste 98-103, 105, 182, 185-186, 197, 206, 304
   ver também civilização asteca; civilização maia
análise de pólen 214
ancestrais 13, 51, 61, 63-64, 77-78, 89, 154, 168, 208, 219, 222, 225, 229, 277-283, 288

Ancient Ruins Company 169
Andrae, Walter 144, 150-151
Angkor Thom (Camboja) 292-293, 295
Angkor Wat (Camboja) 238, 291-296, 300
animais extintos 13, 56-60, 110
antiquários 53-54, 56, 59, 83
antropologia 78, 84, 182, 198, 202, 212, 227
   biológica 193, 212, 222, 252, 259, 268
   social 212
Anyang (China), escavação em 174, 179
Aramis (Etiópia) 224
Ardipithecus ramidus 224
Arnold, James 204
arqueologia
   ambiental 213-217
   assentamento 199
   científica 14-15, 36
   e classificação 70-74
   econômica 216-217
   e levantamento 15, 51, 71, 92-95, 100-101, 121, 128-129, 141, 143-144, 146, 196-199
   e preservação 197, 236, 239, 246, 267, 271-272
   e reconstrução 139
   e sensoriamento remoto 285-286, 291, 293-297, 299, 304
   e turismo 108, 133, 158, 236-238, 272, 279, 283
   experimental 126
   histórica 247-248
   importância 14
   museus 87, 89
   origens 9-14
   participativa 282-283

profissional 89-90, 103-104, 145, 304
subaquática 240-246
arqueologia de assentamentos 199
arqueologia histórica 247-248
arqueologia subaquática 240-242, 246
artefatos
   e cronologia 87-89, 131, 170, 181-186, 197
   e transformação cultural 177-178, 205
   registro da localização 80, 124, 222, 242
arte pré-histórica 108
arte rupestre do povo sã 110-111
Ásia Central 175-177
Assaradão, rei assírio 34
assentamentos lacustres 85
Associação Britânica para o Avanço da Ciência 168-171
Assurbanípal, rei assírio 34, 43-44
Assur, escavação em 144, 150-151
Atwater, Caleb 92
Aubrey, John (1626-1697) 11, 13, 68, 303
Aurignac (França), achados em cavernas de 75, 81
Australopithecus afarensis 223
Australopithecus africanus 219
Avebury, Adolph Francis Alphonse (1840-1914) 11, 55, 214, 288

Babilônia 31-32, 37, 44, 144-145, 149-151, 303
   e Bell 144-145
   e Layard 36, 149
   e Rassam 44
   escavação alemã 144-145, 149-150, 304
   Porta de Ishtar 149-150
Bass, George (1932) 240-242, 244-245
Bell, Gertrude (1868-1926) 142-146, 148, 153, 303
Belzoni, Giovanni Battista (1778-1823) 21-24, 27-28, 33, 37, 120, 130-131, 158

Beni Hasan (Egito), tumbas de nobres em 159
Bent, J. Theodore 168
Bíblia
   e arqueologia 13, 31-32, 34, 36, 41, 43-44, 78, 229, 230
   e história da criação 13, 53, 55-56, 91
   e história do dilúvio 43, 56, 92, 154
Bleek, Wilhelm (1827-1875) 111-112
Bonaparte, Napoleão 17-18, 303
Botta, Paul-Émile (1802-1870) 13, 32-34, 303
Boucher de Perthes, Jacques (1788-1868) 58, 136
Bourget, Steve 264
Boutcher, William 42
Boyd Hawes, Harriet (1871-1945) 142, 146, 148
Braidwood, Robert John (1907-2003) 227-230
Breasted, Henry 164
Breuil, Henri (1877-1961) 108-112
Brugsch, Émile 158
Burton, James 28

Cabo Quelidônia (Turquia), naufrágio no 240-242
caça de tesouros 91, 104
caçadores da Idade da Pedra 211
Cahen, Daniel 14
Calvert, Frank 114
Camboja 238, 291, 295, 300
   ver também Angkor Wat
Campbell Thompson, Reginald 144
Canning, sir Stratford 34
Capitan, Louis 109
Carlos II de Nápoles 11
Carnarvon, George Herbert, 5º conde de (1866-1923) 14, 157, 160-163
Carquemis (Turquia), escavação em 144, 151-153
Cartailhac, Émile (1845-1921) 108
Carter, Howard (1874-1939) 14, 133, 156-157, 159-164

cartuchos, decifrando 25
Castelo Maiden, Dorset 191
Çatalhöyük (Turquia) 277-281,
    283, 287
Catherwood, Frederick (1799-1854)
    46-52, 66, 89, 292, 303
Caton-Thompson, Gertrude (1888-
    1985) 170-171, 212, 228,
    304
cavernas 57, 59, 63-64, 76-77, 79-
    81, 103, 108-109, 111-112,
    175-176, 199, 220, 234, 270,
    275, 277
Çayönü (Turquia) 228
cerâmica
    e cronologia 134, 182, 184, 241,
    271
    moche 262-268
Cerén (El Salvador) 302-303
Champollion, Jacques-Joseph 25
Champollion, Jeans-François (1790-
    1832) 24-30, 120, 303
Chávez, Sergio Gómez 272-275
Chichén Itzá (México) 52
Childe, Vere Gordon (1892-1957)
    177-179, 190, 194, 200, 206,
    212, 217, 226
China
    arqueologia 174
    exército de terracota 15, 234-236
    história 173
    ver também Anyang; Qin Shi
        Huang Di; Zhoukoudian
Christie, Agatha 153
Christy, Henry 76-78, 81, 84, 108
ciência médica, e arqueologia 254,
    258
Cirênia (Chipre), naufrágio em 243
civilização asteca 66, 90, 186, 274
civilização cro-magnon 77
civilização do vale do Indo 188-189,
    193-194
civilização khmer 292, 297
civilização maia 52, 199, 217
    e mudança climática 200, 299
civilização minoica 119, 138, 140-
    141
civilização neandertal 77, 79

e achados de hominídeos 220
Clark, John Grahame Douglas
    (1907-1995) 211-217
Cnossos (Creta) 119, 135-141, 147-
    148, 151
    Palácio do Minotauro 135-140
    pinturas murais 138, 140
Colombo, Cristóvão 90-91, 98, 200
comércio
    egípcio 129, 244-245
    e o Grande Zimbábue 166, 170
    mediterrâneo 240-244, 246
    pré-histórico 85, 87, 281
    romano 191
    Rota da Seda 175
    rotas de 241-246
concheiros 73-74, 181-182
concheiros, escavação 180
construtores de montículos 90,
    92-97
Conze, Alexander (1831-1914) 121-
    122, 127
Copán (Honduras) 46, 48-51, 292
Cortez, Hernán 90
cosmologia
    khmer 292
    Teotihuacán 270-275
crânio de Piltdown 64-65, 219
crânios de gesso 229, 278
Creta
    ver Cnossos; civilização minoica
cronologia
    anéis de crescimento 185, 201,
        203, 206-207, 244, 252
    datação por potássio-argônio
        208-209, 222, 257
    e artefatos 86-89, 131, 170, 181,
        184, 197
    e cerâmica 134, 182-183, 241
    e datação relativa 134, 185
    e datação sequencial 88, 131, 140,
        171
    e estratigrafia 191, 199, 214-215,
        227
    e faraós 120
    e moedas 130, 203, 242
    ver também datação por radiocar-
        bono

ÍNDICE REMISSIVO 309

Crossrail Project (Londres) 301
Cubillas, Modesto 106
Curtius, Ernst (1814-1896) 122-123, 127
Cushing, Frank Hamilton (1857-1900) 102-103, 105
"Dama Branca do Brandberg" (Namíbia) 112
Dario, o Grande, rei da Pérsia 40
Dart, Raymond (1893-1988) 219
Darwin, Charles (1809-1882) 57, 59-63, 73, 78-79, 94, 123
A origem das espécies 59-60, 62, 78, 94
A origem do homem 62
datação por potássio-argônio 208-209, 257
datação por radiocarbono 88, 110, 134, 141, 166, 171, 179, 201, 203-208, 216, 226, 228, 286
e Braidwood 227-229
e Libby 203-206
e Stonehenge 285, 287
datação relativa 88, 131, 140, 171
Davis, Edwin 93
Davis, Theodore 160-162
Dawson, Charles 64-65
Dendera, templo de Hátor 19, 26
dendrocronologia 186
Denon, Dominique-Vivant, barão de 18-19
depressão de Faium (Egito) 130-131, 170
desmatamento 231
detectores de metais 14, 301
DNA 239, 257-258, 261, 267, 301
Doggerland 286, 298-299
Donnan, Christopher 267
Dörpfeld, Wilhelm 118
Douglass, A. E. (1867-1962) 185-186, 201
drones 297
Droop, J. P. 126
Drovetti, Bernardino 20, 22-23, 27, 120
Dubois, Eugène (1858-1940) 64-65, 219

Durrington Walls (Wiltshire) 287-291
Dur-Sharrukin (Iraque), escavação em 34

Eastern State Hospital 249
ecologia cultural 196
ecologia, e Pré-História mundial 211-217
Edwards, Amelia 146
egiptologia
e Belzoni 21-24, 27-28, 33, 37
e Champollion 24-30, 120, 303
e Drovetti 20, 22-23, 27
e Lepsius 120-121
e Petrie 128-134, 140, 150
e Wilkinson 28-30
origens 17-19
Egito
e cronologia de sítios 130
e hititas 132
e mudança climática 299
e Napoleão 18-19, 303
ladrões de tumbas 22-23, 27, 158
pirâmides 10, 17-19, 22, 24, 120, 128-129, 238
pré-dinástico 133
Vale dos Reis 22, 29, 157-159, 161-162
Egypt Exploration Fund [Fundo para a Exploração do Egito] 129, 133, 159
El Niño 264
el-Rasul, Ahmed e Mohammed 158
Emeryville (Califórnia), concheiro 180-182
epopeia de Gilgamesh, A 44
Era do Gelo 73, 78, 82, 84, 107-110, 174, 179, 206, 213-214, 277, 286, 299
e pinturas rupestres 106-112
escavação 10, 11, 13, 15, 22, 32-33, 37, 41-42, 44, 49, 52, 59, 71, 75-77, 86-87, 89, 92, 95-96, 101, 103, 104, 114-115, 118, 121-127, 129-130, 133-134, 137-138, 140, 145, 147, 149-151, 153-154, 156, 159,

161-164, 168, 170-171, 174, 178, 181, 183-186, 189-192, 197-200, 207, 215-216, 221-222, 227-230, 234, 236, 238, 240-243, 245-246, 253, 255, 261, 274-275, 278-280, 285, 289, 293, 296, 304
  cavernas 76-77, 108
  científica 118, 121-124, 126, 138, 144, 189-192, 194, 228
  e tecnologia 272, 274, 285
  subaquática 240-244, 246
  vertical 229
escrita cuneiforme 38, 40, 43
  decifrando 38-44
espectrometria de massas por aceleração (AMS) 207
esquimós, e civilização cro-magnon 78-79
es Suefi, Ali Muhammad 134
estratigrafia 191
Evans, Arthur John (1851-1941) 118, 135-136, 140-141, 147-148, 151
Evans, Damian 294, 297
Evans, John 59-60, 136
evolução
  biológica 57, 59-60, 62, 87, 209, 223, 225
  social 66
  tecnológica 123, 125, 133, 179, 198, 201
exército de terracota 15, 236

Fenland Research Committee 214
fenomenologia 289
ferramentas de pedra 11, 14, 53, 55, 57, 59, 65, 68-69, 73, 75-77, 79-81, 136, 182, 197, 211-214, 218, 220-221, 225, 281
  obsidiana 281
  sequências 221
  variação nas formas 79-80, 123
Flandin, Eugène Napoléon 33
Fletcher, Roland 294, 296-297
Font de Gaume, caverna de (França) 108
Ford, James A. 197-198, 200

fósseis
  animais 56-57, 174
  humanos 62-65, 209, 218-221, 223-225
  tipos fósseis 80
fósseis de hominídeos 221-224
Fossey, Dian 223
fotografia 109-112, 161, 249, 285
  aérea 199, 285
  subaquática 241
França
  e pinturas rupestres 106, 108-109, 111-112
  habitantes de cavernas 75-81
Frere, John (1740-1807) 53-56, 59, 74, 303
Frey, Don 244
Fyfe, Theodore 138, 140

Gaffney, Vincent 286
Gardner, Elinor 170
Garganta de Olduvai (Tanzânia) 209, 218, 220
Garrod, Dorothy 212, 217
Gell, sir William 28
Gênesis
  história da criação 13, 53, 55-56, 91
  história do dilúvio 44, 56, 154
geologia, e arqueologia 54-57, 63, 75-76, 81, 87, 99, 118, 224
Ghurab (Egito), escavação em 131-132
Gilliéron, Émile 138, 140
Gizé, pirâmides de 17, 20, 22, 24, 128-129, 238
Gladstone, William 44
Godwin, Harry e Margaret 214-215
Grande Túmulo de West Kennet (Wiltshire) 208
Grande Zimbábue 165-172, 180, 228, 304
  Acrópole 166, 171
  Muralha Elíptica 165-166, 168
Griffin, James B. 200
Grotte de Chauvet (França) 110
Gurniá (Creta) 147-148

Hadar (Etiópia) 209
Hall, Richard 169
hallstatt, cultura 85, 87
Hamoudi ibn Ibrahim, xeique 152-154
Harapa 176, 192
Harwood, Martin 250
Haven, Samuel 91-92
Hawes, Charles 148
Hay, Robert 47
Herbert, Lady Evelyn 157, 163
Herculano, escavação em 9, 11, 303
Hewett, Edgar (1865-1946) 104
hieróglifos
  egípcios 19, 24-29, 35, 120
  maias 48, 51
Hillman, Gordon 231
Hincks, Edward 40
Hissarlik (Turquia) 114-116, 118
história cultural 178, 198
história escrita 15, 70, 97, 185, 189
Hodder, Ian (1948) 279-283
Hogarth, David (1862-1927) 147, 151
"Homem de Java" 64
Homero, épicos de 113-116, 118-119
Homo erectus 64-65, 74, 175, 219, 225
Homo habilis 222, 224
Hooton, E.A. 184
Huaca de la Luna (Peru) 264
Huaca del Sol (Peru) 263-265
Huaca Rajada (Peru) 266
Huxley, Thomas Henry (1825-1895) 62-63

Idade da Pedra 70, 72, 74-75, 77, 80 81, 125, 170, 170, 208, 211, 213, 215
  Mesolítico 213-217
  Neolítico 80, 215
  Paleolítico 80-81, 84, 110
Idade do Bronze 70-71, 88, 118, 124, 147, 212, 215, 229, 242, 244, 254, 256, 279
  e cronologia 87, 89
  e Jericó 228-229
  navio 243

Idade do Ferro 70, 72, 86, 124
ilha de Jamestown (Virgínia) 251
Ilíada (Homero) 113-114
Império Hitita 151-152
  ver também Carquemis
Índia
  ver Moenjodaro
índios pueblos 99-102, 184
índios shoshones 195
índios zuñis 98, 102-103
inscrições
  ver cuneiforme; hieróglifos
Instituto de Arqueologia de Londres 179, 191

Jarmo (Iraque) 227-229
Jennings, Jesse David (1909-1997) 199-200
Jericó, escavação em 228-230, 278-279
Johanson, Don 223-224

Kahun (Egito), escavação em 131
Katzev, Michael 242-243
Keller, Ferdinand (1800-1881) 83-85
Kelso, William (1941) 250-253
Kents, caverna de (Torquay) 57-58
Kenyon, Kathleen (1906-1978) 228-230, 278-279
Kern, Richard 98
Kidder, Alfred (1885-1963) 182-187, 198
Koldewey, Robert (1855-1925) 149-151
Kroeber, Alfred 182
Kuyunjik, escavação em 32, 35-36, 39, 41-44

ladrões de tumbas 22, 158, 265
Laetoli (Tanzânia) 209, 223
La Madeleine, abrigo rochoso (França) 77, 81
Lambayeque, vale de (Peru) 265
La Mouthe, caverna (França) 108
Lartet, Édouard (1801-1871) 75-79, 81, 84, 108

Lascaux, caverna de (França) 109-110
Lawrence, T.E. 144, 152
Layard, Austen Henry (1817-1894) 13, 34-39, 41-45, 49, 52, 149, 153, 303
Leakey, Louis Seymour Bazett (1903-1972) 209, 213, 218-222, 225, 304
Leakey, Mary (1913-1996) 209, 218-222, 225, 304
Leakey, Richard 224
Lepsius, Karl Richard (1810-1884) 120-121, 124
Les Combarelles, caverna de (França) 108
Les Eyzies (França), escavações em cavernas 76-77, 81, 108
Libby, Willard (1908-1980) 203-206
LIDAR (tecnologia óptica de detecção remota) 294-297, 300
Li Ji 174
Liu He, imperador 238
Lloyd, Lucy 111
Lubbock, John 73, 79-80
"Lucy" 223-224
Luo Zhenyu 174
Lyell, sir Charles (1797-1875) 57, 61

MacEnery, John (1797-1841) 57-58
Mackenzie, Duncan 137-139
magnetometria 238, 286
Mallowan, Max 153
Malthus, Thomas 61
Mar do Norte, Doggerland 211, 213-214, 216, 286, 298
Marshall, John 189
Mason, Charlie 104
Maspero, Gaspar 159-161
Mauch, Karl 167
Mellaart, James (1925-2012) 278-279, 281
México
  e civilização maia 49-51
  ver também Chichén Itzá; Teotihuacán; Uxmal
Micenas (Grécia) 117-118, 131, 136-138, 244

Minos, rei 119, 136, 138, 140
Moche (Peru) 262-263, 265
Moenjodaro 176, 188-189, 192-193
Montelius, Oscar (1843-1921) 87-89, 131, 140, 174
Montículo da Grande Serpente (vale do Ohio) 93, 97
monumentos de terra
  americanos 91-94, 96
  em Stonehenge 284, 286-287
Moore, Andrew 230-231
Moore, Clarence 95
Mortillet, Gabriel de 80-81, 84
mudança climática 299-300
Muhammad Ali Pasha al-Mas'ud ibn Agha 20, 27
mulheres arqueólogas 142
múmias
  egípcias 17, 20, 22, 130, 158, 258
  peruanas 258
Museu Britânico
  e achados chineses 176
  e achados egípcios 20-21
  e achados mesopotâmios 12, 35-36, 41-42
  e escavações patrocinadas 151, 153
Museu da Universidade da Pensilvânia 148, 153
Museu de Londres 190-191, 247
Museu do Iraque 145-146
Must Farm (Peterborough) 301-303

Nabucodonosor II 149
Nacada (Egito), escavação em 133
Napoleão Bonaparte 17-18, 303
nativos americanos
  californianos 180-186
  culturas cesteiras 184
  e construtores de montículos 91-96
  índios pueblos 98-101, 184
  índios shoshones 195-200
  origens 89-91
Náucratis (Egito), escavação em 129-130
Nelson, Horatio 19
Newberry, Percy 159

ÍNDICE REMISSIVO 313

Nimrud, escavação em 34-36, 39, 153
Nínive
 destruição de 300
 escavação em 13, 31, 39, 44
Noël Hume, Ivor (1927-2017) 247-250, 253
Novo México, e índios pueblos 99-100, 102, 183, 186
núcleos de gelo, e cronologia 206

Odisseia (Homero) 113
Olímpia (Grécia) 118, 122-123, 303
Olorgesailie (Quênia), ferramentas de pedra 221
Oppert, Jules 40
Oriente Médio
 e civilização 74, 176-177, 179
 exploração e escavação 47, 87, 89
 origens dos humanos 64
Orpen, J.M. 111
Ötzi, o Homem do Gelo 255-258, 260
Owsley, Douglas 252

Pacal, o Grande (governante maia) 50
Pacífico Sul, datas dos assentamentos 209
paisagem
 e Angkor Wat 238, 291-296
 e padrões de assentamento 198-199
 e Stonehenge 284-291
 maia 296
Palácio do Penhasco (Mesa Verde) 104
Palenque (México) 50-52
paleoantropologia 224
palinologia 214
Palmira (Síria), destruição de 143
Parker Pearson, Michael 288-289
Pedra de Roseta 19-20, 24-25, 40
pegadas fósseis 223
Pegado, Vicente 167
Pei Wenzhong 65
Pengelly, William 58-59
período mesolítico 213

período neolítico 80
período paleolítico 80, 84
 superior 110, 220
Peru, Senhores de Sipán 93, 180-182, 198, 207, 259, 262-263, 265, 267
Peste Negra (1665) 301
Petrie, Flinders (1853-1942) 128-134, 140, 150, 153, 159, 161, 170-171, 181
Pidgeon, William 94
Piette, Édouard 109
Piggott, Stuart 192-193, 214
pilhagem de sítios arqueológicos 10, 12, 129, 159, 176
pinturas rupestres 107, 109
Pirâmide da Lua 271
pirâmides
 de Amenemés 130
 de Quéfren 22
 de Sesóstris 131
 egípcias 10, 17-18, 20, 22, 24, 120, 129, 238
 maias 46, 48-49, 51
 mexicanas 270-275
 peruanas 263-265
Pithecanthropus erectus 64-65, 219
Pitt Rivers, Augustus Lane Fox (1827-1900) 123-129, 190
Plínio, o Jovem 9
Pompeia, destruição de 9, 11, 302-303
Postan, Michael 212
Pottier, Christophe 294
Pré-História
 e arqueologia 15, 69-70, 177-179, 212
 e arte 107-109
 e cronologia 87-88
Prescott, William, H. 51
preservação 72, 121, 200, 227, 234, 236, 239, 246, 251, 268, 272, 302-303
Prestwich, Joseph 59-60
Preusser, Conrad 144
Priest, Josiah 92
progresso humano 61, 66, 80, 84
Psusennes I, faraó 129

Pueblo Bonito (Chaco Canyon) 98, 100, 104, 186
Pueblo Cochiti (Novo México) 100
Pueblo de Pecos (Novo México) 304
pueblos 98-103, 180, 182-186, 196
Pulak, Cemal 244

Qin Shi Huang Di, imperador 15, 173, 233
química óssea 257-258

racismo, e arqueologia 169-171
radar
 aéreo 285
 de penetração no solo 273, 285-286, 289, 294-295
Ramilisonina 288
Ramsauer, Johann Georg (1795-1874) 85-86
Ramsés II, faraó (1304-1212 a.C.)
 estátua 20-21
 múmia 260
Ramsés VI, faraó 162-163
Randall-MacIver, David (1873-1945) 170-171
Rassam, Hormuzd (1826-1910) 35, 42-45
Rawlinson, Henry Creswicke (1810-1895) 39-43, 45
Real Sociedade de Londres 54, 59
Reck, Hans 220
reconstrução 121, 139-140
registro, importância do 51, 69, 71, 197
Reinhard, Johan 259
Reisner, George 183-184
Render, Adam 167
restauração 248
Revolução Agrícola 179, 226
Revolução Urbana 179
Ricardo III, rei da Inglaterra (1452-1485) 260-261
River Basin Surveys (Estados Unidos) 196-198, 200-201
robôs, uso em escavações 274
Rosellini, Ippolito 26
Rota da Seda 175-176

sacerdotes-guerreiros 267-269
sacrifício humano 265, 268
Salmanaser III, rei assírio 35
Salt, Henry 20-21
santuário de Cabiri (Samotrácia) 121
Sargão II, rei assírio 34
Sautuola, Marcelino Sanz de 106-108
scanners a laser 296
Schaaffhausen, Hermann 63
Schliemann, Heinrich (1822-1890) 13, 113-119, 121, 131, 136, 138, 303
Schliemann, Sophia 147
seleção natural 57, 60-62
Senaqueribe, rei assírio 13, 36, 41
Senhores de Sipán (Peru) 265, 267
sensoriamento remoto 14, 239, 274, 285-286, 291, 293, 296-297, 299, 304
sepultamentos
 da Idade da Pedra 70, 72, 208
 da Idade do Ferro 86
 e objetos funerários 70, 72, 86, 134, 265, 266, 268
 no interior das casas 281-282
Serviço Arqueológico da Índia 175-176, 189, 192
Sesóstris II, faraó 131
Seti I, faraó 22, 158
Sheets, Payson 302
Simpson, James Henry 98
Sistema das Três Idades 70-72, 74, 87, 174, 185, 197, 303
Skara Brae (Orkney) 178
Smith, George (1840-1876) 43-44
Smith, William (1769-1839) 56
Sociedade de Antiquários 54, 56, 59, 83
Spencer, Herbert 66
Squier, Ephraim (1821-1888) 92-94
Star Carr (Yorkshire) 216-217
Steenstrup, Japetus (1813-1897) 73-74
Stein, Aurel (1862-1943) 175-176, 179
Stephens, John Lloyd (1805-1852) 13, 46-52, 66, 89, 292, 303

Stevenson, James 102
Steward, Julian (1902-1972) 195-196, 198
Stonehenge, círculo de pedra de 10-11, 13, 55, 65, 128, 206, 284-291
  Cursus 285-286
  datação 286, 288, 290
  e paisagem 284-287, 290-291
  levantamentos 128, 284, 286, 288-289
Stonehenge Riverside Project 284-291
Stow, George 111
Stukeley, William (1687-1765) 284-286, 290, 303
Suíça, assentamentos lacustres na 83, 86
Suryavarman II, rei 292-293
Suryavarman VII, rei 293
Swan, E.W.M. 168

Tabuleta de Carnarvon 161
Tansley, Arthur 214
Taylor, J.E. 41
Tell es-Sultan 229
teoria do elo perdido 63-64, 219
Teotihuacán (México)
  Avenida dos Mortos 271
  Cidadela 276
  Pirâmide da Lua 271
  Pirâmide do Sol 270-271
  Templo da Serpente Emplumada 272-273
Thomas, Cyrus (1825-1920) 95-97
Thomsen, Christian Jürgensen (1788-1865) 69-72, 74, 80, 197, 303
Throckmorton, Peter 240
Tilley, Christopher 289
Tirinto (Grécia) 119
Tobias, Phillip 222
Tozzer, Alfred 182
Trevelyan, George 212
Troia 113-114, 116-118, 121, 136
túmulos 10-11, 13, 70, 72, 76, 91-93, 115, 118, 124-125, 134, 153, 196, 208, 212, 238-239, 249, 284, 286, 288, 303
turismo, efeitos do 239
Tutancâmon, tumba de 13, 117, 156-157, 159-160, 162-164, 246, 269, 303-304
Tylor, sir Edward (1832-1917) 66, 76
Tyssen-Amherst, William 159

Uhle, Max (1856-1944) 180-182
Ukhaidir (Síria), castelo abássida 143-144
Uluburun (Turquia), naufrágio 243-246
uniformitarismo 56, 61
Ur dos Caldeus 41, 153
  e dilúvio bíblico 154
  tumbas da realeza 127, 153, 155, 212, 304
Uxmal (México) 50, 51

vale do Mississippi, construtores de montículos 93, 95-96
vale do Somme (França), machados de pedra 58, 65, 136
Vale dos Reis (Egito) 22, 27, 29, 157-159, 161-162, 260, 277
vale do Virú (Peru) 199
van Doorninck, Frederick 242
Vaugondy, Robert de 17
Verulâmio, escavação em 190, 228
Vesúvio, erupção do (79) 9
Virchow, Rudolf 63, 118
Vitória de Samotrácia 122
von Post, Lennart 214

Wang Yirong 174
Wetherburn, taberna de 248
Wetherill, Richard 103-104
Wheeler, Robert Eric Mortimer (1890-1976) 188-194, 228
Wheeler, Tessa 190-191, 228
White, Tim 169, 224
Wilkinson, John Gardner (1797-1875) 28-30
Willey, Gordon Randolph (1913-2002) 198-201, 295

Williamsburg (Virgínia) 247-249
Winckelmann, Johann Joachim
    (1717-1768) 11-12
Winklebury Camp (Hampshire)
    124
Wolstenholme Towne (Virgínia)
    249, 253
Woodhenge (Wiltshire) 287-288
Woolley, Charles Leonard (1880-
    1960) 127, 151-156, 193,
    212, 286, 303
Wor Barrow (Dorset) 125
Worsaae, Jens Jacob (1821-1885)
    71-74, 87, 303

Xin Lixiang 239

Yassiada (Turquia), naufrágio 242-
    243
Young, Thomas 25, 28

Zárate, Miguel 259
Zhoukoudian (China) 65, 175, 219
zigurate de Ur-Nammu 154
Zimbábue *ver* Grande Zimbábue
Zinjanthropus boisei 218, 221-222,
    224
Zoëga, Jørgen 24